Schriftenreihe des
Deutsch-Israelischen Arbeitskreises
für Frieden im Nahen Osten e.V.

Band 40

Die SCHRIFTENREIHE des **Deutsch-Israelischen Arbeitskreises für Frieden im Nahen Osten e.V.** beschäftigt sich mit politischen, ökonomischen, kulturellen und gesellschaftlichen Problemen Israels und des Nahen Ostens sowie mit dem deutsch-jüdischen Verhältnis. Sie soll fundierte Kenntnisse über die Konfliktfelder in der Region vermitteln. Die Herausgeber fühlen sich einer gemeinsamen friedlichen Perspektive für das jüdisch-israelische und das palästinensisch-arabische Volk im historischen Palästina verpflichtet.

Reiner Bernstein

Von Gaza nach Genf

Die Genfer Friedensinitiative von Israelis und Palästinensern

Mit einem Vorwort von Ralf Fücks und Epilogen von Yasser Abed Rabbo und Yossi Beilin

WOCHEN
SCHAU
VERLAG

Bibliografische Information der Deutschen Bibliothek
Die Deutsche Bibliothek verzeichnet diese Publikation in der Deutschen Nationalbibliografie; detaillierte bibliografische Daten sind im Internet über http://dnb.ddb.de abrufbar.

© by WOCHENSCHAU Verlag,
Schwalbach/Ts., 2006

Diese Publikation erscheint in Zusammenarbeit mit der
Heinrich-Böll-Stiftung

www.wochenschau-verlag.de
Sie wollen mehr Informationen zu unseren Büchern? Zu jedem Titel finden Sie Autorenangaben, Inhaltsverzeichnis, Übersichtstexte im Internet. Sie wollen sich zu einem bestimmten Sachgebiet informieren? Klicken Sie auf die Themenstichwörter: So erhalten Sie einen guten Überblick. Wollen Sie alle Veröffentlichungen eines bestimmten Autors finden? Gehen Sie in die Autorenauskunft. Wollen Sie sich über einen Arbeitsbereich informieren? Nutzen Sie unsere Spezialkataloge. Alle Titel können Sie einfach im Shop gegen Rechnung bestellen.

Alle Rechte vorbehalten. Kein Teil dieses Buches darf in irgendeiner Form (Druck, Fotokopie oder einem anderen Verfahren) ohne schriftliche Genehmigung des Verlages reproduziert oder unter Verwendung elektronischer Systeme verarbeitet werden.

Umschlag: Jens Vogelsang unter Verwendung eines Jerusalem-Fotos (Foto: Bernstein privat)

Gedruckt auf chlorfreiem Papier
Printed in Germany
ISBN 3-89974236-2

Inhaltsübersicht

Ralf Fücks
Vorwort 7

Einleitung 9

Kapitel I
Oslo, Camp David und die zweite „Intifada":
Die Palästinenser im nationalen Wartestand 17

Kapitel II
Die „Road Map" – ein untauglicher Lösungsansatz? 34

Kapitel III
Ein Land der ideologischen Extreme 46

Kapitel IV
„Genf": Zwei Staaten für zwei Völker 68

Kapitel V
Vom Wind der Geschichte 101

Epilog I: Yasser Abed Rabbo
Zeit für Genf 109

Epilog II: Yossi Beilin
Gefragt sind kühne Initiativen 112

Die israelischen und palästinensischen Akteure der Genfer Initiative 114

Dokumentation
Entwurf eines Abkommens über den endgültigen Status 120

Literaturverzeichnis 157

Glossar 168

Abstract 176

Namensregister 178

Vorwort

von Ralf Fücks

Reiner Bernsteins kenntnisreiche Darstellung der Genfer Initiative kommt genau zum passenden Zeitpunkt. Nach der glimpflich verlaufenen Räumung des Gazastreifens durch Israel steht der israelisch-palästinensische Konflikt vor einer strategischen Weichenstellung: Mündet die erstmalige Aufgabe jüdischer Siedlungen auf palästinensischem Territorium in eine Wiederaufnahme des Friedensprozesses zwischen den beteiligten Akteuren, oder bleibt sie eine bloße Episode in einem langwierigen, blutigen Konflikt um Land und nationale Ambitionen?

Der im Dezember 2003 präsentierte Entwurf einer umfassenden Vereinbarung zwischen den beiden Völkern, die in die friedliche Koexistenz zweier Staaten münden soll, ist vielleicht auf lange Zeit die letzte Chance für eine politische Lösung des Nahostkonflikts. Denn je länger die Gewalt die dominierende Sprache in der Auseinandersetzung bleibt, je länger die Rückkehr zum Verhandlungstisch auf sich warten lässt, desto stärker werden die Hinderungsgründe für einen Kompromissfrieden. Im Bau einer streckenweise weit in palästinensisches Territorium hineinreichenden „Sicherheitsanlage" ist eine neue Grenzziehung angelegt, die den territorialen Status quo zu Lasten der Palästinenser verändert. Und je länger Verhandlungen über eine Zwei-Staaten-Lösung auf sich warten lassen, desto stärker verfestigen sich die größeren jüdischen Siedlungen im Westjordanland zu einer auf Dauer angelegten Landnahme. Damit droht die Perspektive eines lebensfähigen palästinensischen Staates zu einer diplomatischen Fiktion zu werden. Schon heute ist ein exakter „Rückzug Israels auf die Grenzen von 1967" schwerlich vorstellbar – aber immerhin könnten die Grenzen von 1967 noch als Ausgangspunkt für Verhandlungen über einen wechselseitig akzeptierten Gebietsaustausch dienen.

Israel muss sich in Verhandlungen mit den Palästinensern zu definitiven Grenzen bekennen und damit das zionistische Projekt zu einem Abschluss bringen. Umgekehrt ist es an den Palästinensern, ihren Frieden mit Israel als jüdischem Nationalstaat zu machen und jede Zweideutigkeit zu beenden, dass ein künftiger palästinensischer Nationalstaat doch „ganz Palästina" umfassen soll. Prüfstein für diese Bereitschaft zu einem historischen Friedensschluss mit Israel ist nicht nur ein energisches Vorgehen der palästinensischen Behörden gegen die Ideologie und Praxis des Terrorismus in den eigenen Reihen, sondern vor allem die „Flüchtlingsfrage". Solange die Illusion einer Rückkehr der palästinensischen Flüchtlinge von

1948 in das heutige Israel weiter genährt wird, bleiben Zweifel an der Aufrichtigkeit der Anerkennung des jüdischen Staates. Es gibt keinen Weg zurück zum Status quo ante – das ist eine Lektion, die die Geschichte uns lehrt.

Die Männer und Frauen der Genfer Initiative waren auf beiden Seiten heftigen Anwürfen ausgesetzt, die jeweiligen „nationalen Interessen" auf dem Altar eines Kompromissfriedens zu opfern. Tatsächlich entspricht ihre gemeinsame Initiative gerade den wohlverstandenen Interessen der Palästinenser wie der Israelis. Denn nicht nur schwinden die Aussichten für die Errichtung eines selbständigen palästinensischen Staates im Gefolge der israelischen Landnahme; auch Israels Qualität als demokratischer Staat wird durch die fortdauernde Besatzungspolitik beschädigt. Ohne eine Zwei-Staaten-Lösung droht Israel zu einem Kolonialstaat zu werden, der Millionen von Palästinensern mit Gewalt beherrscht. Dass unter diesen Umständen von Sicherheit auch für die eigenen Bürger nicht die Rede sein kann, versteht sich fast von selbst.

Auch die USA und Europa haben jedes Interesse, eine politische Lösung des Nahostkonflikts zu befördern, zumal vor dem Hintergrund der Auseinandersetzung mit dem militanten Islamismus. Leider werden die diplomatischen Initiativen diesseits und jenseits des Atlantiks dieser Herausforderung bisher nicht gerecht. Sympathiebekundungen für die Genfer Initiative in den Hauptstädten des Westens können eine konsistente und nachdrückliche Nahostpolitik nicht ersetzen. Wer allerdings Druck auf die Konfliktparteien ausüben will, muss wohl auch eine Garantiefunktion für einen belastbaren Frieden übernehmen.

Viele Vorschläge der Genfer Initiative sind nicht neu. Das ist kein Nachteil. Sie fassen zusammen, was über die Jahre hinweg immer wieder als Eckpunkte einer politischen Lösung diskutiert wurde. Ihre Stärke besteht darin, dass sie keinem der zentralen Konfliktpunkte ausweicht, sondern einen redlichen Interessenausgleich formuliert, der den Grundanliegen beider Seiten gerecht wird. Insofern wird kein ernsthafter Anlauf für einen Verhandlungsfrieden an der Blaupause der Genfer Initiative vorbeikommen.

Reiner Bernstein beschreibt diese Initiative vor dem Hintergrund der gescheiterten Friedensbemühungen von Oslo und Camp David und den Fehlschlägen der internationalen Diplomatie. Eine Wendung zum Besseren braucht beides: den nüchternen Blick wie politische Kühnheit. Beides verbindet sich in der Genfer Initiative, die alle Unterstützung verdient.

Ralf Fücks
Vorstand der Heinrich-Böll-Stiftung
Berlin, im August 2005

Einleitung

"Wenn nicht jetzt, wann dann?"

Nach der israelischen Übergabe des Gazastreifens und eines Landstrichs mit vier jüdischen Siedlungen im Norden der Westbank an die Palästinensische Autonomiebehörde sind neue Optionen für die friedliche Regelung des Jahrhundertkonflikts zwischen beiden Völkern geschaffen. Die Behauptung der Unumkehrbarkeit „vollendeter Tatsachen", die die israelische Politik nach 1967 in beiden Territorien durchsetzen wollte, gehört der Vergangenheit an. Doch der große Durchbruch steht noch bevor. Zwar lagerten seit den siebziger Jahren des letzten Jahrhunderts viele Pläne in den Schubläden aller israelischen Regierungen, um den übervölkerten und explosiven Küstenstreifen loszuwerden, aber territoriale Verzichtsleistungen an anderer Stelle waren strikt tabuisiert. So kommt mit künftigen Entscheidungen über die Westbank und Ost-Jerusalem die schwerste politisch-weltanschauliche Herausforderung auf Israel zu: Lassen sich die Evakuierungen vom August 2005 auf die anderen palästinensischen Gebiete übertragen? Wie würde sich eine solche fundamentale Kehrtwende auf das nach dem Junikrieg gepflegte Narrativ vom unveräußerlichen Anspruch auf „Judäa und Samaria" auswirken? Noch beharrt die israelische Regierung auf dem Standpunkt, dass „Gaza zuerst Gaza zuletzt" bleiben müsse. Aber die Zeit unilateraler Schritte Israels ist abgelaufen. Beide Völker beginnen zu verstehen, dass künftige Interimsvereinbarungen nur dann erfolgversprechend sind, wenn sie von der Vision getragen werden, dass die Beendigung der Konfrontation auf Dauer angelegte Ergebnisse jener Probleme voraussetzt, die seit jeher umgangen wurden.

Wenn im Herbst 2005 Verhandlungen über weitere politische Schritte beginnen, erreichen die Ideen jener Friedensinitiative endgültig die politische Tagesordnung, die Israelis und Palästinenser unter Führung von Yossi Beilin und Yasser Abed Rabbo elfhundert geladenen Gästen mit dem früheren US-Präsidenten Jimmy Carter an der Spitze am 1. Dezember 2003 in Genf vorgetragen haben. Die Osloer Vereinbarungen von 1993/95 hatten versagt, und die Gipfelkonferenz von Camp David im Juli 2000 war gescheitert. Nun präsentierten Parlamentarier, Diplomaten, Angehörige der Sicherheitsdienste, Wissenschaftler, Unternehmer und Autoren in voller Unabhängigkeit von ihren Regierungen unter dem Namen „Genfer Initiative"[1] einen Friedensplan, der von dehnbaren Interpretationen und zweideutigen Formelkompromissen absieht und statt dessen für die zentralen Felder des Konflikts detaillierte Regelungen anbietet: die Gründung des souveränen

Staates Palästina an der Seite Israels entlang der „Grünen Linie" von 1967, die Auflösung der jüdischen Siedlungen im neuen Staat Palästina, die Etablierung Jerusalems als Doppelhauptstadt, die Klärung des palästinensischen Flüchtlingsproblems sowie die Lösung von Sicherheitsfragen.

„Wir sind nicht bereit, weiter tatenlos herumzusitzen, während die Radikalen auf beiden Seiten die Verzweiflung, den Hass und das gegenseitige Misstrauen nutzen und uns alle für ihre Zwecke zu Geiseln machen", schrieb der Schriftsteller David Grossman in der Einleitung zum Text der Genfer Initiative, der an alle israelischen Haushalte verteilt wurde. Die palästinensische Handreichung argumentierte in die gleiche Richtung: „Die überraschende Veröffentlichung der Genfer Erklärung hat zu einem Zeitpunkt stattgefunden, als die Rede über den Frieden als zusammenhanglos oder eine Art Luxus erschien. Wie können palästinensische Persönlichkeiten es wagen, über die Frage der Konfliktregelung im Schatten der von der Besatzung ausgeübten blutigen Eskalation in den palästinensischen Gebieten zu verhandeln?! Hier fragen wir zurück: Wenn dies nicht der richtige Zeitpunkt für die Suche nach dem Frieden ist, dann stellt sich die Frage: Wenn nicht jetzt, wann dann? Oder sollen wir solange warten, bis die Hälfte der Fläche der Westbank durch die Trennungsmauer der Apartheid geschluckt worden ist und mit dem Bau von Siedlungen neue Tatsachen geschaffen sind, die nicht ohne Schwierigkeiten beseitigt werden können?"

Gegen anfänglich große Widerstände nehmen die Ideen der Genfer Initiative (GI) mittlerweile einen festen Platz in der israelischen und der palästinensischen Bevölkerung ein. Dazu ist es dem israelischen Team gelungen, neben der 29köpfigen Leitung („Steering Committee") eine eindrucksvolle Zahl von Persönlichkeiten des öffentlichen Lebens für die Mitarbeit im „Public Council" zu gewinnen. Zu ihnen gehören unter anderen Gila Almagor, Shulamit Aloni, Moshe Arad, Janet Aviad, Colette Avital, Uzi Baram, Gershon Baskin, Roman Bronfman, Naomi Chazan, Ran Cohen, Yael Dayan, Yitzhak Frankenthal, Willy Gafni, Zahava Gal-On, Galia Golan, Moshe Halberthal, Yair Hirschfeld, Judith Katzir, Etgar Keret, Shlomo Lahat, Dov Lautman, Savyon Liebrecht, Moshe Ma'oz, Avishai Margalit, Hannah Meron, Sami Michael, Yariv Oppenheimer, Ophir Pines, Avi Primor, Tsaly Reshef, Yossi Sarid, Alice Shalvi, Victor Shemtov, Sami Smooha, Joshua Sobol, Ze'ev Sternhell und Yael („Yuli") Tamir. Das palästinensische Team verzichtet auf einen öffentlich tätigen Beraterkreis und kann sich statt dessen auf den Rückhalt der Autonomiebehörde unter ihrem Präsidenten Machmud Abbas stützen.

In Kapitel I des vorliegenden Buches werden die Gründe für das Scheitern der Osloer Vereinbarungen von 1993 und 1995 sowie der Gipfelkonferenz von Camp

Einleitung

David skizziert. „Oslo" konnte oder wollte die strukturelle Unebenbürtigkeit zwischen Israelis und Palästinensern nicht überwinden; an anderer Stelle habe ich von der „vereitelten Ebenbürtigkeit" gesprochen. Camp David, wo jenseits aller politischen Differenzen schwere mentale und sozialpsychologische Hürden einem politischen Erfolg entgegenstanden, mündete in die zweite „Intifada", in die Erosion der legendären Autorität Yasser Arafats in der palästinensischen Gesellschaft und in den Aufstieg Ariel Sharons unter der Parole „Lasst die Waffen siegen!" in Israel.

Kapitel II geht der Bedeutung der „Road Map" vom Frühjahr 2003 nach. Dabei zeigt sich, dass ihr erhebliche Konstruktionsschwächen innewohnen. Man muss zum Zwecke ihrer Neubelebung nicht so weit wie der frühere Fraktionsvorsitzende im US-Repräsentantenhaus Newt Gingrich gehen, der seiner Regierung einen Zugriff auf beide Parteien mit Zuckerbrot und Peitsche empfahl. Richtig jedoch ist, dass das israelische Kabinett die „Road Map" durch zahlreiche Bedenken und Einwände bis zur Unkenntlichkeit verwässerte und diesen Kurs im Sommer 2005 noch einmal rechtfertigte, während Arafat vorrangig mit seinem politischen Überleben beschäftigt war. Dass die „Road Map" der gründlichen Überarbeitung bedarf, wenn sie eine politisch wegweisende Rolle spielen soll, steht außer Zweifel. Zu ihren Voraussetzungen würde die Aufwertung der drei Partner des Quartetts gehören, die sich neben den USA bislang mit dem „Beifahrersitz" begnügen müssen.

Im Zentrum von Kapitel III steht zunächst der seit langem erkennbare weltanschauliche Paradigmenwechsel: die Alternative zwischen Demokratie oder Religion. Dabei werden die ideologischen Kontroversen innerhalb der „Bewegung des islamischen Widerstandes" („Hamas") erkennbar, die mit Interessen des militärischen Flügels der „Bewegung für die Befreiung Palästinas" („Fatah"), der selbsternannten „Al-Aqza-Brigaden", korrespondieren: Kräfte, die eine Anerkennung des Staates Israel ablehnen – „Lassen wir Israel sterben", verlangte ein führender „Hamas"-Sprecher jüngst noch einmal – stehen den Realisten gegenüber, die um künftiger Generationen willen das Ziel der Befreiung Palästinas „vom Jordan bis zum Meer" aufgeben und ihre Energien auf die Etablierung des palästinensischen Staates im Gazastreifen und in der Westbank mit Jerusalem als Hauptstadt konzentrieren wollen. In Israel wiederum haben nach 1967 völkerrechtliche Debatten Zustimmung gefunden, wonach in der Westbank und in Ost-Jerusalem nur der jüdische Staat Souveränitätsrechte geltend machen könne. Sollte der gegenwärtig geplante Verlauf der „Trennungsmauern" nicht geändert werden, werden beispielsweise rund 60.000 Palästinenser ihre Jerusalemer Ausweise verlieren. Der Begriff der „Sicherheit" mit seinen politischen und militärisch-strategischen Komponenten wurde durch ein religiös-messianisches Theorem überhöht. Urteile des Obersten Gerichts begannen zwar, die Wiederherstellung der Herrschaft des Rechts zu reklamieren, doch scheitern die Richter regelmäßig an staatlichen Einlassungen, bei denen militärische und strategische Bedürfnisse im Vordergrund stehen. So endet die Erfüllung der nationalstaatlichen Ansprüche der Palästinenser nach wie vor am Widerstand Israels. Hinzu kommt die sogenannte Faktorenliste der Vereinten Nationen, die der Anerkennung Palästinas im Wege steht. Da der internationale Druck auf Israel wegen der ungelösten Probleme fortdauern wird, profanisierte Sharon im August 2005 das biblische Credo vom „Volk, das allein lebt" (Num. 23,9) als Ausdruck eines mit Stolz getragenen Gefühls der Einsamkeit angesichts eines vermeintlich notorischen und morphologisch facettenreichen Judenhasses in der Welt.

Kapitel IV analysiert den Text in seinen Hauptaussagen. Da neben Jerusalem das palästinensische Flüchtlingsproblem die zentrale Stellung im politischen Diskurs beider Parteien einnimmt, wird ihm gesonderte Aufmerksamkeit samt der Alternativangebote der Genfer Initiative gewidmet. Zum Abschluss des Kapitels werden die internationalen, die israelischen und die palästinensischen Debatten um die Genfer Initiative gewürdigt. Dabei zeigt sich, dass beide Teams vor riesigen Aufgaben stehen: in ihren Gesellschaften Widerstände zu neutralisieren und der instrumentellen Vernunft zum Durchbruch zu verhelfen, damit friedenspolitische Optionen eine reale Chance haben.

Das Schlusskapitel V zieht eine Bilanz nach Abschluss der Räumung des Gazastreifens und von Teilen der nördlichen Westbank unter der Fragestellung, welche Erfolgsaussichten der Genfer Initiative zukommen. Zwar rufen die Siedler „Gush Katif darf nicht noch einmal fallen!" – womit sie die Devise vom Massada-Felsen aufnehmen, deren Zeloten sich im Jahr 73 n.d.Z. den Römern ergeben mussten –, aber die Evakuierungen dürften eine Dynamik ursprünglich unbeabsichtigter Konsequenzen für größere Teile der Westbank und für Ost-Jerusalem nach sich ziehen. Sie werden in Umrissen bereits erkennbar. Diesen Prozess zu fördern, bleibt die große Herausforderung der „Genfer", ihrer Sympathisanten und Förderer für den kommenden Wahlkampf, um der in Oslo postulierten territorialen Einheit der palästinensischen Gebiete ein politisches Gesicht zu geben. Außenminister Silvan Shalom hat schon auf das „positive Modell" des Rückzugs aus dem Gazastreifen für „künftige Bewegungen" verwiesen, und Sharons Stellvertreter Ehud Olmert zeigte sich in einer Rede im Juni 2005 in New York „des Kampfes müde, wir sind müde, mutig zu sein, wir sind müde, zu gewinnen, und wir sind müde, unsere Feinde zu besiegen. Wir wollen dazu beitragen, in einem völlig neuen Beziehungsumfeld mit unseren Feinden leben." Machmud Abbas stehen nicht

Einleitung

minder gewaltige Aufgaben bevor: die politische und personelle Reorganisation von „Fatah", die Einbindung von „Hamas" in politische Entscheidungsprozesse, wünschenswerte Umbesetzungen im palästinensischen Kabinett, um die Reformkräfte zu stärken, und die Einbindung der arabischen Nachbarstaaten in den künftigen Friedensprozess. Viel hängt schließlich von Condoleezza Rice und dem Einfluss ihrer „aktiven Vorschläge" auf die Administration in Washington ab. Wenn die israelische Regierung die Zweistaatenregelung in den Wind schlägt, werden Vorstellungen von einem jüdisch-arabischen Gemeinwesen aus den zwanziger und frühen dreißiger Jahren des letzten Jahrhunderts eine Renaissance erleben, die mit dem Namen des „Friedensbundes" („Brit Shalom") verknüpft sind. Insofern muss sich die Genfer Initiative inmitten gegenläufiger Pole behaupten – zwischen israelischen Annexionsabsichten, der Etablierung des Staates Palästina an der Seite Israels und binationalen Phantasien.

Aus der verwendeten Primärliteratur ist auf den Bericht von Alexis Keller „L'Accord de Genève. Un Pari Réaliste" zu verweisen, der aus der intimen Kenntnis der Entstehungsgeschichte geschrieben wurde. Die Motivation des Genfer Politologen zur Einmischung in das ihm bis dahin fremde Konfliktgeschehen dürfte sich aus einer von ihm überlieferten Bemerkung speisen: „Die Zukunft [zwischen euren beiden Völkern] bedrückt mich mehr als die Vergangenheit." Yossi Beilin hat seine Erfahrungen in dem Buch „The Path to Geneva" niedergelegt. Beilin blickt auf eine lange politische Vita zurück. Zu ihr gehörte unter der Ägide von Außenminister Shimon Peres der Einsatz als Architekt der Vereinbarungen von Oslo; Beilin hat diese Würdigung zwar von sich gewiesen, aber bekannt, dass sie sein Herz höher schlagen lasse. Während der Regierungszeit Ehud Baraks bekleidete er das Amt des Justizministers und des Ministers für religiöse Angelegenheiten. Obwohl er nicht zum Dreiergipfel nach Camp David mitgereist war und später von Barak wegen seiner Vorlagen in Taba getadelt wurde, hat es Beilin bei einer eher mildgestimmten Kritik belassen; schließlich war er es, der dem höchstdekorierten Offizier Israels zu einer politischen Laufbahn geraten hatte. Eine ähnliche Hochachtung empfand Beilin für Peres („der wichtigste Staatsmann in Israel und einer der wichtigsten in der Welt"), doch auf alles, was nach „Genf" rieche, reagiert dieser allergisch.

Der an der Bar Ilan University lehrende Politologe Menachem Klein, der zum inneren Kreis des israelischen Verhandlungsteams gehört, hat sich in seinem Buch „The Jerusalem Problem" sowie in Zeitschriftenaufsätzen und Vorträgen umsichtig und kompetent zur Genfer Initiative und ihren Vorläufern geäußert. Ebenfalls zur Vorgeschichte hat der Journalist Clayton E. Swisher unter dem Titel „The Truth About Camp David" eine bemerkenswerte Analyse auf der Basis von

Interviews vorgelegt. Dennis Ross blickt in seinem Werk „The Missing Peace" mit eigenem diplomatischem Profil und als früherer Nahostberater von Bill Clinton auf Camp David zurück. Der französische Publizist Charles Enderlin hat seine Recherchen über die Gipfelkonferenz in dem Buch „Shattered Dreams" verarbeitet. Aus einem palästinensischen Blickwinkel ist die Arbeit von Nick Kardahji „The Geneva Accord: Plan or Pretense?" geschrieben, in der er nach dem Studium der verfügbaren Unterlagen und auf der Basis zahlreicher Interviews einem zurückhaltenden Urteil zuneigt. Außer den genannten Büchern liegt mittlerweile eine große Zahl von Zeitungs- und Zeitschriftenaufsätzen zum Thema vor, von denen ich besonders das mir nur in hebräischer Sprache vorliegende Interview mit Shlomo Ben-Ami vom September 2001 hervorheben möchte, weil es mit vielen Mythen um Camp David und die Nachfolgegespräche aufräumt. Andere Beiträge sind in dem von Jörn Böhme herausgegebenen Sammelband „Friedenschancen nach Camp David" zusammengefasst.

Seit Dezember 2003 sind sämtliche Dokumente der Genfer Initiative sowie thematisch verwandte Kommentare, Aufsätze, Interviews, Nachrichten und Rezensionen in der von mir geführten Homepage www.genfer-initiative.de versammelt, zu wesentlichen Teilen in deutscher Sprache. Da die Homepage der Überzeugung verpflichtet ist, dass die Aussöhnung zwischen Israelis und Palästinensern eine realistische Chance bekommen muss, nimmt auch dieses Buch Partei – für den Frieden zwischen beiden Völkern. Das Tel Aviver Büro der Genfer Initiative hat eine Homepage unter www.geneva-accord.org – in hebräischer Sprache www.heskem.org.il – aufgebaut, das palästinensische Büro in Ramallah betreibt unter dem Dach der „Palestinian Peace Coalition" die Homepage www.ppc.org.ps.

Während der Fertigstellung des Manuskripts habe ich auf vielfältige Hilfen zählen können. Mein besonderer Dank gilt Ralf Fücks, Vorstand der Heinrich-Böll-Stiftung, Berlin, für sein freundliches Vorwort sowie Yasser Abed Rabbo und Yossi Beilin, die in ihrem Epilog noch einmal das politische Gewicht der Genfer Initiative unterstreichen. Menachem Klein hat mir besonders in den ersten Monaten der Entstehung des Buches kontinuierlich mit Ratschlägen und Erläuterungen geholfen. Dankbar bin ich den Koordinierungs- und Kampagnenbüros in Tel Aviv – besonders erwähnt sei Frau Michal Radoshitzky – und in Ramallah – hier stand Frau Nisreen Bali in der letzten Phase gern zur Verfügung – für vielfältige Auskünfte. Georg Nacke (Blaichach im Allgäu), Klaus Rürup (Karlsruhe) und Hakam Abdel-Hadi (Bonn) haben mir beim Nachweis von Materialien geholfen. Rudolf Süsske (Quakenbrück) fühle ich mich für die sorgfältige Pflege der deutschen Homepage sehr verpflichtet. Auch dieses Buch konnte nur deshalb zum Abschluss gebracht werden, weil mir meine Frau Judith und unsere

Einleitung

Tochter Shelly Steinberg auf jeder Etappe behilflich waren: bei Recherchen, bei der Nacharbeit von Übersetzungen aus dem Hebräischen, bei der Prüfung von Manuskriptteilen und in vielen Diskussionen. Ich selbst betrachte mich als Teil des Themas, das mich politisch beschäftigt.

Reiner Bernstein
München, Anfang September 2005

Anmerkung

1 In englischsprachigen Veröffentlichungen findet sich gleichrangig der Begriff „Geneva Accord". Die in der deutschsprachigen Publizistik häufig anzutreffende Bezeichnung „Genfer Vertrag" oder „Genfer Abkommen" übersieht den – wie es ihre Akteure ausgedrückt haben – virtuellen Charakter ihrer Vorlage.

Oslo, Camp David und die zweite „Intifada": Die Palästinenser im nationalen Wartestand

„Der Schlüssel zum Verständnis des Konflikts im Nahen Osten besteht in der Erkenntnis, dass hier nichts schwarz oder weiß ist[1]."

Als Mitte der siebziger Jahre das Wort vom „Friedensprozess" die Runde machte, fand die nationalpolitische Dimension der „palästinensischen Frage" auf der internationalen Bühne nur geringe Beachtung. Israels Truppenentflechtungsabkommen in der 60.000 Quadratkilometer großen Sinai-Halbinsel Ägyptens und auf den 1300 Quadratkilometern der syrischen Golanhöhen waren aus israelischer Sicht nur deshalb möglich, weil sie die „existentiellen Punkte" (Dennis Ross) des Konflikts nicht berührten: der Streit um das „Heilige Land". Für Anwar Sadat spielte die Palästinensische Befreiungsorganisation (PLO) damals keine entscheidende Rolle, obwohl die Arabische Gipfelkonferenz sie im Herbst 1974 als alleinige Repräsentantin des palästinensischen Volkes anerkannt hatte. Erst als sich der ägyptische Präsident mit Israel im September 1978 über eine „volle Autonomie der Bewohner" der Westbank und des Gazastreifens verständigte und sechs Monate später den Friedensvertrag unterschrieb, sollten bei der Umsetzung Ägypter, Israelis, Jordanier und „Repräsentanten des palästinensischen Volkes" mithelfen.

Das „Rahmenwerk für den Frieden im Nahen Osten" war kein juristisches Meisterstück, seine Sprache ließ vernünftige Interpretationen nicht zu. Da die Palästinenser individuell als „Bewohner" der Westbank und des Gazastreifens angesprochen waren, sollten sie sich mit einer Selbstverwaltung begnügen, eine territorialpolitische Komponente war nach israelischem Verständnis zu vermeiden. Andere Ausweichmanöver bezogen sich auf den Begriff „redeployment" („Umgruppierung", oft jedoch ins Deutsche mit „Rückzug" übersetzt) sowie auf die politische Zukunft Jerusalems. Die häufig vorgetragene Empfehlung, die Erfahrungen der Konferenz für Sicherheit und Zusammenarbeit in Europa als Modell auf die Regelung des israelisch-palästinensischen Konflikts zu übertragen, geht in die Irre, weil der „Helsinki-Prozess" die Souveränität von Unterzeichnerstaaten voraussetzte, wenn er Maßnahmen zur Konfliktverhütung und Rüstungskontrolle, zur Demokratisierung, zur Wahrung der Menschenrechte und zur wirtschaftlichen Kooperation in Aussicht nahm.

Ein ähnliches Missverständnis machte sich nach der Prinzipienerklärung[2] von 1993 breit und machte vor intimen Kenner des Jahrhundertdramas nicht Halt. Für Peres war es „zu einer revolutionären Wende in der Geschichte des Nahen Ostens" gekommen, so dass er vor der UN-Vollversammlung ankündigte, nunmehr würden wirtschaftliche „Hammerschläge den Donner der Kanonen ersetzen". Sein Chefunterhändler Uri Savir bekannte, dass er während der 1100 Verhandlungstage Zeuge und Teilnehmer „einer Serie von dramatischen Wendepunkten in der Geschichte des Nahen Ostens" geworden sei. Auch in der wissenschaftlichen Literatur schlug die positive Grundstimmung quer durch alle weltanschaulichen Lager durch und spiegelte sich beispielsweise in dem Buch „Vom Krieg zum Frieden" der israelischen Autoren Barry Rubin, Joseph Ginat and Moshe Ma'oz wider. Ihr Jerusalemer Kollege Yehoshafat Harkabi konstatierte eine erstaunliche Metamorphose („sea change"). Der zu den „neuen Historikern" zählende Avi Shlaim bescheinigte Yitzhak Rabin und Yasser Arafat, dass sie „die geopolitische Karte der gesamten Region neu ausgezogen" hätten, und für den Jerusalemer Politologen Shlomo Avineri hatte die Versöhnung zwischen beiden Völkern einen „historischen Wendepunkt" erreicht.

Nachträglich räumte Yossi Beilin ein, dass der Handschlag auf dem grünen Rasen vor dem Weißen Haus in Washington die Pfeiler des Universums nicht ins Wanken brachte. Es sei ein Fehler gewesen, das Endziel des Verhandlungsprozesses im Dunkeln zu belassen. Der ehemalige Vizepräsident des „UN Human Rights Committee" und Jerusalemer Verfassungsrechtler David Kretzmer hielt den „Oslo" zugesprochenen hohen Erwartungen reichlich viel Naivität vor. Zwar hatten sich in der palästinensischen und der israelischen Öffentlichkeit ein großes Maß an Leid und Verbitterung breit gemacht, so dass fast jeder Anlauf zu einer Veränderung begrüßt wurde. Aber die anfängliche Euphorie hielt nur kurz an und wich schwerwiegenden Kontroversen, die in kaum beherrschbare Krisen umzuschlagen drohten. Die „Fußangeln" (Rabin) der Prinzipienerklärung wurden schnell offenkundig, der institutionelle Dualismus dauerte fort. Der israelische Ministerpräsident musste sich gegen den Vorwurf seiner innenpolitischen Gegner zu Wehr, dass er seinen Abstimmungserfolg in der Knesset allein den arabischen Stimmen verdankte – ein vermeintlich unentschuldbares antizionistisches Sakrileg. Auch palästinensische Kommentatoren waren geteilter Meinung. Zwar träumten manche von einem „neuen Andalusien", andere hingegen brachten der Prinzipienerklärung tiefes Misstrauen entgegen, weil Israel seine politischen Ansprüche auf die Westbank und den Gazastreifen nicht aufgegeben habe, während die Palästinenser darauf verzichtet hätten, die Illegalität der Staatsgründung Israels weiterhin zu betonen. Unter Notabeln und Intellektuellen mehrten sich jene Stimmen, die dem in Tunis residierenden Arafat die Lösung der bevorstehenden Aufgaben nicht zutrauten und die Respektierung des „demokratischen Dissens" einforderten: „Wir verpassen die historische Chance, unseren Staat aufzubauen, wenn wir Arafat weiterhin so riskant und planlos agieren lassen."

Die Extremisten setzten sich schnell in Szene. Rabins Amtsvorgänger Yitzhak Shamir forderte dazu auf, die „Regierung der Vernichtung" davonzujagen. Rabin versuchte zunächst, palästinensische Terrorakte zu ignorieren, weil sie zwar das Leben der Bürger, nicht aber die Existenz des Staates gefährdeten. Jüdische Siedler drohten zur Selbstjustiz zu greifen, nachdem einer von ihnen, der Arzt Baruch Goldstein, in der Ibrahim-Moschee in Hebron gerade 29 Palästinenser ermordet hatte. Rabin zögerte, nach dem Anschlag die Siedlerpräsenz in der Stadt zu beenden. Da auch palästinensische Gewalttaten andauerten, kam er nicht umhin, vor der Parlamentarischen Versammlung des Europarates die Palästinenser vor einer weiteren Eskalation zu warnen. „Was nicht niedergeschrieben ist, besteht nicht", erklärte er sichtlich irritiert und verließ sich nicht länger auf mündliche Verabredungen. Die Gespräche gerieten ins Stocken. Israels Regierung erweiterte das Netz der Siedlungen, und die Fanatisierung der palästinensischen Bevölkerung wuchs erneut an. Peres fühlte sich bestätigt, dass er schon vor der Prinzipienerklärung der Qualität der palästinensischen Autonomie „eine höchst wichtige Dimension der Doppeldeutigkeit" bescheinigt und aus ihr eine „Versuchszeit" („trial period") abgeleitet hatte, in der sich die Palästinenser der weiteren Zugeständnisse würdig erweisen müssten. 1999 behauptete er, dass es den palästinensischen Staat bereits gebe – die Interimsphase war gerade ergebnislos zu Ende gegangen.

„Das Kamel bekam Wehen und gebar eine Ratte", urteilte „Hamas" im Februar 1994. Das strittige Prinzip der zweifachen Souveränität hörte nicht auf, sich in der Folgezeit als roter Faden durch das israelisch-palästinensische Verhältnis zu ziehen. Bei der Konferenz in Camp David (11.–25. Juli 2000) trat es erneut zu Tage: Als Arafats Delegation darauf beharrte, dass die UN-Resolutionen 242 und 338 die Grundlage für die Verhandlungen bilden sollten, entzog sich Ehud Barak mit dem Hinweis darauf, dass die Palästinenser zur Zeit ihrer Verabschiedung keine völkerrechtlich relevante Größe gewesen seien. Der Verlauf jener zwei Wochen lieferte Beispiele für den israelischen Umgang mit dem palästinensischen Verlangen nach nationaler Ebenbürtigkeit.

Bereits im Vorfeld der Begegnung standen die Zeichen auf Sturm. Als im März/April 2000 knappe Vorarbeiten zu den Themen „Grenzen" und „Flüchtlinge" in Stockholm stattfanden – Jerusalem wurde ausgeklammert –, bot Israel nach Aussage von Außenminister Shlomo Ben-Ami 88 Prozent der Westbank und ein Konzept für die Regelung des Flüchtlingsproblems an, das – verteilt über mehrere Jahre – auch die Aufnahme von zehn- bis fünfzehntausend Personen in Israel ins Gespräch brachte. Vereinbarungen kamen nicht zustande. Deshalb äußerte nicht nur die palästinensische Delegation die Sorge vor einem dramatischen Fehlschlag und plädierte für eine Verschiebung. Auch die amerikanische Außenministerin Madeleine Albright zeigte sich verunsichert. Gleiches galt für Martin Indyk, den damaligen US-Botschafter in Tel Aviv, und Aaron David Miller, den Stellvertreter von Clintons Chefunterhändler Dennis Ross. Dennoch drängte Ross seinen Präsidenten, die letzten nahostpolitischen Handlungsspielräume vor Beginn des Wahlkampfes um seine Nachfolge im Weißen Haus zu nutzen, versäumte es aber, eine klare Verhandlungsstrategie an den Sommersitz mitzubringen, wie er selbstkritisch einräumte. Palästinensische Unterhändler wie der mehr von den Amerikanern als von den Israelis geschätzte Mohammed Dachlan warnten vor unabsehbarer Gewalt, sollten sich die Politiker nicht rasch zu handfesten Ergebnissen durchringen.

Miller und Indyk bescheinigten ihrer Regierung später, dass sie weder die Israelis für ihre Siedlungspolitik ernsthaft verantwortlich gemacht noch Arafat dazu angehalten hätte, Terror, Gewalt und Hetze zu unterbinden. Clintons Sonderberater Robert Malley stimmte in den Chor der Kritiker ein, als er die Oberflächlichkeit der Administration gegenüber der Siedlungspolitik und die Abhängigkeiten beklagte, denen sie sich unterworfen habe. Für Indyk verstand sich Clinton als Israels Rechtsbeistand, der Fairness und den Willen zur Umsetzung von Vorschlägen habe vermissen lassen – ein Vorwurf, den Ross mit der Bemerkung quittierte, Barak habe ihn mehr als einmal vorgehalten, Arafats Rechtsberater zu sein. Der Präsident selbst gestand, dass er nie zuvor an derart schwierigen Verhandlungen beteiligt war, und vermied es wohlweislich, die Rolle des „chairman" der Konferenz mit Entscheidungsbefugnissen zu übernehmen, eher wollte er sich als „ehrlichen Makler" sehen. Doch auch herbei scheiterte er an den religiösen und nationalen Empfindlichkeiten beider Partner. Die arabischen Staaten zeigten kein nachhaltiges Interesse, beratend zur Seite zu stehen, weil sie die Klage Arafats fürchteten, dass sie ihn unter Druck setzen würden.

Die Amerikaner boten ein Bild der „Unberechenbarkeit" (Dennis Ross). Sie lösten sich nicht vom Glauben an den Prozess um seiner selbst willen und vernachlässigten taktische Überlegungen: Sollte sich Washington auf die Details der künftigen Regelung vorbereiten oder eher die strategischen Kontexte betonen? Sollte die Delegation den Verhandlungen mit Syrien den Vorrang in der Erwartung einräumen, dass der Rückzug Israels von den Golanhöhen und dass die Eindämmung der „Hisbollah" in Libanon positive Signale auf die Bereinigung des Konflikts in Palästina aussenden würden? Malleys Bekenntnis „Die wichtige Lektion, die ich aus den Jahren von Oslo gelernt habe, ist die, dass man wissen muss, wohin

man gehen will, und dann bleibt man am besten dabei", blieb in Camp David unberücksichtigt. Er hätte sich auf Henry Kissinger berufen können:
„… die Art und Weise, *wie* Verhandlungen geführt werden, ist fast genauso wichtig wie das, *was* verhandelt wird. Die Choreographie, wie man in Verhandlungen eintritt, was zuerst geklärt wird und in welcher Weise, lässt sich von der Substanz der Themen nicht trennen."

Die politische Bearbeitung der israelischen und der palästinensischen Öffentlichkeit durch Washington unterblieb. Dagegen sorgte in Israel die psychologische Kriegsführung dafür, dass für den Fall des Scheiterns die Verantwortung klargestellt war. Nach Untersuchungen des Jerusalemer Kommunikationswissenschaftlers Gadi Wolfsfeld wurden vor dem Treffen Berichte gestreut und von den beiden auflagenstärksten israelischen Zeitungen „Yediot Achronot" („Letzte Nachrichten") und „Ma'ariv" („Abend") aufgenommen, wonach Israel den besten aller möglichen Kompromisse unterbreiten werde, während die palästinensische Delegation voraussichtlich dazu neige, Entscheidungen zu vertagen.

Aus frühen Geheimdienstinformationen, die einer Einigung mit Arafat eine fünfzigprozentige Chance einräumten, zog Barak den Schluss, den Palästinensern einen Staat auf rund neunzig Prozent der Westbank und die Teilung Jerusalems anzubieten, obwohl die israelische Siedlungstätigkeit zwischen Mitte 1999 und Mitte 2000 eine neue Rekordhöhe erreicht hatte. Baraks Offerten waren für Arafat unakzeptabel, nachdem Israel den Syrern beim Treffen von Clinton und Hafez Assad in Genf drei Monate zuvor nicht weniger als 99,9 Prozent der Golanhöhen zugesagt hatte – der Streit drehte sich nach den Angaben Millers nur noch darum, ob einige hundert Meter am Nordostufer des Sees Genezareth bei Israel verbleiben. Als Assad einen Vertrag unterschreiben wollte, überstieg das Angebot wegen der Gewalttätigkeit der „Hisbollah" Baraks Handlungsfähigkeit. Als der Ministerpräsident nach dem Rückzug aus Libanon Ende Mai seine Autorität wiederhergestellt hatte, war die Krankheit des Präsidenten zu weit fortgeschritten; Assad starb am 10. Juni.

Arafat wusste, dass sich Clintons Präsidentschaft dem Ende näherte und Barak um sein politisches Überleben kämpfte, so dass er sich einen Verhandlungsvorteil ausrechnete. Barak ließ in Jerusalem ein Minderheitskabinett zurück, die Nationalreligiöse Partei und die Partei „Israel im Aufstieg" von Natan Sharansky hatten sich von ihm abgewendet, die Partei der „Sefardischen Torah-Wächter" (Shas) verlangte Finanzleistungen für ihr Schulwesen, bevor sie die Regierung außenpolitisch gewähren lassen würde, und der Vorsitzende von „Meretz", Erziehungsminister Yossi Sarid, wurde mit fadenscheinigen Begründungen von Camp David ferngehalten, obwohl die Partei zur Koalition gehörte. Generalstaatsanwalt Elyakim Rubinstein sprach dem Premier und den ihm verbliebenen 42 der 120

Knessetabgeordneten jede weitere Befugnis zu politischen Verhandlungen ab, ohne dessen nachhaltige Vorliebe für Konferenzen zu schmälern. Barak berief sich darauf, dass er als direkt gewählter Regierungschef nach US-amerikanischem Vorbild auf eine Parlamentsmehrheit nicht angewiesen sei.

Trotz taktischer Vorteile gegenüber Clinton und Barak verhielt sich Arafat ambivalent, nachdem er mit prinzipiellen Vorstellungen in die USA gereist war: Rückzug Israels auf die Grenzen von 1967, Ost-Jerusalem als Hauptstadt des palästinensischen Staates sowie Anerkennung des Rechts der palästinensischen Flüchtlinge auf Rückkehr in ihre Häuser und Kompensationsleistungen. Aber seine Positionen ließen diplomatische Geschmeidigkeit vermissen. Da die Juristen der palästinensischen Führung mit ihrer Ausbildung an arabischen Universitäten auf abstrakte Kodizes und Rechtsprinzipien spezialisiert waren und in großen Dimensionen zu denken gelernt hatten und dem Zeitfaktor in Verhandlungen keine Aufmerksamkeit schenkten, fehlte ihnen häufig der Blick für die Politik des Details, auf die sich die israelische Politik geradezu schlafwandlerisch versteht. Deshalb wog die Unterlassung Arafats, „facts on the ground" hinreichende juristische Beachtung zu schenken, doppelt schwer.

Zudem ließ er die konträren Positionen in seinem Team ungefiltert nebeneinander existieren, um sein Gewicht als unanfechtbar zu demonstrieren, und kopierte damit den Führungsstil im Exil. Bis in seine „sprachlichen Sturzbäche" hinein mit ihrem „Chaos aus Wörtern, Slogans, Adjektiven und Präpositionen" habe Arafat bei seinen Kampfgefährten für Verwirrung gesorgt, schrieb der dem Raïs durchaus geneigte Malley und kam nicht umhin, ihm strategische Größe abzusprechen, weil er zu stark der Intuition und kurzatmiger Zweckmäßigkeit folge, statt auf eine Vereinbarung zuzusteuern. Nach dem Eindruck von Ben-Ami betrachtete sich Arafat selbst als eine mythologische Figur und nicht als einen „irdischen Führer". In den Augen von Ross verkörperte er jene Kraftlosigkeit, der er den Titel seiner Erinnerungen „Missing Peace" widmete. Nach den Notizen von Baraks wichtigstem Berater Gilad Sher wollte Machmud Abbas (Abu Mazen) das Flüchtlingsproblem lösen, Achmed Qureia (Abu Ala) legte Wert auf die Wiederherstellung der Grenzen von 1967, Saeb Erakat stellte die palästinensische Souveränität über Ost-Jerusalem in den Vordergrund, und Dachlan interessierten vor allem die Sicherheitsaspekte.

Baraks Auftreten gab nicht weniger Anlass zur Kritik. Er war von einer zu rechthaberischer Arroganz neigenden Selbstüberschätzung geprägt, die einsame Entscheidungen nach dem Vorbild des Rückzugs aus dem Süden Libanons bevorzugte und dabei den Verlust engster Berater in Kauf nahm. Sein Geschick, Helfer in Gegner zu verwandeln, gab Rätsel auf. Anderseits sah Barak seine

Eitelkeit und Egozentrik, die auch Clinton belastete – „Ehud ist kein umgänglicher Mensch", gestand Ben-Ami –, durch seinen heimischen Spitznamen „Bonaparte" und durch Kommentare bestätigt, dass er einer der wichtigsten Israelis der Gegenwart, wenn nicht gar der wichtigste von allen sei. Zu allem Überfluss bescheinigte ihm Clinton, die „großen Verhandlungssprünge" eingeleitet zu haben. Dagegen schränkte Ross die Sichtweise, dass der israelische Ministerpräsident zu „beispiellosen Konzessionen" bereit gewesen sei, später dahingehend ein, dass das amerikanische Team bestimmte Fragen gescheut habe, weil sie nicht in Baraks Interesse gelegen hätten. Beilin beließ es im Blick auf seinen Regierungschef bei dem freundlichen Etikett einer „komplexen Person", die sich auf einem Trapez ohne Sicherheitsnetz durch das Potential zu einem „großen Helden mit gewaltigem Ehrgeiz" auszeichne; ähnlich äußerte sich Ben-Ami in seinen Erinnerungen. Dagegen stellte der israelische Publizist Raviv Drucker sein Buch über Baraks Ära unter den Titel „Harakiri".

Die Konferenzen eigentümliche Dynamik stellte sich nicht ein, weil schon die Voraussetzungen für das Treffen nicht gestimmt hatten. Beide Politiker misstrauten sich tief und überließen die Verhandlungen ihren Teams. Nur ein Mal trafen sie bei einem zweistündigen, sich in Allgemeinplätzen ergehenden Gespräch bei einem Essen zusammen, zu dem Madeleine Albright einlud, rechnet man die Begegnungen bei den Mahlzeiten ab. Hinzu kamen zwei Dreiertreffen mit Clinton zu Beginn und am Ende des Verhandlungsmarathons. Ansonsten wurden Briefbotschaften hin- und hergeschickt. Auch zu Abbas und Qureia blieben die israelischen Beziehungen dürftig. Der Verkehr untereinander glich nach Beilins Beobachtungen einem Basarhandel, der Politologe Menachem Klein – der Ben-Ami aus der Ferne beriet – sah Camp David in den Orient versetzt. Nicht Geben und Nehmen lautete die Devise, sondern das Ausmaß der Konzessionsbereitschaft der anderen Seite sollte durch Angebote ausgelotet werden, ohne sich selbst festlegen zu lassen. Nach der ersten Woche ließ Baraks Sprecher Gadi Baltiansky, der 2004 die Leitung des Büros der Genfer Initiative in Tel Aviv übernahm, die Medien wissen, dass Arafat der historischen Bedeutung auf dem Weg zu einem Abkommen nicht gerecht werde.

Barak erlag der Illusion, den Schlüssel zum Frieden in Händen zu halten und mit den Fäden der Geschichte nach seinem Ermessen spielen zu können. Die Auffassungsunterschiede in seiner Delegation streng kontrollierend, ließ er sich von drei Grundüberlegungen leiten, aus denen er eine vierte Konsequenz zog:

– Nachdem die fünfjährige Interimsvereinbarung von Oslo im Mai 1999 und die zwischen Clinton und Arafat an der israelischen Regierung vorbei vereinbarte einjährige Verlängerung ergebnislos verstrichen seien, komme es jetzt darauf an, eine umfassende Lösung anzusteuern. Barak empfand eine tiefe Antipathie gegen weitere Zwischenabkommen, die seit 1993 zu nichts anderem als weiterer Gewalt geführt hatten.

– Barak erwartete, dass die israelische Bevölkerung einen endgültigen Frieden mit den Palästinensern akzeptieren werde, selbst wenn dieser weitreichende Konzessionen beinhalte, die er freilich einem Plebiszit zu unterwerfen beabsichtigte.

– Er war davon überzeugt, dass die palästinensische Führung zu einem historischen Ausgleich bereit sei, weil ihr Ansehen in der eigenen Bevölkerung im Schwinden begriffen war. Dazu passten Arafats Sorgen, dass problematische Ergebnisse den innenpolitischen Druck auf ihn weiter erhöhen würden. Diese Befürchtung veranlasste ihn, das Zusammentreffen möglichst ohne Beschädigungen zu überstehen, wenn die andere Seite die von ihm erwarteten Zugeständnisse verweigern sollte.

– Baraks drei Grundüberlegungen bewogen ihn zur Unnachgiebigkeit in der Flüchtlingsfrage, bei den geplanten Annexionen in Jerusalem und der Westbank sowie bei der Forderung nach Sicherheitsregelungen wie Frühwarnstationen und nach einem langfristigen Pachtvertrag für die Jordansenke.

Weder Clintons verordnete Nachtsitzungen noch Drohungen waren in der Lage, Camp David eine entscheidende Wende zu geben und die befürchtete politische Lähmung zu verhindern. Die alte Formel von den Siamesischen Zwillingen, denen keine andere Wahl als die der Verständigung bleibe, erwies sich als purer Euphemismus. So endete Camp David am 25. Juli mit der Bekanntgabe des Misserfolgs, auch wenn Clintons Schlusskommuniqué die Parteien zu weiteren Verhandlungen aufforderte. Der Präsident versagte sich dabei nicht die Bemerkung, dass Barak die größere Flexibilität und Ernsthaftigkeit als sein Gegenüber an den Tag gelegt habe, obwohl er Arafat zugesichert hatte, ihm im Fall der Fälle nicht die Schuld zuzuschieben. Mit Clintons Belobigung im Rücken konnte sich der Ministerpräsident in der Auffassung bestärkt sehen, dass Arafat es darauf abgesehen habe, auf der Grundlage einer Übereinkunft einen vorläufigen palästinensischen Staat zu etablieren, bis die Zeit zur Zerstörung Israels reif sei – ein Widerspruch in sich, denn hätte es Arafat tatsächlich darauf angelegt, so wären die israelischen Angebote eine vielversprechende Ausgangsposition für ein solches Ziel gewesen. Barak berief sich auf Erkenntnisse seines militärischen Geheimdienstes, deren Zuverlässigkeit sich jedoch als höchst zweifelhaft erwies. Historiographisch ist das Urteil über Arafats vermeintliche Absichten zwar kaum mehr als eine Fußnote wert, aber international verfehlte sie ihre Wirkung nicht. Noch 2002 glaubte Joschka Fischer an Israels „quälende Erfahrung mit dem Zusammenbruch der Verhandlungen in Camp David" und fragte, „ob die palästinensische Führung am Ende nicht mehr und ganz anderes wollte".

Staatsgrenzen:

Arafat bestand auf der prinzipiellen Anerkennung der Grenzen von 1967, bevor er in einem Gespräch mit Clinton bereit gewesen sein soll, zwischen acht und zehn Prozent der Westbank zur Annexion freizugeben. Der palästinensischen Delegation ging es jedoch nicht allein um das Ausmaß der territorialen Zugeständnisse, sondern sie verwies darauf, dass unter den Siedlungen der Westbank die für den Staat Palästina lebenswichtigen Wasservorräte lagern. Baraks Absicht, die Jordansenke – zehn Prozent der Westbank – in Form eines dreijährigen Pachtvertrages zu übernehmen, waren für Arafat völlig inakzeptabel. Erst in Taba, dem ägyptischen Badeort am Roten Meer, verzichtete Barak auf das Jordantal unter der Voraussetzung israelischer Frühwarnsysteme, bestand aber auf einem palästinensischen Staat ohne Militär und stellte den Palästinensern einen Korridor für den Personen- und Güterverkehr zwischen der Westbank und dem Gazastreifen in Aussicht; bis 1993 hatte die PLO an die Einfügung einer solchen Passage als Voraussetzung der Lebensfähigkeit des Staates Palästina gar nicht gedacht. Wirtschaftliche Vorkehrungen – Aspekte der „Friedensökonomie", wie Peres sie genannt hatte – standen in Camp David überhaupt nicht auf der Tagesordnung.

Jerusalem:

Das von Peres im Sommer 2005 wiederholte Interesse, dass die Streitpunkte Jerusalem und der Status der Flüchtlinge auf absehbare Zeit beiseite geschoben werden müssten, war schon seit langem eine Illusion. In der israelischen Unabhängigkeitserklärung war Jerusalem nicht ausdrücklich hervorgehoben worden, die Erklärung zur Hauptstadt Israels erfolgte Ende 1949 erst nach einigem Zögern. Auch bei gläubigen Muslimen wurde „al-Quds al-sharif"[3] damals keine besondere Verehrung zuteil. Doch beider Seiten Einstellung änderte sich nach dem Junikrieg von Grund auf. Die israelische Regierung sorgte durch territoriale Arrondierungen dafür, dass sich die Größe Jerusalems Ende 2003 auf 128 Quadratkilometer belief und 28 arabische Dörfer einschloss, deren Böden zu mehr als einem Drittel ihren Eigentümern und Pächtern durch Beschlagnahme verloren gingen.

In Camp David stand die Stadt im Zentrum der Aufmerksamkeit. Von der israelischen Delegation wurden keine konkreten Vorstellungen mitgebracht, doch schloss Barak den Verzicht auf israelische Souveränitätsrechte über den Tempelberg aus. Da aber auch die palästinensische Delegation dem „Ehrwürdigen Heiligtum"[4] eine überragende religiöse Symbolik beimaß, hielt Abbas die Differenzen für unüberbrückbar. Beilin – damals Justizminister – hielt die Ausklammerung Jerusalems aus Endstatus-Verhandlungen für kontraproduktiv und plädierte für die Vertagung, gleiches empfahl er für das Flüchtlingsproblem, womit er der Position Clintons nahestand, für den die Verschiebung den übrigen Problemen zugute kommen würde. Wie schwierig die Gespräche waren, beleuchteten Berichte, dass nicht nur Arafat – „Der Tempel stand in Nablus" –, sondern auch Yasser Abed Rabbo bisweilen vom einstigen Standort des jüdischen Tempels in der Stadt nichts wissen wollte.

Flüchtlingsproblem:

Entgegen manchen Erwartungen spielte das Thema in Camp David keine überragende Rolle. Sie hinderte Arafats Berater Akram Hanieh nicht daran, den Fehlschlag in dieser Frage als den größten Misserfolg des Treffens zu bezeichnen. Die israelische Delegation ließ zwar keinen Zweifel an ihrer Weigerung aufkommen, Flüchtlinge aufzunehmen, weil sie den Präzedenzfall für spätere Verhandlungen fürchtete. Über die Eingliederung einiger tausend Personen in Israel sowie über finanzielle Kompensationen wurde jedoch diskutiert. Arafat musste dem seit langem in den Flüchtlingslagern grassierenden Eindruck entgegenwirken, dass das Problem keine Priorität auf seiner Agenda genieße. Deshalb teilte er dem amerikanischen Präsidenten mit, dass er keine Vereinbarung ohne eine Lösung unterschreiben werde, wobei es ihm ums *Prinzip* des Rückkehrrechts ging. Dementsprechend zeigte sich Abbas bereit, quantitative Ansprüche zunächst auszuklammern. Israelische Anstöße, Entschädigungsleistungen für rund 600.000 Juden aus arabischen Ländern zu thematisieren, wies die palästinensische Delegation als sachfremd zurück. Auch über die Entstehung des Flüchtlingsproblems und seine politisch-moralische Bewertung blieb die Verständigung aus. Als der Raïs im Februar 2001 „kreative Lösungen für das Recht auf Rückkehr" anbot, wobei „Israels demographische Sorgen respektiert" würden, fühlten sich die Flüchtlinge in ihrer Kritik bestätigt.

Wenn wir den Verlauf und den Gehalt der Verhandlungen mit all ihren taktischen Finessen und substantiellen Differenzen in der Zusammenschau betrachten, dann war allen Seiten daran gelegen, die Verantwortung im Falle des Scheiterns von sich zu weisen. Deshalb verzichteten Israelis und Palästinenser darauf, ihre Verhandlungspositionen schriftlich zu fixieren. Landkarten wurden nur informell vorgelegt. „Da nichts endgültig war, bis alles vereinbart war, konnte man technisch zu Recht sagen, dass keine Vereinbarung über irgend etwas erreicht wurde", paraphrasierte der Politikwissenschaftler und ehemalige Berater Jimmy Carters, William B. Quandt, die Bemerkung Rabins vom Frühjahr 1994. „Fragen Sie das amerikanische Team, und die ehrliche Antwort wird sein, dass es Zielvorstellungen und wechselnde Eindrücke gab und dass die Arbeit vorankam. Fragen Sie Barak, und er wird Ihnen bereitwillig erklären, dass es kein israelisches Angebot gab und dass es außerdem von Arafat abgelehnt wurde. Fragen Sie Arafat, und Sie werden die Antwort hören, dass es kein Angebot gab und dass es außerdem unakzeptabel war", wurde ironisch kolportiert.

Palästinenser und Israelis warteten auf amerikanische Initiativen und bedienten sich des Präsidenten zur Übermittlung ihrer Botschaften. Sie muteten Clinton eine Aufgabe zu, die dieser in den letzten Monaten seiner Amtszeit schwerlich ausfüllen konnte, es sei denn er hätte sich eines Diktats bedient, das die Tabus an den bekannten „roten Linien" aufs äußerste strapaziert hätte. Zwar sagte der Präsident den Einsatz seiner ganzen Autorität bei der Suche nach einem positiven Abschluss zu, wollte aber ein „Camp Clinton" vermeiden. Als Israel zudem ein schriftlich fixiertes Verteidigungsbündnis nach dem Vorbild der Nato wünschte, schreckte das Weiße Haus vor einer derart weitreichenden Verbindlichkeit zurück, die der Zustimmung des US-Senats bedurft hätte. Hinzu kam, dass Barak zur Absicherung eines Friedensschlusses finanzielle Zugeständnisse in einer Größenordnung von 35 Milliarden US-Dollar erwartete: zehn Milliarden für die Entschädigung palästinensischer Flüchtlinge, zehn Milliarden für Wasserentsalzungsanlagen zum Nutzen Israels, der Palästinenser und Jordaniens sowie der Rest zugunsten des israelischen Verteidigungshaushaltes, für Grenzbefestigungen sowie für die Rückführung von Siedlern nach Israel.

Nach dem Scheitern fügte Barak den Preis hinzu, auf den es keinen Rabatt geben werde, nämlich bei der Wahrung „der Sicherheit, der Heiligkeit und der Einheit Israels". Mit diesen Worten wandte er sich an „meine Brüder, die Pioniere der Siedlungen in Judäa, Samaria und Gaza, an meine Brüder im Jordantal": „Ich bin bei euch in eurem Schmerz. Euer Leiden ist Teil des Weges, der zur Erlösung des Landes Israel führt." War das religiöse Gelöbnis mehr als ein opportunistisches Lippenbekenntnis zur Verschleierung seiner politischen Niederlage in Camp

David? Die Identifikation mit der Siedlerszene unterstrich jedenfalls, dass dem früheren Generalstabschef affektive Religionsmetaphern als Begründungsfaktoren seiner Politik nicht fremd waren. Lag seinen Angeboten in Camp David lediglich ein taktisches Manöver zugrunde, wie er später behauptete? Lea Rabin blieb die Rüge vorbehalten, dass sich ihr Mann in Kenntnis des Entgegenkommens, zu dem sein Amtsnachfolger bereit gewesen sei, im Grabe umgedreht hätte.

Arafat ging es zwar darum, sich nach Camp David als Dank für seinen Widerstand gegen die dortigen Zumutungen von der palästinensischen Bevölkerung feiern zu lassen, aber sein Verhalten in Camp David blieb nicht ohne Widerspruch. Hinter verschlossenen Türen sollen einige führende Palästinenser bedauert haben, dass er nicht mit beiden Händen zugegriffen habe. Die „Jordan Times" in Amman erinnerte daran, dass die palästinensische Führung beim UN-Teilungsplan von 1947 den Fehler der Ablehnung begangen habe, und warnte vor seiner Wiederholung. Die in London erscheinende Zeitung „al-Chayat" („Das Leben") glaubte an eine „echte verpasste Chance" – „die Proklamation des Staates stand in Reichweite". Sie hätte es den Palästinensern erlaubt, Anschluss an das moderne Zeitalter zu finden. Minuziös rechnete der Kommentator vor, dass sie auf dem Weg zu einem eigenen Staat mit acht großen Städten und 400 Dörfern gewesen seien, mit einem See- und einem Flughafen, einem Hauptquartier in Jerusalem, einem Parlament in Abu Dis und bedeutsamen wirtschaftlichen Erträgen. Die nach Legionen zählende Karikierung von Baraks „großzügigem Angebot" fand also auch in der arabischen Welt ein geteiltes Echo.

Neigten Arafats Begleiter früher zur Beschleunigung des Verhandlungstempos, so kam es dem Raïs seither darauf an, sich die Kontrolle über die „Al-Aqza-Brigaden" – den im Herbst 2000 etablierten bewaffneten Arm von „Fatah" – und die Milizen des „Tanzim" („Organisation") von Marwan Barghouti zu sichern. Dennoch konnte er nicht verhindern, dass sich Teile seiner Dienste verselbständigten und auf eigene Rechnung zu operieren begannen. Zudem musste er sich den Vorwurf gefallen lassen, dass seine Nationalbewegung die einzige auf der Welt ohne Erfolg sei. Die ins Auge gefassten Daten für die Proklamation des Staates Palästina, der 13. September und der 15. November, verstrichen ebenso sang- und klanglos wie zuvor im Mai 1999 und dann noch einmal im Februar 2004. Mitte 2003 warnte Qureia vor einem „beispiellosen Chaos" in der Westbank und reichte ein Jahr später seinen Rücktritt ein, weil der „chaotische Zustand" auf den Gazastreifen übergegriffen hatte. Zur selben Zeit stellte Dachlan dem Raïs in der kuwaitischen Zeitung „Al-Watan" („Das Vaterland") ein einmonatiges Ultimatum für die Inangriffnahme der fälligen Reformen, fragte nach dem Verbleib von fünf Milliarden US-Dollar und forderte die Anerkennung der Suprematie des

Parlaments, bevor er sich wunderte, dass die Autonomiebehörde im Gazastreifen überhaupt noch existiere. Von den 30.000 Mann umfassenden Sicherheitskräften sollen nicht einmal zehn die Befehle der Behörde befolgen, wurde dem EU-Beauftragten für die Außen- und Sicherheitspolitik Javier Solana berichtet. Im August 2005 traten die Richter im Gazastreifen und in der Westbank aus Protest gegen Belästigungen seitens bewaffneter Palästinenser in den Streik.

Regelmäßige Versuche eines zeitlich begrenzten Einvernehmens mit den Islamisten endeten ergebnislos, denn „Hamas" zweifelte nicht daran, dass Arafat für die Wiederbelebung des diplomatischen Prozesses den Preis des Verrats an der palästinensischen Sache zu zahlen bereit sei; er blieb der Gefangene seiner Unterschriften seit den Osloer Vereinbarungen. Die Bewegung wartete also auf die günstige Gelegenheit, ihr Gewicht in die Waagschale zu werfen, und verlieh ihr Nachdruck. „Sie wollen einen Waffenstillstand? Dazu brauchen Sie Hamas. Sie wollen die Zusammenarbeit mit Ägypten? Dazu brauchen Sie Hamas. Sie wollen Ruhe in den libanesischen Flüchtlingslagern? Auch dazu brauchen Sie Hamas", lautete ihre selbstbewusste Botschaft. Die sozialen Einrichtungen wie Kindergärten, Schulen und Krankenhäuser bildeten ein hervorragendes Reservoir für die Rekrutierung von Anhängern, und das israelische Militär sorgte durch Häusersprengungen, Kollektivstrafen und gezielte Tötungen obendrein für die Eskalation von Stimmungen in der Bevölkerung, die „Hamas" und „Islamischem Djihad" in die Hände spielten.

Seit August 2000 fanden nicht weniger als 38 israelisch-palästinensisch-amerikanische Treffen auf Arbeitsebene statt. Als die palästinensische Delegation die letzte Runde am 28. September verließ, soll sie sich optimistisch gezeigt haben. Doch am selben Tag fand der Besuch Sharons auf dem Gelände des „Haram al-Sharif" statt. Er war nicht nur eine antipalästinensische Provokation, sondern gleichzeitig ein Affront gegenüber Barak, dem Sharon eine nachsichtige Haltung in der Jerusalem-Frage vorhielt, und eine Kampfansage an seinen innerparteilichen Rivalen Netanyahu, hinter dessen harten Kurs er nicht zurückstehen wollte, hatte dieser doch zu verantworten, dass bei der Öffnung des „Hasmonäischen Tunnels" unterhalb des „Haram al-Sharif" im September 1996 53 Palästinenser und vierzehn Israelis ums Leben gekommen waren. Djibril Radjoub, Sicherheitschef in der Westbank, soll lediglich verlangt haben, dass Sharon nicht die beiden Moscheen betrete. Ben-Ami, amtierender Sicherheitsminister neben seiner Position als Außenamtschef, ließ sich im Vorfeld von seinen Gewährsleuten berichten, dass das Risiko von Gewaltausbrüchen gering sei. Später beschuldigte er die militärische Führung unter Shaul Mofaz, die Gewalt der Palästinenser dadurch angeheizt zu haben, dass sie politische Entscheidungen missachtet habe.

Von ihrer Vorläuferin unterschied sich der Ausbruch der zweiten „Intifada" dadurch, dass er die palästinensische Führung nicht überraschte; der Mitchell-Report vom Mai 2001 wollte der Autonomiebehörde keine gezielten Planungen vorhalten. Aber Arafat rührte keinen Finger, um dem Aufstand Einhalt zu gebieten, und blieb seinem Auftritt vor der UN-Vollversammlung 1974 mit dem Revolver im Gürtel und dem Olivenzweig in der Hand treu. Polizei und Militär Israels setzten in den ersten sieben Tagen Gewaltmittel ein, denen über sechzig überwiegend unbewaffnete Palästinenser zum Opfer fielen – nach eigenem Bekunden feuerten die Soldaten eine Million Schuss ab. Am 1. Oktober töteten israelische Sicherheitskräfte zwölf demonstrierende arabische Staatsbürger in Galiläa, Mitte des Monats wurden zwei israelische Soldaten in el-Bireh bei Ramallah gelyncht. Gleichwohl kam es, wie Ben-Ami berichtete, noch im November und Dezember zu Gesprächen, bei denen Barak der vollen palästinensischen Souveränität über den „Haram al-Sharif" zugestimmt haben soll.

Doch die Katastrophe nahm ihren Lauf, auch nach innen. Beobachter entdeckten eine „Intifawda", eine Mischung aus Aufstand und Anarchie („fawda") – bittere Früchte des Zorns mit doppelter Zielrichtung: Sie signalisierte außer dem Kampf gegen Israel den Ausbruch eines lange verdeckt geführten innerpalästinensischen Machtkampfes zwischen der „Alten Garde" aus dem tunesischen Exil, den verschiedenen Flügeln in den Führungsgremien von „Fatah" sowie jungen revolutionären Kräften auf der Straße. Nach Auffassung des Soziologen Khalil Shikaki trat die Autonomiebehörde in die entscheidende Phase der Erosion ihrer Autorität ein, der Gesichtsverlust Arafats war nicht mehr zu kaschieren. Seine von Israel erzwungene Quarantäne im Amtssitz von Ramallah seit März 2002 sorgte dann allerdings dafür, dass er als zentrale Symbolfigur des palästinensischen Befreiungskampfes politisch im Spiel blieb. In der in Dubai erscheinenden panarabisch orientierten einflussreichen Zeitung „Al-Sharq al-Awsat" („Der Mittlere Osten") wurde die Frage aufgeworfen, ob die Zeit für seinen Abgang gekommen sei.

Am 23. Dezember unternahm Clinton den letzten Versuch, mit „Parametern" – einem Kompromissversuch zwischen beiden Parteien – auf Israelis und Palästinenser einzuwirken: Israel würde sich aus 94 bis 96 Prozent der Westbank zurückziehen, so dass achtzig Prozent der Siedler in den annektierten Teilen bleiben könnten. Die Palästinenser würden im Gegenzug israelische Landstriche in einer Größenordnung von einem bis drei Prozent erhalten. Für die Altstadt Jerusalems war die geteilte Souveränität über den „Haram al-Sharif" und die „Klagemauer" vorgesehen, die übrigen Teile der Stadt sollten horizontal aufgeteilt werden: Was jüdisch ist, würde jüdisch bleiben, was palästinensisch ist, bleibt palästinensisch. Für die Flüchtlinge bot der Präsident mehrere Lösungsoptionen an, zu denen die der Kompensation, der Neuansiedlung – Clinton: „Die israelische Seite kann einfach keinen Hinweis auf (ein) Recht auf Rückkehr akzeptieren" – und der Rehabilitation gehörten. Den Flüchtlingen in Libanon sollte hohe Priorität eingeräumt werden.

Die Antworten beider Seiten wurden bis zum 27. Dezember erwartet. Bei Barak stießen die Vorschläge auf Zustimmung: Er sah seine drohende Wahlniederlage voraus, die er nur durch einen Verhandlungserfolg glaubte abwenden zu können. Arafat zögerte mit der Entscheidung, obwohl ihm Kairo, Amman, Riyadh, Tunis und Rabat zusetzten. Die dortigen Regierungen misstrauten seiner Sprunghaftigkeit, sahen aber keine personelle Alternative. Arafat erbat von Clinton weitere Auskünfte: über das Ausmaß der israelischen Annexionsforderungen, die Abmessungen der „Klagemauer", die Qualität der palästinensischen Souveränität über den „Haram al-Sharif", die Qualität des Gebietsaustauschs und über „die Rückkehr der Flüchtlinge in ihre Häuser und Dörfer" sowie deren materielle Entschädigung.

Als er am 2. Januar 2001 das Oval Office betrat, hielt Ross den „Moment der Wahrheit" für gekommen: Würde Arafat die Vorschläge des Präsidenten akzeptieren, die den Palästinensern so weit wie möglich entgegengekommen seien? Der Raïs zeigte sich zwar geneigt, wiederholte aber seine Vorbehalte. Es würde Jahre dauern, so fasste Ross die Enttäuschung über den verpassten Durchbruch zusammen, bevor die wesentlichen Probleme erneut auf der Tagesordnung stehen würden. Für Ben-Ami hatte Arafat den letzten kritischen Test nicht bestanden, nachdem auch Barak nur mit Schmerzen den „Parametern" seine Zustimmung gegeben hatte. Als der Raïs später den „Parametern" gute Seiten abgewinnen wollte, war die „Intifada" nicht mehr zu stoppen. Der frühere Herausgeber der von der Autonomiebehörde finanzierten Zeitung „al-Chayat al-Djadida" („Das neue Leben"), Nabil Amr, der im Sommer 2004 bei einem palästinensischen Attentat ein Bein verlor, geißelte in einem Offenen Brief Arafats Wankelmut und Führungsschwäche:

„Haben wir nicht vor Freude getanzt, als wir vom Fehlschlag in Camp David hörten? Haben wir nicht Dreck auf die Fotos von Präsident Clinton geschleudert, der mutig Vorschläge für einen palästinensischen Staat mit geringen Grenzmodifikationen auf den Tisch legte? Wir sind nicht fair, wenn wir heute – nach zwei Jahren des Blutvergießens – nach genau dem verlangen, was wir damals zurückgewiesen haben, ganz abgesehen davon, dass wir nicht sicher sein können, dass es nicht mehr möglich ist, es zu erreichen... Wie viele Male haben wir [Kompromissvorschläge] akzeptiert und sie dann zurückgewiesen und hinterher wieder akzeptiert? Wir wollen nie die Lektion lernen, sie entweder anzunehmen oder sie zurückzuweisen. Wie viele Male wurden wir gebeten, etwas zu tun, wozu wir in der Lage waren, aber nichts getan haben? Und hinterher, als die Lösung nicht länger in Reichweite war, sind wir in der Hoffnung um die Welt gereist, das wiederzubekommen, was uns vorgeschlagen worden war – nur um zu lernen, dass zwischen unserer Ablehnung und unserer Zustimmung die Welt sich schon geändert und uns mit zusätzlichen Bedingungen konfrontiert hatte, die wir nicht für akzeptabel hielten."

Mit den letzten Gesprächen in Taba (21.–27.1.2001) wollten Israelis und Palästinenser die bisher erzielten Teilergebnisse zu einem erfolgreichen Abschluss bringen; Barak spürte den Druck der bevorstehenden Wahlen, der ihn entgegen seinem Willen zur Aktivität zwang. Diesmal wurden Landkarten ausgetauscht, wonach Israel auf 94,5 Prozent der Westbank bestand, während die Palästinenser zum Zugeständnis in einer Größenordnung von reichlich zwei Prozent bereit waren. Die israelische Delegation verzichtete auf die Siedlungen im Jordantal, verlangte aber die Annexion von sechs Prozent der Westbank und zusätzlich zwei Prozent als Pacht, während die Palästinenser bereit waren, 3,1 Prozent für einen Gebietsaustausch zur Verfügung zu stellen und über das „leasing" nach der Gründung des palästinensischen Staates weiterzuverhandeln. Die Israelis stimmten dem Rückzug aus den für den Staat Palästina vorgesehenen Teilen der Westbank und des Jordantals innerhalb von insgesamt sechs Jahren zu, dagegen wollten die Palästinenser den Zeitraum auf insgesamt achtzehn Monaten begrenzen. Für Jerusalem schlug die israelische Seite das Konzept einer „offenen Stadt" mit „weichen" Grenzübergängen außerhalb der Altstadt vor, während die Palästinenser der vollen Bewegungsfreiheit aller Kommunalbürger mit eher symbolischen Kontrollposten den Vorzug gaben. In der Altstadt würden das Jüdische Viertel, die „Klagemauer" und der untere Teil des Tempelberges in israelischer Hand bleiben, während das Christliche Viertel, das Moslemische Viertel und der obere Teil des Tempelberges an Palästina gefallen wären, letztere im Sinne einer „permanenten Treuhandschaft" oder eines „special regime". Damit sollte der emphatischen Bedeutung des „Gottesberges" für alle drei monotheistischen Weltreligionen Rechnung getragen werden. Doch Entscheidungen kamen nicht zustande. Auch für das Flüchtlingsproblem fand Taba keine Lösung, obwohl sich Annäherungen abzeichneten. Die israelische Seite brachte als Versuchsballon erstmals Zahlen über die eigene Aufnahmekapazität ins Spiel – sie rangierte zwischen 25.000 und 40.000 Personen im Zeitraum von fünfzehn Jahren –, während die palästinensische Delegation Israel das Recht einräumen wollte, in eigener Regie über die Rückkehr jedes Flüchtlings zu entscheiden. In der gemeinsamen, nicht veröffentlichten Erklärung hieß es:

„Die Parteien erklären, dass sie nie einer Vereinbarung näher gewesen sind, und deshalb ist es unsere gemeinsame Überzeugung, dass die verbliebenen Differenzen mit der Wiederaufnahme von Verhandlungen nach den israelischen Wahlen überbrückt werden können... Beide Parteien sind davon überzeugt, dass in kurzer Zeit und unter massivem Einsatz und in Anerkennung, dass ein Arrangement grundlegend und dringend ist, es möglich sein wird, die verbliebenen Differenzen zu überbrücken und eine dauerhafte Friedensregelung zwischen ihnen zu erreichen."

Der EU-Sonderbeauftragte für den Nahen Osten Miguel Moratinos drückte sich in einem „non-paper" zwar vorsichtiger aus, bestätigte aber, dass es erste Fortschritte gegeben habe. Je drohender die Meinungsforscher Baraks Wahlniederlage vorhersagten, desto stärker verfiel er einer Hektik, die seine Glaubwürdigkeit zusätzlich schwächte und seinen Stern am 6. Februar endgültig abstürzen ließ; Arafat sei sein Kampagnenmanager gewesen, behauptete Clinton, noch einmal für Barak Partei ergreifend. Dagegen war selbst für dessen einstige Bewunderer längst nicht mehr erkennbar, wohin der Ministerpräsident steuerte, und für die Gegner ging der „Alptraum" der achtzehnmonatigen Amtszeit zu Ende. Indem die Mehrheit der Israelis die Ursache – die harte Besatzung – mit den Wirkungen – dem gewalttätigen Widerstand – verwechselte, erwartete sie vom Einsatz militärischer Mittel den Triumph: Mit dem Aufruf „Sharon wird den Frieden bringen" – der Mutter aller folgenden Irrtümer – schwenkte die überwältigende Mehrheit auf den Kurs der Konfrontation ein. Der Gazastreifen – gerade einmal sechs Prozent der besetzten Gebiete – wurde in vier Teile zerschnitten: Gaza-Stadt, die Umgebung von Djabalyah, Khan Yunis und Rafach. Die Unterteilung der Westbank in die Zonen A, B und C – volle palästinensische, gemischte israelisch-palästinensische und volle israelische Verfügung – nach der Interimsvereinbarung von 1995 wurde praktisch aufgehoben. Mitte Juni 2002 begann die israelische Regierung mit dem Bau des ersten Teilstücks der „Trennungsmauern". Im März 2004 zählte das von Ost-Jerusalem aus tätige „UN Office for the Coordination of Humanitarian Affairs" (OCHA) in der Westbank 695 Sperranlagen.

Anmerkungen

1 Amos Oz in der „Frankfurter Allgemeinen Zeitung" vom 16.4.2002.
2 „Declaration of Principles on Interim Self-Government Arrangements (DOP)."
3 „Ehrwürdige Heilige [Stadt]" = Jerusalem.
4 „Haram al-Sharif."

Die „Road Map" – ein untauglicher Lösungsansatz?

„... eine auferlegte Lösung ist eine Illusion[1]."

Die Bemühungen der westlichen Staatengemeinschaft, eigenen Vorstellungen zur nationalen Unabhängigkeit der Palästinenser konkreten Nachdruck zu verleihen, gleichen einer Dynamik des toten Punktes. Seit Jahrzehnten droht jegliche Aussicht auf einen Frieden im politischen, religiösen und sozialpsychologischen Minenfeld des Nahen Ostens unterzugehen. 2002 konnte die „International Crisis Group" aus hochrangigen Politikern und Politikberatern ihre verzweifelte Einschätzung nicht verhehlen, dass es im Nahen Osten „etwas tief Erschreckendes, ja Tragisches in der endlosen Abfolge von interimistischen und partiellen Kerngedanken (›essences‹) gibt", obwohl „die Grundlinien einer fairen, dauerhaften und umfangreichen Vereinbarung auf dem Tisch liegen". Indem Shlomo Ben-Ami dem Konflikt einen „genetischen Code" unterstellte, unterstrich auch er Irritation und Verzweiflung.

Vor mehr als einem Jahrzehnt kursierte in Washington der Witz, dass Außenminister James A. Baker regelmäßig zwei neue Siedlungen „mitbrachte", wann immer er von seinen Besuchen aus Israel zurückkehrte; „wenn ich ein zweites Leben hätte", fügte er später ironisch hinzu, „würde ich mich auf Verhandlungen über den Nahen Osten konzentrieren, denn dann wäre ich nie arbeitslos". Dennis Ross erinnerte sich, dass die Diplomaten viele tausend Meilen im Nahen Osten gereist waren, um ungezählte Stunden der Diskussion, des Prüfens und Verwerfens sowie des Meinungsstreits hinter sich zu bringen. Joschka Fischer bekannte, dass er wie kein zweiter westlicher Außenamtschef so viele Gespräche im Nahen Osten geführt habe, wobei alle Vorschläge schon tausendmal ergebnislos diskutiert worden seien. Ratschläge lauern hinter jeder Ecke, fügte er bei seinem letzten Besuch im Juli 2005 gleichmütig hinzu. Kommentatoren beklagten eine „Friedensphobie" und einen „Prozess ohne Frieden". Dennoch schlich sich allerorten die Bezeichnung „Palästina" ein, die eine staatliche Normalität des palästinensischen Volkes vortäuschte.

Im März 2002 verabschiedete der UN-Sicherheitsrat die Resolution 1397, in der die Forderung nach zwei Staaten in sicheren und anerkannten Grenzen erhoben wurde. George W. Bush war nicht der erste US-Präsident, der den Palästinensern das Recht auf einen Staat einräumte; auch Clinton hatte die Zusage geäußert, zuletzt im Januar 2001. Nach anderthalbjährigem Zögern legte Bush am 24. Juni 2002 seine Unruhe über Israelis und Palästinenser dar, nachdem

Die „Road Map" – ein untauglicher Lösungsansatz?

lange vermutet worden war, dass er den Fehler seines Amtsvorgängers vermeiden und sein präsidiales Prestige nur dann einsetzen werde, wenn der politische Erfolg garantiert sei. Bush knüpfte seine Ideen an zwei Vorbehalte, die den Palästinensern galten und – so glaubte er wohl – bei ihnen durchzusetzen seien, um danach von Israel eine Friedensdividende einzustreichen: Er verlangte einen „wahrhaft demokratischen und lebensfähigen palästinensischen Staat" und eine „neue und andere palästinensische Führung". Mit diesen Vorgaben, die er im Blick auf befreundete Staaten wie Ägypten und Saudi-Arabien vermied, weckte er weltweit neue Erwartungen. Sie beschäftigten sich nicht lange mit den Chancen ihrer Umsetzung angesichts vielfältiger Widerstände, auch wenn Diplomaten in Washington verlauten ließen, dass Bush eher ein Problem für die Lösung denn Teil einer Lösung selbst sei.

Die Rede des Präsidenten war eine Kampfansage gegen die tiefe, von der zweiten „Intifada" genährte Resignation, weniger gegen die israelische Politik. Dennoch redeten seit dem Frühjahr 2003 alle Seiten von Friedenschancen, und zwar von der „Road Map"[2] des „Quartetts" aus USA, Europäischer Union, Russland und dem UN-Generalsekretär. Erstmals sollte, so verhieß ein Positionspapier des Berliner Auswärtigen Amtes, „eine dritte Partei – das Quartett – künftig über Fortschritte bei der Implementierung [der ›Road Map‹] entscheiden". Statt die eigenen Versäumnisse und Fehleinschätzungen zu analysieren und daraus Konsequenzen zu ziehen, sollte Israelis und Palästinensern die „Kurierung von Krankheiten [im Rahmen] eines politischen Prozesses, dessen Durchschlagskraft nicht klar ist", verordnet werden, beschrieb der britische Diplomat Alastair Crooke besorgt die Rolle der dritten Kraft in diesem Konflikt. Der formellen Beschlussfassung des „Quartetts" am 20. Dezember 2002 vorausgegangen war die Billigung des Textes einer informellen „EU-Roadmap" im finnischen Helsingör. Der Text fußte auf drei deutschen Ideen:

– der Ernennung eines palästinensischen Ministerpräsidenten;
– einem von Sicherheitsfortschritten begleiteten Dreistufenplan mit den Elementen a) Demokratisierung der palästinensischen Institutionen einschließlich Wahlen, b) Entstehung eines provisorischen Staates Palästina, c) Endstatus-Abkommen,
– der Ernennung eines internationalen Beauftragten zur Durchsetzung dieses Programms.

Für Fischer handelte es sich um ein „einzigartiges Produkt", das die Mitglieder des „Quartetts" produzierten hatten und nun fortentwickeln wollten. Die Europäer beeilten sich, ihm eine besondere Qualität zuzusprechen, weil er erstmals in der Geschichte des Konflikts von den wichtigsten Akteuren außerhalb der Region gemeinsam verabschiedet worden war: Ihr Hauptverbündeter hatte sie einbezogen, doch sofort klargestellt, wer im „Fahrersitz" Platz nimmt. Washington ließ sich dieses Vorrecht nicht nehmen, so zuletzt beim Londoner „Treffen zur Unterstützung der Palästinensischen Autonomiebehörde" am 1. März 2005: In dem 17seitigen Abschlussdokument ist festgehalten, dass die USA Verpflichtungen für eine ordentliche palästinensische Politik („good governance") und die sensiblen sicherheitspolitischen Koordinationsaufgaben zwischen den Palästinensern und Israel übernehmen, während die Europäer in Kooperation mit der Weltbank dafür sorgen sollten, dass die internationalen Finanzzusagen für die Autonomiebehörde eingehalten würden. Für den Abgeordneten Werner Hoyer, der im Bundestag seinem „fatalen Eindruck" freien Lauf ließ, schien es im Nahen Osten eine Arbeitsteilung zu geben, bei der die Europäer allein für die Finanzierung der Palästinenser zuständig seien. Auch Yossi Beilin, der Empfindlichkeiten eingedenk, rief die Europäer auf, „finanziell bei der Umsetzung [der Road Map] zu helfen", fügte aber hinzu, „sie könnten [auch] Truppen als Teil eines multinationalen Friedenskorps schicken, sie könnten palästinensische Flüchtlinge aufnehmen, sie könnten erwägen, ob sie Israel oder sogar Palästina die zukünftige Mitgliedschaft in der EU anbieten. Aber selbst wenn wir scheitern sollten, bin ich nicht dafür, dass die Welt Israel mit Abstrafung droht."

Die Hoffnungen von Abbas, dass über den Sicherheitsaspekten die Friedenspolitik nicht vergessen würde, gingen nicht in Erfüllung. Das gleiche Schicksal mangelnder Beachtung traf den gemeinsamen Offenen Brief, den 2004 Hanan Ashrawi (Sprecherin des palästinensischen Teams in der gemeinsamen palästinensisch-jordanischen Delegation in Madrid 1991 und seither Generalsekretärin der „Palestinian Initiative for the Promotion of Global Dialogue & Democracy" [MIFTAH]) und Shulamit Aloni (als „Meretz"-Vorsitzende Erziehungsministerin im Kabinett Rabin) an die Spitzen der beiden ehemaligen europäischen Kolonialmächte, Jacques Chirac und Tony Blair, geschrieben hatten:

„Wir richten diesen Brief an Sie in einem der dunkelsten Momente des Konfliktes zwischen dem Staat Israel und dem palästinensischen Volk. Täglich werden Palästinenser getötet, das Ausmaß der Zerstörung hat katastrophale Ausmaße angenommen. Die Israelis ihrerseits leben in ständiger Furcht vor Selbstmordattentaten, die Gewalt ist allgegenwärtig. Beide Seiten sehnen sich nach wirklichem Frieden, den sie seit Gründung des Staates Israel 1948 nie gekannt haben.

Angesichts des Umfangs israelischer Kolonisierung und des hartnäckigen Widerstands gegen die Räumung selbst der kleinsten Siedlung im Gazastreifen wird zunehmend

Die „Road Map" – ein untauglicher Lösungsansatz?

deutlich, dass Israel weder willens ist noch die politische Entschlusskraft aufbringt, die Besetzung zu beenden und die Errichtung eines souveränen, freien und lebensfähigen palästinensischen Staates zuzulassen. Ja, es gibt nicht einmal die Absicht, Land zurückzugeben, vielmehr wird in der Nachbarschaft Jerusalems vermehrt gebaut, und die Siedlungen werden noch erweitert.
Deshalb fordern wir eine entschiedene und durchgreifende internationale Intervention, um soviel Druck auf Israel auszuüben, dass es das internationale Recht, die Menschenrechte und die einschlägigen UN-Resolutionen befolgt. Diese Intervention muss im Ergebnis zu einer Räumung aller israelischen Siedlungen in den seit dem Krieg von 1967 besetzten Gebieten und dort zur Gründung eines palästinensischen Staates führen. Eine solche internationale Intervention wäre nicht antiisraelisch oder antisemitisch, ganz im Gegenteil. Für uns ist dies der einzige Weg, einen bitteren Jahrhundertkonflikt zu lösen und eine brutale Besetzung zu beenden, die seit bald vierzig Jahren andauert und allem Anschein nach auf Dauer fortgesetzt werden soll.
Großbritannien und Frankreich haben die Geschichte in diesem Teil der Welt seit dem Ende des 19. Jahrhunderts mitbestimmt. Seit 1945 haben Sie, Franzosen und Engländer, Frieden und Zusammenarbeit in Europa und in aller Welt unterstützt. Wir bitten Sie, in diesem Sinne Ihren Einfluss auch im Nahen Osten geltend zu machen! Die Wurzeln dieses Konflikts reichen weit zurück, zumindest bis zum 16. Mai 1916, als beim Zerfall des Osmanischen Reiches Frankreich und Großbritannien im Sykes-Picot-Abkommen die Macht untereinander aufteilten. Die Wunden und Narben dieser Teilung sind bis heute nicht verheilt, ihre Folgen zeigen sich in der Aktualität des Konflikts. Deshalb fordern wir Frankreich und Großbritannien auf, einen kühnen historischen Schritt zu unternehmen, der von einer Strategie der Macht zu einer Strategie der Versöhnung führt. Ein solcher Schritt könnte Ihre Entschlossenheit beweisen, das 21. Jahrhundert zu einem Jahrhundert der Achtung des internationalen Rechts und seiner Institutionen, zu einem Jahrhundert der Gerechtigkeit und des Friedens zu machen."

Ende April 2003 übergab US-Botschafter Dan Kurtzer die „Road Map" an die israelische Regierung, während sie von dem norwegischen UN-Botschafter Terje Røed-Larsen und dem seit Mai 1996 im Nahen Osten aktiven EU-Sondergesandten Miguel Moratinos der Autonomiebehörde überbracht wurde; der UN-Sicherheitsrat zog mit der Resolution 1515 nach. Kurz zuvor hatte Arafat auf westliches Drängen Abbas zum Ministerpräsidenten ernannt. Das Zeitbudget der „Road Map" gab sich präzise: Während der Laufzeit sei in der ersten Stufe bis Mai 2003 – also innerhalb eines Monats nach Übergabe des Dokuments – der palästinensische Terrors zu beenden, das Leben der Palästinenser würde sich normalisieren, und palästinensische Institutionen würden aufgebaut. Für die zweite Stufe zwischen Juni und Dezember 2003 stand die Etablierung eines unabhängigen Staates Palästina „mit provisorischen Grenzen und Attributen der Souveränität" im Mittelpunkt. Die dritte Stufe 2004/2005 sollte mit einem

Vertrag die Okkupation von 1967 beenden, den palästinensischen Staat in voller Unabhängigkeit etablieren und eine „gerechte, faire und realistische Lösung für das Flüchtlingsproblem (...) und den Status Jerusalems" herbeiführen. Parallel dazu wäre eine vollständige Normalisierung zwischen Israel und den Staaten der Region zu gewärtigen. Die Bewertung der „Road Map" lässt sich in sieben Punkten zusammenfassen:

Erstens:

Erneut wurde ein Friedensplan mit der Erwartung verbunden, dass Interimsvereinbarungen zwischen den Parteien Vertrauen schaffen, statt die diplomatische Energie in die Vorlage eines Schlussvertrages zu investieren, der schrittweise zu erfüllen wäre. Menachem Klein befürchtete eine „Street Map".

Zweitens:

Die „Road Map" war ein regionsfremder Interventionsversuch, erschöpfte sich in vielen aufeinander bezogenen Details, die ein Junktim konstituierten und dieses für Störmanöver anfällig machte. Besonders die Palästinenser wurden verpflichtet, sich auf einen Verhandlungsprozess einzulassen, bei dem sie nicht erkennen konnten, dass an seinem Ende tatsächlich ein eigener Staat mit voller politischer Souveränität stehen würde. Gleichzeitig schreckte der Plan davor zurück, Ursachen und Wirkungen der politischen Lage zu benennen. So hieß es schon in der Präambel:

> „Eine Zwei-Staaten-Lösung zur Beilegung des israelisch-palästinensischen Konflikts kann nur dann erreicht werden, wenn Gewalt und Terrorismus ein Ende haben, wenn das palästinensische Volk eine Führung hat, die entschieden gegen den Terror vorgeht und willens ist, eine funktionierende, auf Toleranz und Freiheit gegründete Demokratie aufzubauen, [und] wenn Israel bereit ist, das Notwendige zu tun, um die Errichtung eines demokratischen palästinensischen Staates zu ermöglichen."

Die dringliche Warnung der europäischen Staats- und Regierungschefs an Israel vom März 2004, die Grenzen einseitig zu ändern, blieb folgenlos. Dafür beteiligten sie sich auch in der Folgezeit an Erklärungen des „Quartetts", in denen die Forderung nach der Bekämpfung palästinensischer Terrorakte in den Vordergrund gestellt wurde. Die Israel zugedachten Verpflichtungen ließen sich indes politisch kaum unverbindlicher formulieren. Dieser Bescheidenheit schloss sich das Auswärtige Amt in Jerusalem erfreut an: Es verlangte von den Palästinensern das Ende des Terrors und des Aufruhrs, bevor die „Vision eines unabhängigen, lebensfähigen, souveränen palästinensischen Staates, der in Frieden und Sicherheit an der Seite Israels lebt", realistisch sei. Erst beim Treffen mit Sharon im April 2005 erinnerte

Die „Road Map" – ein untauglicher Lösungsansatz? 39

Bush an die israelischen Verbindlichkeiten, die keine Aktivitäten zuließen, die den Vorgaben der „Road Map" zuwiderlaufen würden. Hier deuteten sich Korrekturen unter der Ägide von Condoleezza Rice an. Die Diplomatie sei in die Außenpolitik zurückgekehrt, jubelten die Medien, und nahmen das politische Credo vom „praktischen Idealismus" auf, mit dem Rice Werteorientierung und Interessenpolitik kombiniere. Der israelische Abzug aus dem Gazastreifen werde den internationalen Friedensplan „unserem Endziel der Zweistaatenlösung näher bringen", so wurde diese Vorgabe umgesetzt. Prompt wurde die Außenministerin bei ihrem ersten Besuch in Israel im Februar 2005 von Demonstranten mit dem Ruf „Condi go home!" empfangen. Vor dreißig Jahre war Kissinger in Tel Aviv als „Judenjunge" beschimpft worden, als er im Zuge seiner Pendeldiplomatie die Truppenentflechtungsabkommen mit Ägypten und Syrien durchsetzte.

Drittens:

Die „Road Map" behauptete zwar, dass ihrer Umsetzung „ein realistischer Zeitplan" vorgegeben sei, doch daran war schon bei ihrer Übergabe in Jerusalem und Jericho – nicht in Ramallah – zu zweifeln. In der Folgezeit bestätigte sich die Fehlkalkulation vollends. Arafat war bei der Ausarbeitung übergangen worden. Sharon begnügte sich mit Lippenbekenntnissen, während Abbas in der Nachfolge Arafats alle Hände voll zu tun hatte, sich innenpolitisch gegen seine Gegner zu behaupten, um sein Reformprogramm durchzusetzen – ganz abgesehen davon, dass er sich bei Sharon als politischer „Partner" qualifizieren musste. Da ihm angesichts der fortgesetzten Siedlungsaktivitäten in der Westbank und des Ausschlusses aus den israelischen Planungen, den Gazastreifen zu räumen, die Zeit davonzulaufen drohte, begann er statt des Phasenverlaufs der „Road Map" die unverzügliche Aufnahme von Schlussverhandlungen zu favorisieren – eine Forderung der Genfer Initiative.

Viertens:

Die „Road Map" erwartete von sicherheitstechnischen Absprachen, die von den Palästinensern zu erfüllen seien, politische Gegenleistungen Israels – eine Auffassung, die schon den Mitchell- und Tenet-Plänen vom Mai/Juni 2001 zugrunde lag und sie ins Leere laufen ließ. Denn sie implizierte, dass Israel bereits im Vorfeld der Etablierung des palästinensischen Staates politische Verzichte leisten werde.

Fünftens:

Wenn die „Road Map" die Auflösung der „illegalen Siedlungen" seit Ausbruch der zweiten „Intifada" verlangte und damit auf die über hundert Außenlager anspielte, lag die Vermutung nahe, dass die Siedlungen selbst nicht als Friedenshindernis zu betrachten seien. Demgemäß folgte Sharon dem Verständnis des „Rates der Siedlungen in Judäa, Samaria und Gaza", dass sie denselben öffentlichen Anspruch auf Anerkennung erheben könnten wie der israelische Städtetag als Repräsentanz der israelischen Gemeinden. Dennoch beschwerten sich in der Westbank lebende Israelis darüber, wenn ihre Landsleute sie als Siedler („mitnachalim") und nicht als Bewohner („mityashwim") betrachteten; andere äußerten Gefühle der „Gefangenschaft im eigenen Land". Wenn die westliche Publizistik den Begriff „israelisches Kernland" verwendet, spricht sie bewusst den Siedlungen die Legitimität israelischer Enklaven zu, dass also der Frieden nur auf der Grundlage der „Realitäten" erreichbar sei.

Sechstens:

Die „Road Map" sah wie schon die Osloer Vereinbarungen keine durchgreifenden Sanktionsmechanismen für den Fall vor, dass eine der Parteien den Vollzug von Teilzielen verzögert oder gar verweigert. Zwar wollte das „Quartett" die Implementierung durch ein „Monitoring System" begutachten lassen, doch blieb es bei dieser Absichtserklärung. Der vielfache Ruf nach einer internationalen Intervention zur Trennung der feindlichen Parteien verhallte ungehört, weil er die Komplexität des operativen Auftrages hätte definieren müssen – die Eindämmung der Gewalt notfalls mit militärischen Mitteln, die Durchsetzung politischer Ziele, die internationale Trägerschaft eines solchen Projekts sowie Dauer, Qualität und Ausmaß der ins Auge gefassten Operationen. Ein israelischer Kommentator ahnte spöttisch voraus, dass sich seine Regierung das Recht vorbehalten werde, das unter US-amerikanischer Leitung einzurichtende „Monitoring Team" zu kontrollieren, die internationalen Beobachter zu beobachten, die Inspekteure zu inspizieren und dafür zu sorgen, dass sie ihre Nase nicht in die Siedlungspolitik stecken. Andere Beobachter bezeichneten Washington als einen hilflosen „Puppenspieler" und verglichen die „Road Map" mit einem Kobold im Vergnügungspark, der aufspringt und den Kindern einen Schrecken einjagt.

Siebtens:

Auch wenn in der Präambel auf die Erklärung der Arabischen Gipfelkonferenz vom März 2002 in Beirut Bezug genommen wurde, war aus dem Text der „Road Map" zu schließen, dass es dem „Quartett" darauf ankam, ohne arabische Mitwirkung zum Erfolg zu verhelfen.

Die „Road Map" – ein untauglicher Lösungsansatz?

Die Unverbindlichkeiten hinderten das israelische Kabinett nicht daran, am 25. Mai 2003 vierzehn Modifikationen vorzulegen:

1. Die Palästinenser beenden Gewalt und Terror. Die palästinensischen Sicherheitskräfte übernehmen für die Vereitelung von Anschlägen gegen Israelis die Verantwortung. Israel überwacht die Zugänge und Ausgänge des palästinensischen Territoriums. Für die israelische Armee gibt es keine Beschränkungen bei der Bekämpfung des Terrors.

2. Im Vordergrund steht nicht der Zeitplan der „Road Map", sondern entscheidend ist die palästinensische Umsetzung ihrer drei Phasen.

3. Israel löst alle seit Ausbruch der zweiten „Intifada" errichteten Außenlager auf und beginnt das Einfrieren des Siedlungsausbaus nach der völligen Beruhigung der Sicherheitslage. Korrigierend ließ Sharon verkünden, er werde „der Zierde unserer Jugend nicht verbieten, [in Judäa und Samaria] Häuser zu bauen".

4. Die palästinensischen Parlamentswahlen werden mit Israel koordiniert. Nach letzten Berichten sollen sie im Januar 2006 stattfinden.

5. Die Kontrolle bei der Umsetzung der „Road Map" liegt allein bei den USA.

6. Die Palästinenser tauschen ihre politische Führung aus und verpflichten sich zu umfassenden Reformen. Die Wahl von Machmud Abbas hat freilich nicht dazu geführt, dass mit der Autonomiebehörde Verhandlungen aufgenommen wurden.

7. Die Schaffung eines vorläufigen palästinensischen Staates erfolgt in Abstimmung mit Israel. Zu seinen Voraussetzungen gehört die eingeschränkte Souveränität, die vorläufigen Grenzziehungen und das Ende der palästinensischen Gewalt.

8. Zu den Elementen des Schlussabkommens gehört die palästinensische Anerkennung des Staates Israel als jüdischer Staat sowie der Verzicht auf den Anspruch auf Rückkehr der palästinensischen Flüchtlinge.

9. Am Ende des Konflikts steht das Ende aller Forderungen.

10. Das Schlussabkommen wird durch direkte Verhandlungen beider Parteien auf der Grundlage der Rede Bushs vom Juni 2002 erreicht.

11. Die Verhandlungen über den Endstatus gründen nur auf den UN-Resolutionen 242 und 338.

12. Der Rückzug der israelischen Streitkräfte auf die Linien vor Ausbruch der „Intifada" setzt absolute sicherheitspolitische Ruhe voraus, für welche die Palästinenser verantwortlich sind.

13. Gemäß der Sicherheitsbedingungen bemüht sich Israel um die Normalisierung des Lebens der Palästinenser.

14. Die arabischen Staaten unterstützen den politischen Prozess und setzen sich für das Ende des palästinensischen Terrors ein.

Der internationale Friedensplan kam um Jahre zu spät. Er hätte Wirkungen entfalten können, solange sich die israelische Politik eindeutig zur Formel „Land für Frieden" bekannte. Schon im Vorfeld der Änderungen verbat Sharon seinen Kollegen die Diskussion von Elementen der „Road Map" mit ausländischen Repräsentanten aus der Sorge heraus, dass ihre Äußerungen seine Verhandlungsstrategie negativ beeinflussen könnten. Als sein Berater Dov Weissglas im Oktober 2004 die „Road Map" aufkündigte, machte sich in den westlichen Hauptstädten kaum mehr als Verlegenheit breit.

Nach der israelischen Absage blieben Colin Powell nichts anderes als Ratschläge übrig, die Gelegenheiten für Fortschritte nicht verstreichen zu lassen, solange das Zeitfenster („window of opportunity") geöffnet sei. Da sie unbeachtet blieben, musste das „Quartett" im September 2004 eingestehen, dass bei der Umsetzung keine nennenswerten Ergebnisse erzielt worden seien. Der EU-Beauftragten für die Außen- und Sicherheitspolitik, Javier Solana, beklagte eine „gefährliche Lähmung", und Joschka Fischer kam nicht umhin, „Rückschläge" zu verzeichnen. EU-Außenkommissarin Benita Ferrero-Waldner flüchtete in den bescheidenen Trost, dass die Europäer „den Löwenanteil der Palästinenserhilfe" bestreiten und „am meisten in den Fonds der Weltbank" einzahlen. Im übrigen verwies die frühere österreichische Außenministerin auf das Programm der Europäischen Nachbarschaftshilfe (ENP) mit den Prämissen, die Parteien auf die Demokratie, den Respekt für das menschliche Leben, die Geltung des Rechts und auf grundlegende Freiheiten zu verpflichten – ein weiterer Versuch, den stagnierenden Barcelona-Prozess vertrauensbildender Maßnahmen von 1994 im Nahen Osten mit neuem Leben zu füllen.

Die „Road Map" – ein untauglicher Lösungsansatz?　　　　　　　　　43

Anfang Juni 2005 veröffentlichte Yossi Beilin unter dem Titel „Let's just dump that road map" einen kritischen Beitrag in der „International Herald Tribune", in dem er Washington die Frage stellte, warum an der „Road Map" festgehalten werde, obwohl inzwischen zu befürchten sei, dass sie zum Hindernis werde. Beilin forderte die US-Administration auf, ein Datum für einen Endstatus-Vertrag vorzulegen – etwa das Jahr 2008 – und eine amerikanische oder andere Einheit vor Ort zu stationieren, welche die Umsetzung der „Road Map" überwache. Sein Zuruf lag auf der Linie amerikanischer Wissenschaftler und Diplomaten, die unter Leitung von Dennis Ross und Robert Satloff der einseitigen Konzentration auf die Abwehr globaler terroristischer Bedrohungen nach dem 11. September 2001 widersprachen und Washington aufforderten, die außergewöhnliche Herausforderung im gesamten Nahen Osten zu erkennen, insbesondere die Konfrontation zwischen Israelis und Palästinensern. Für die zweite Amtszeit Bushs verlangten die Autoren eine integrierte Drei-Säulen-Strategie: Sicherheit, Reformen und Frieden. Der Widerhall des Konflikts in der gesamten Region und darüber hinaus erfordere einen aktiven Dialog mit den arabischen Staaten, den Europäern und anderen, weil Amerika allein diese Ziele nicht erreichen könne. Eine Intervention wie die Clinton-„Parameter" hielt das Papier für zwecklos, solange Israelis und Palästinenser das Vertrauen zu Verhandlungen über einen umfassenden Frieden fehle. Gleichzeitig ließen Ross und Satloff keinen Zweifel daran aufkommen, wem zu gegebener Zeit die politische und moralischen Führungsrolle zukomme.

Auch ein Papier aus der „Brookings Institution" vom März 2005 verlangte, Ägypten und Jordanien einzubinden, und präzisierte die bevorstehenden Aufgaben in sechsfacher Richtung: a) der Stabilisierung des Waffenstillstands, b) der Konsolidierung der neuen Palästinensischen Autonomiebehörde, c) dem erfolgreichen Abschluss der Abkoppelung Israels vom Gazastreifen, d) der Mobilisierung internationaler und arabischer Unterstützung, um Fortschritte zu erreichen, e) der Stärkung des politischen Zentrums beider Seiten zur Abwehr von Extremisten sowie f) der Verbindung zwischen der Abkoppelung, der „Road Map" und dem Endstatus. An dem Papier wirkten Amnon Lipkin-Shachak, Martin Indyk, Robert Malley, Ghaith al-Omari, Dennis Ross und Khalil Shikaki mit.

Eine dritte Veröffentlichung aus dem „James A. Baker III Institute for Public Policy" an der Rice University (Texas) vom Februar 2005 beharrte ebenfalls auf den vorrangigen Verpflichtungen Washingtons – die Administration solle „die strategische Richtung definieren" – und stellte seine Empfehlungen für ein stärkeres Engagement in den Rahmen eines „Roadmap Implementation Process": Die Administration müsse bei der Umwandlung der unilateralen Abkoppelung in ein umfassendes multilaterales Programm helfen und durch Schaffung eines formalen israelisch-palästinensischen Regimes entlang der Grenze von 1967 zur Wiederbelebung der Wirtschaft in der Westbank und im Gazastreifen beitragen. Zur Mitarbeit waren unter anderen die Israelis Shlomo Brom, Amnon Lipkin-Shachak und Yair Hirschfeld sowie der Palästinenser Djibril Radjoub eingeladen.

Zu den hervorstechenden Ergebnissen eines vierten Berichtes aus dem Hause des „Pacific Council on International Relations" in Los Angeles vom Mai 2005, an dem die Autoren David Makovsky und Ehud Ya'ari, der frühere US-Außenminister Warren Christopher und Aaron David Miller aus dem Beraterstab Clintons sowie der palästinensische Soziologe Khalil Shikaki mitwirkten, gehörte die Forderung, dass der israelische Rückzug aus dem Gazastreifen der zentrale Test für weitere Fortschritte sei; nach Gaza würde Jerusalem zu den Hauptproblemen gehören. Außerdem verlangten die Autoren zweierlei: a) im Widerspruch zu den Vorstellungen von Ross und Satloff einen Katalog aus Parametern mit der Vision des „endgame" (George Gavrilis), das freilich auf sich warten lassen werde, und b) in Erinnerung an die schlechten Erfahrungen in Camp David die bessere Kontrolle der eigenen amerikanischen Politik. Den Europäern wurde für ihre wichtige Rolle in der Vergangenheit zwar gedankt, aber im Rahmen einer politischen Regelung eine nachgeordnete Rolle prophezeit.

Der ehemalige Präsident der Europäischen Kommission Jacques Delors hatte in den achtziger Jahren die Entwicklung eines tieferen Verständnisses für die religiösen und philosophischen Vorstellungen anderer Zivilisationen angemahnt, und der deutsche Verfassungsrechtler Ulrich K. Preuß fügte hinzu, dass „die entwickelten Gesellschaften des Westens den Sinn für das Religiöse als Triebkraft der Politik erst wieder schärfen müssten, um zu begreifen", was um sie herum geschehe. Anfang 2005 sahen sich deutsche Ex-Botschafter zu der Aufforderung veranlasst, nicht länger „tief verwurzelte Werte, moralische Normen und religiöse Gefühle" in der islamischen Welt zu verletzen und zu verstehen, dass dort politische Forderungen auf deren Grundlage vorgetragen würden. In ähnliche Richtung argumentierte der israelisch-amerikanische Politologe Martin Kramer, als er den Nahoststudien an US-amerikanischen Universitäten ein hohes Maß an Verständnislosigkeit gegenüber dem Rhythmus des politischen und sozialen Lebens in der gesamten Region unterstellte. Joschka Fischer räumte zwar im September 2004 vor dem UN-Sicherheitsrat ein, dass „(j)edes Peacebuilding (...) einen massiven Eingriff für die betroffenen Gesellschaften dar(stellt)", aber die daraus zu ziehenden Konsequenzen für politisches Handeln blieben strittig. Drohungen mit politischen und wirtschaftlichen Sanktionen wurden von den Parteien vor Ort als irrelevant oder tragikomisch abgetan. Auch der dritte „Arabische Bericht über die menschliche Entwicklung" verlangte mehr Respekt der auswärtigen Mächte vor dem eigenen Weg. Nur auf westliches Drängen wurde ein Passus aufgenommen, der fremde Hilfen zu innenpolitischen Reformen nicht grundsätzlich abwehrte.

Erst die Papiere von Ross und Satloff sowie aus der „Brookings Institution" brachten die nahöstlichen Partner eines künftigen Friedens mit ins Spiel. Damit unterstrichen sie ihre Überzeugung, dass durchschlagene politische Fortschritte von Entscheidungen abhängen, an denen die Parteien in der Region beteiligt werden müssen. Zwar gestand auch Bush Anfang 2005 ein, dass der Frieden im Nahen und Mittleren Osten nicht oktroyiert werden könne, sondern von innen kommen müsse. Aber seinen Diplomaten fiel es schwer, das Bekenntnis zu beherzigen. So scheiterte Washingtons Vorankündigung, im Herbst 2005 eine internationale Nahostkonferenz einzuberufen, schon im Vorfeld an der israelischen Regierung.

Anmerkungen

1 Dennis B. Ross: Think Again, Yasir Arafat, in „Foreign Policy" July/August 2002.
2 Performance-Based Roadmap to a Permanent Two State Solution to the Israeli-Palestinian Conflict.

Ein Land der ideologischen Extreme

*„In den vergangenen drei Jahren sind wir buchstäblich
von den Extremisten beider Seiten entführt worden [1]."*

Geschichte, Geographie und religiöse Symbolwelten stehen im Konflikt zwischen Israelis und Palästinenser in einem dialektischen Abhängigkeitsverhältnis. Shlomo Ben-Ami hat die Beziehung als einen totalen Kampf über den Boden und die Erinnerung beschrieben, wobei er bezeichnenderweise Geschichte und Religion zusammenfasste. Während vielfach die Auffassung vertreten wird, dass sich die Politik zu manipulatorischen Zwecken religiöser Narrative bediene, wird hier einer anderen These der Vorzug gegeben: Nationale Identitätsentwürfe und theologische Interpretationsangebote streben nach unauflöslicher Verschränkung. Schon früh griffen die zionistische und die arabische Nationalbewegung auf jüdische und islamische Religionsbestände zurück, und je länger sich der Konflikt ohne eine politische Lösung hinzieht, desto stärker wird in beiden Bevölkerungen das Heil in theokratischen Normen gesucht werden. Israels Staatspräsident Moshe Katzav rechnete im Sommer 2005 auch das Militär zu den „Instrumenten der Erlösung Israels", obwohl er diese nicht vom Abzug aus dem Gazastreifen abhängig machen wollte.

Im Gegensatz zur Dynamik des Islam und seinen Vorstellungen von einem weltumspannenden Friedensreich sucht das nationalreligiöse Judentum in Israel sein Herrschaftsideal in den Grenzen des Landes Israel zu realisieren, das erst am Ende der Tage auf alle Völker ausstrahlt. Dem Islam wird dabei so lange mit Gleichgültigkeit begegnet, solange er diese Vision respektiert. Auf der Gegenseite sind aggressive Komponenten in der Auseinandersetzung mit dem Judentum nicht zu übersehen. Die Renaissance kollektiven Glaubens findet in einer arabischen Vergemeinschaftung mit den Palästinensern gegen die israelische Raumpolitik statt. Nach Untersuchungen der Bamberger Islamwissenschaftlerin Waltraut Wielandt wird in mehr als achtzig Prozent der koranischen Textstellen der Begriff „Djihad" mit „Krieg führen" übersetzt. Ergänzend fragte der Theologe Adel Theodor Khoury (Münster), welche aktuelle Relevanz der Aufteilung der Welt in das „Haus des Islam" („Dar al-Islam") und das „Haus des Krieges" („Dar al-Kharb") zukommt, wenn die ausgehandelte Friedenszeit als ein befristeter Waffenstillstandsvertrag verstanden wird, der die Anerkennung von fremder souveräner Symmetrie grundsätzlich ausschließe. Im April 2001 trug ein Wissenschaftler der Bir Zeit-Universität auf einer Konferenz in Amman die Ergebnisse einer Studie vor, wonach in der gegenwärtigen Situation das „selbstgewählte Martyrium" („istishhadi") zu den bevorzugten Beschäftigungen palästinensischer Jugendlicher gehöre. Als Konsequenz verlangte er, die Kinder aus militäristischen Szenarien herauszuhalten. Da jedoch die Eltern die Bereitschaft ihrer Kinder zum Märtyrertod priesen, nachdem ihre natürliche Autorität zusammengebrochen war, schnellten die Einschaltquoten hoch, wenn das Fernsehen über Selbstmordattentate und gezielte Liquidierungen des israelischen Militärs berichtete.

2003 berichtete der „Arab Human Development Report", dass 17 Prozent aller Bücher auf dem arabischen Markt religiösen Inhalts seien. Rechne man die billige Massenliteratur hinzu, die überall angeboten werde, liege der Anteil weit höher. Was aus fremder Sicht wie ein kultureller Notstand erscheint, wird als Regulativ, wenn nicht als Abwehr einer Entfremdung begrüßt, die der privaten Frömmigkeit den Vorrang vor der Allgegenwart des Islam einräumen will. Der als „weißer Arabismus" (Chibli Mallat) bezeichneten Reformbewegung fällt es schwer, aus den Kinderschuhen herauszuwachsen. Bis der Verdacht ihrer westlichen Abhängigkeit ausgeräumt ist, bleibt die von arabischen Intellektuellen beklagte Unterscheidung zwischen der toleranten Atmosphäre des „Islam der Flüsse" und der des strikten „Islam der Wüste" auf der Tagesordnung. Nachdem die Erdölrenditen jahrzehntelang die Reformunfähigkeit abgewehrt hatten, sorgten die sozialen Spannungen dafür, dass der Generalsekretär der Arabischen Liga, der ehemalige ägyptische Außenminister Amr Mussa, einen Konsens in der gesamten arabischen Welt behauptete, „dass wir uns ändern müssen – je eher, desto besser, und je klüger wir das anstellen, desto besser für unsere Gesellschaften".

Islam und palästinensischer Nationalismus

Als die „Freien Offiziere" im Juli 1952 König Faruk stürzten, verpflichteten sie sich auf eine politische Philosophie, die den religiösen Kern nicht verleugnete. Erst der gescheiterte Putsch der Moslembruderschaft („ikhwan al muslimin") von 1965, der mit der Hinrichtung ihres Mentors Sayyid Qutb endete, veranlasste Gamal Abdel Nasser zu einer neuen Austarierung der Gewichte. Doch sein „arabischer Sozialismus", ein ideologisches Eigenprodukt der besonderen Art, wollte das arabische Kulturerbe und seine Verknüpfung mit dem Islam nicht aus dem öffentlichen Raum verbannen. Zehn Jahre später bediente sich sein Nachfolger Sadat aus innenpolitischen Nützlichkeitserwägungen der Moslembrüder von neuem. Die virtuelle Allianz kostete ihn am achten Jahrestag des Oktoberkrieges und neunzehn Monate nach dem Friedensvertrag mit Israel das Leben.

Nachdem die ägyptischen Moslembrüder nach 1967 im Gazastreifen allmählich Fuß gefasst hatten, waren die palästinensischen Islamisten zur Zeit der Rückkehr Khomeinis nach Teheran die einzige Alternative zu den Nationalisten im Umfeld der PLO. Auch wenn sie auf auswärtige arabische Hilfe angewiesen blieben – genannt werden immer wieder Iran, die „Hisbollah" („Partei Gottes") in Libanon und saudi-arabische Kreise –, bestehen sie auf einem eigenständigen islamischen Weg in Palästina; Osama Bin-Laden entdeckte den Konflikt mit Israel erst, als er hoffte, daraus im Kampf um die öffentliche Meinung in der arabischen Welt politisches Kapital schlagen zu können. Im Februar 1988 sprach das erste „Hamas"-Flugblatt von der „gesegneten islamischen Intifada" („al-intifada al-islamiyeh al-mubaraka"). „In Jerusalem zu leben, kommt dem Leben im Himmel gleich", beschreibt die moderne moslemische Dogmatik den zentralen Rang der Stadt. Die Sakralisierung des palästinensischen Bodens ging mit der Erhebung des „Haram al-Sharif" als Ort der Himmelfahrt Mohammeds in einen heilsgeschichtlichen Rang einher: Hier berühren sich Erde und Himmel. Bis in die Kreuzfahrerzeit lässt sich das Bündnis zwischen Gott und den Muslimen zur Befreiung Jerusalems zurückverfolgen (Anabel Rett).

„Hamas" trat zwar mit der PLO und der „Volksfront für die Befreiung Palästinas" in der „Vereinigten Nationalen Führung" der ersten „Intifada" auf, lehnte aber Verhandlungen mit dem Feind als Zeitverschwendung und mit der Begründung ab, dass der „Kampf mit den Juden ein Kampf zwischen Wahrheit und Leere" sei. Das „Banner Allahs" müsse „über jeden Fußbreit Palästinas" gehisst werden. Dem jüdischen Staat wurde eine destruktive kulturelle Rolle für die gesamte Region zugemessen, weil er den „Bastard einer Konsumgesellschaft zur Ermordung der islamischen Psyche und eine fremde Psyche ermutigt, die den Kolonialismus vertritt", behauptete ein Repräsentant des „Islamischen Djihad". Ihm pflichtete der Generalsekretär der „Hisbollah" in Libanon, Said Mohammed Hussein Fedlallah, mit den Worten bei, dass die Anerkennung der Legalität Israels dem Alkohol und dem Ehebruch gleichkomme. „Je schlechter es uns geht, desto eher kehren die Menschen zum Koran zurück", betonte der Kinderarzt Abdel Aziz Rantisi, der nach der Liquidierung Sheikh Achmed Yassins durch das israelische Militär im März 2004 für drei Wochen die Führung von „Hamas" übernahm.

Nach Untersuchungen des in Ramallah ansässigen „Palestinian Center for Policy and Survey Research" gingen Menschen auf die Seite der Islamisten über, weil die Bewegung – ein militanter Kern von rund 3000 Personen mit einem Sympathisantenkreis in allen Bevölkerungsschichten – als das Wahrzeichen der schweigenden Mehrheit geschätzt wurde, die Korruption und Vetternwirtschaft verachte. Nach dem Urteil von Khaled Hroub, dem Direktor des „Cambridge

Arab Media Project", demonstrierte „Hamas" ihr organisatorisches und operatives Gewicht auf so eindrucksvolle Weise, dass die Kultur des „Djihad" der Gemeinschaft der Muslime in Fleisch und Blut übergegangen sei. Die religiösen Aspekte, bestätigte der Großmufti von Jerusalem Ikrama Sabri, hätten überall Eingang gefunden. Islamische Inhalte sind in den schulischen Curricula allgegenwärtig. Zorn und Hoffnungslosigkeit hatten nach dem Eindruck von Dennis Ross eine Generation von jungen Menschen hervorgebracht, die sich nicht zu „Fatah" oder „Hamas", sondern zu „al-Qaida" bekennen. Für die praktischen Erfolge von „Hamas" sorgten soziale Einrichtungen – das Geheimnis ihres Erfolgs, wie „Fatah"-Kreise beklagten. Bei den Wahlen zu Studentenräten und Berufsverbänden lag „Hamas" regelmäßig vorn. Nicht einmal die Inkraftsetzung des palästinensischen Grundgesetzes von 2002 fand bei der Bewegung ungeteilte Zustimmung, obwohl Artikel 4 die „Prinzipien der islamischen Doktrin" als „eine grundlegende Quelle der Gesetzgebung" ausweist. Damals plädierten fast zwei Drittel der Palästinenser für die Fortsetzung des militärischen Kampfes. Besonders im Gazastreifen wurde die Verteilung der Gewichte zwischen Politik und aggressiver Militanz immer unklarer. Differenzierungen zwischen den Gegnern und den Loyalisten der Autonomiebehörde verwischten sich. „Fatah" waren die Gefahren der schleichenden Re-Islamisierung ihrer eigenen Partei wohlbewusst, so dass viele Kader von der Autonomiebehörde mit Nachdruck verlangten, sich vom Kurs der Schwäche und der Inkompetenz zu verabschieden, die „Hamas" in die Hände spielen würden. Gleichwohl entdeckte Hroub bei „Hamas" eine Praxis, die auf die Zweistaatenregelung hinausläuft.

Während Arafat die Entscheidung scheute, warf Abbas die Frage auf, welche Ziele die zweite „Intifada" erreicht habe und welcher politische Preis für ruinöse Terrorakte zu bezahlen sei. Als einziger aus der Führungsriege der PLO nahm er 2003 das Risiko auf sich, den bewaffneten Aufstand als willkommene Begründung der israelischen Regierung zu bezeichnen, ihre Aggressionspolitik fortzusetzen. Mit der Forderung nach Auflösung der „Al-Aqza-Brigaden" von „Fatah" verband der damalige stellvertretende Vorsitzende den Appell zu einer international angelegten Sympathiekampagne:

> „Lasst uns der Welt sagen, dass wir gemordet und zerstört haben und dass dies ein Verbrechen ist, das beendet werden muss, weil wir Frieden wollen. Jeder, der an den Frieden glaubt, würde dann auf unserer Seite stehen. Wir müssen sehen, dass die ganze Welt jetzt nach einem palästinensischen Staat ruft, was bisher nicht vorgekommen ist. In Ergänzung zu [der Forderung nach] dem Rückzug Israels aus den 1967 besetzten Gebieten ist dieses Verlangen zu einem beständigen Axiom der internationalen Gemeinschaft geworden."

Mitte August 2004 veröffentlichte das palästinensische Büro der Genfer Initiative eine Erklärung mit der Unterschrift von rund 150 Persönlichkeiten des öffentlichen Lebens, in der sie die erfolgreiche Abwehr der „verheerenden Ausweitung der israelischen Aggression" von der Wiederherstellung der eigenen politischen Handlungsfähigkeit auf vier Feldern abhängig machte: a) von tiefgreifenden Reformen des politischen Regimes und seiner Entscheidungsprozesse; b) von der Rehabilitierung der exekutiven, legislativen und judikativen Institutionen, um Recht und Ordnung zur Geltung zu bringen; c) von der Durchsetzung von Gleichheit und Gerechtigkeit; d) vom Ende aller Formen der Korruption, der Anarchie und des Chaos in Sicherheitsangelegenheiten sowie des Abschieds vom Widerstand gegen Erscheinungsformen der Selbstjustiz.

„Ein neuer Präsident – eine neue Ära", überschrieb die „Palestinian Peace Coalition", unter deren Dach die Genfer Initiative in Ramallah arbeitet, ihren Leitartikel: „Palästinenser und Israelis brauchen einander. Sie müssen der Welt beweisen, dass es auf beiden Seiten Friedenspartner gibt. Sie müssen vereint gegen das Gesicht der dunklen und extremistischen Kräfte stehen, die der gesamten Region eine Agenda der gegenseitigen Zerstörung aufzwingen wollen. Es ist an der Zeit, die Zukunft aufzubauen." Hanan Ashrawi schloss sich dem Appell an. Für sie hatten die Selbstmorde auf die internationale und arabische Öffentlichkeit so abstumpfend gewirkt, dass sie das Leid der Palästinenser nicht mehr wahrnahmen. Sari Nusseibeh warnte vor der Militarisierung des Widerstandes. Eyad Sarraj, aus einer Flüchtlingsfamilie in Beersheva stammend und heute Direktor des „Gaza Community Mental Health Program", forderte Arafat auf, der Welt eine Lehrstunde über das Verlangen nach Frieden und Israel eine Lehrstunde über seine Schwäche zu erteilen, die sich durch Frieden in Stärke verwandeln könne.

Je klarer wurde, dass Sharon seine Abzugspläne innenpolitisch nur dann durchsetzen konnte, wenn er dafür sorgte, dass die Evakuierung der achttausend Siedler aus dem Gazastreifen nicht ins Feuer palästinensischer Anschläge geriet, desto augenfälliger zeichneten sich Annäherungen zwischen den verfeindeten palästinensischen Lagern ab. Die Verbesserung des Klimas veranlasste Anfang 2005 den „Hamas"-Führer Sheikh Hassan Yousef, für die Westbank eine echte Partnerschaft mit der Autonomiebehörde zu loben.

Israel: „Boden und Erinnerung"

Ein jüdischer Staat ohne Bindung an sein religiöses Erbe wäre von Übel, schrieb der Jerusalemer Lehrstuhlinhaber für Jüdische Studien, Aviezer Ravitzky, in einer jüngeren Veröffentlichung. Auch wer diese Zuspitzung problematisiert – „Israel ist kein religiöser Staat, wir definieren uns über die Bevölkerung", behauptete Peres missverständlich –, wird einen politischen Zionismus ohne Zion als Widerspruch in sich erkennen. Frühzeitig wurde klar, dass das Konzept eines nationalstaatlich verfassten jüdischen Volkes ohne Judentum nicht aufgehen konnte, weil damit jene Kräfte unterschätzt worden wären, die in der Geschichte für das Überleben und den Bestand des Kollektivs gesorgt hatten, auch wenn sie im „Exil" zu einer „starken Überspiritualisierung" neigten (Jonathan Sacks). Die „Pionierideale des Zionismus [waren] mit einer Verpflichtung auf das orthodoxe Judentum und die jüdische Tradition zu verheiraten", hob der US-amerikanische Soziologe Samuel C. Heilman hervor.

Der Versuch einer Balance zwischen nationalem Aufbruch und religiösen Mythen gehörte deshalb zu den ständigen, gleichwohl nicht immer offenen Herausforderungen, denen sich die zionistische Bewegung stellen musste. Bei der Einweihung des Instituts für Jüdische Studien an der Hebräischen Universität am 22. Dezember 1924 – nicht zufällig dem ersten Tag des Chanukka-Festes, das an die Befreiung vom Hellenismus erinnert – sprachen Teilnehmer im Überschwang ihres Stolzes von einer modernen „Torah, die von Zion ausgeht", und meinten damit die wissenschaftliche, kulturelle und nationale Erneuerung des jüdischen Volkes. Die Ansprachen symbolisierten die bleibende Einheit der religiösen und säkularen Sphären im Judentum, die als Leitsatz in der zeitgenössischen zionistischen Literatur reichen Niederschlag fand.

Judah L. Magnes (1877 – 1948), erster Rektor der Hebräischen Universität in Jerusalem, warnte zwar in seiner Schrift „Wie alle Völker...?" vor einem aus religiöser Intransigenz gespeisten Chauvinismus gegenüber der arabischen Bevölkerung, suchte aber gleichzeitig den zionistischen Dualismus „jüdisches Volk" und „Heimkehr nach Zion" zu versöhnen. Asher Zvi Ginzberg („Achad Ha'am" [„einer aus dem Volke"] 1856 – 1927), als „agnostischer Rabbi" oder als schärfster Denker der jüdischen Renaissance geachtet, fürchtete die Entstehung eines Judenstaates ohne Judentum und die Konstituierung eines „Weltvolkes" gleich allen Völkern. Achad Ha'am wies die Reduktion der zionistischen Bewegung als Antwort auf Judenfeindschaft und Pogrom zurück und bestand darauf, dass ein ganz anderer Faktor ihre Kraft beflügeln solle, die Aufmerksamkeit auf die sogenannte innere Judenfrage zu konzentrieren und die drohende Auflösung des Judentums abzuwehren, die im letzten Viertel des 19. Jahrhunderts auch das zaristische Russland ergriff, wie der als einzigartig gefeierte „Apostel des Zionismus", der jugendliche Shmaryahu Levin (1867 – 1935) befürchtete: „Einst verkaufte Esau seine Seele für ein Gericht Linsen; jetzt verkauft Jakob seine Seele für Bürgerrechte."

Denselben Tenor schlug der Mentor der zionistischen Arbeiterbewegung Aharon David Gordon (1856 – 1922) an, der von Kant, Schopenhauer, Nietzsche, Marx und Tolstoi beeinflusst war. Er hatte sich zwar von seinen orthodoxen Ursprüngen in Russland losgesagt, aber desto vehementer bestand er darauf, dass die „Religion unseren nationalen Geist" durchdringe, und dass „unser nationaler Geist (...) in jedem Teil unserer Religion zu finden (ist)". Weitab von der Tagespolitik griff Gordon auf talmudische Disputationen zurück und bezeichnete die Produktivierung der jüdischen Einwanderer als „Religion der Arbeit", die auf die „Erlösung des Bodens" mittels seiner durchaus friedlich gemeinten „Eroberung" („Kibbush") abziele. Gordon lehnte einen jüdischen ethischen Universalismus ab und forderte zum Bekenntnis eines Zionismus aus Religion, Volkstum und Land auf. Das Land warte auf seine Erlöser, die ihm den Schleier der Witwenschaft nähmen, notierte auch der Schriftsteller Moshe Smilansky (1874 – 1953), der sich 1893 in Rechovot niederließ.

Zunächst wurde an der Hebräischen Universität Mitte der zwanziger Jahre ein Vorbereitungskurs für Talmud in Aussicht genommen, damit der religiöse Kern im Zionismus nicht zu kurz komme. Die Komplettierung verzögerte sich durch die Weltwirtschaftskrise, die das Spendenaufkommen für den „Yishuv" insgesamt beeinträchtigte, und durch die politischen Ereignisse seit 1933 in Deutschland, die andere Arbeitsschwerpunkte in den Mittelpunkt rückten. Aber charismatische, keineswegs allein der Verbalinspiration verpflichtete Wortmeldungen versuchten den politischen und sozialreformerischen Zionismus auf eine eindeutig religiöse Grundlage zu stellen, und hinterfragten das Stillhalteabkommen mit der Politik. Den Anfang machte „Mizrachi"-Gründer Isaac Jacob Reines (1839 – 1915). Für ihn gab es keine größere Gotteslästerung als die Behauptung, der Zionismus bestehe zu einem wesentlichen Teil aus säkularen Faktoren. Ihm folgte der, wie die „Jerusalem Post" schrieb, „ideologische Kopf der historischen Partnerschaft zwischen dem säkularen und religiösen Zionismus" und erste von den Briten eingesetzte aschkenasische Oberrabbiner in Palästina, Abraham Isaac Kook (1865 – 1935), mit seinem religiösen Studien- und Ausbildungszentrum „Yeshivat Merkaz haRav" in Jerusalem. Kook begriff die körperliche Präsenz des jüdischen Volkes in Palästina als Vorbotin des endzeitlichen Friedens der Menschheit. Selbst wenn gegenwärtig die Säkularen keine Gebetsriemen anlegen würden, so trügen sie doch Mauersteine zur Erlösung des Landes, seines Volkes und schließlich zur Ankunft des Messias bei – der künftige Staat Israel war für ihn der „Grundstein für den Thron Gottes in der Welt". Der Zionismus durfte sich nicht im nationalen Geist erschöpfen, wie ihn die Arbeiterbewegung verstand, sondern sollte zum Instrument eschatologischer Bewegungen heranreifen. In diesem Prozess würde die

Produktivität der Pioniere („Chalutzim") dem Boden seine ursprüngliche göttliche Spiritualität zurückgeben. Sechzig Jahre später behauptete der Netanyahu-Berater Yoram Hazony, dass Kooks Talmud-Torah-Kolleg das einzig wahrnehmbare Gegengewicht zum – wie er es ausdrückte – verderblichen geistigen Monopol der Hebräischen Universität gewesen sei. Nicht Sharon sei für die Zerstörung der Siedlerhäuser im Gazastreifen verantwortlich, sondern die danach „süchtigen Intellektuellen", fügte der ehemalige Vorsitzende der Nationalreligiösen Partei Ephraim („Effi") Eitam im Sommer 2005 hinzu.

Die Verbindung aus Etatismus und Heilsgeschichte lässt sich mühelos bis in die Gegenwart verfolgen. Der politische Zionismus musste den physischen Aufbau Palästinas auch als Erfüllung göttlichen Gebots behaupten. Nach innen sollte der Kontroverse Einhalt geboten werden, ob die Gründung eines jüdischen Gemeinwesens in Palästina gegen die biblische Verheißung von der „Einsammlung der Zerstreuten" (Deut. 30,5) am Ende der Tage verstoße. Zur Verteidigung nach außen konnte der Blick auf die Geschichte vor zweitausend Jahren nicht ausreichen, weil aus ihr schwerlich aktuelle Rechtsansprüche zu folgern waren: Deshalb seien die Juden ohne die Torah Usurpatoren im Lande. Der Junikrieg drehte die Gewichte um. Es entstand ein „fundamentalistischer Patriotismus" (Asher Cohen), der den Abstand zwischen nationaler Renaissance und eschatologischen Erwartungen dramatisch einebnete. Die neuen Befürworter der jüdischen Souveränität im ganzen Land sahen sich durch das drohende Unvermögen des Staates bestätigt, seine Bürger gegen die arabischen Armeen vor dem Untergang zu schützen. Nur durch den wunderbaren Sieg Gottes sei die zweite „Shoah" gnädig verhüllt worden. Der „normale Zionismus" (Menachem Friedman) als Instrument der sozialen Organisation begann abzudanken. Der Staat sollte fortan darauf verpflichtet werden, Leistungen für höherwertige, sprich religiöse Zwecke zu erbringen.

Für den Jerusalemer Literaturwissenschaftler Gershon Shaked setzte eine Ablösung von Israelismus („Israeliness") ein. Der Legitimationswandel des Zionismus entlarvte die militärisch-strategischen Sicherheitsbedürfnisse immer stärker als Ausrede; die Unterscheidung zwischen sicherheitspolitischen und ideologischen Motiven verfiel. Mit der Etablierung der Formel „Frieden für Frieden" statt „Land für Frieden" wurde die Behauptung von der Unvollkommenheit eines „Friedens zwischen den Menschen" auf die Spitze getrieben. 1977 versprach Menachem Begin viele Siedlungen auf der Westbank nach dem Vorbild von Elon Moreh[2], einem ehemaligen britischen und jordanischen Armeelager in der Nähe von Nablus. Die Arbeitspartei betonte das ewige Recht des jüdischen Volkes auf das Land Israel. Sogar die säkulare russische Einwandererpartei „Israel im Aufstieg" von Natan Sharansky brachte in ihrer Gründungsurkunde den „tiefen Glauben an das historische und uneingeschränkte Recht des jüdischen Volkes auf alle Teile des Landes unserer Väter" zum Ausdruck – eine „hybride Identität" (Yoram Peri) aus russischer Kultur und integralem Nationalismus entstand.

Die Gleichsetzung von Staat Israel und Land Israel wurde zur Norm, in den Worten des Dichters Chaim Guri auf dem Schriftstellerkongress 1967 in Jerusalem: „Der Staat Israel war mit einem Mal das Land Israel." Die Attraktivität verblasster religiöser Mythen wuchs sich zu einem „Palast der Erinnerungen" (Eliezer Schweid) aus. Die „Bewegung für das ganze Land Israel" legte im September 1967 ein Manifest namhafter Intellektueller, Autoren, Dichter und Wissenschaftler vor, das große Aufmerksamkeit erregte: „Das Land Israel befindet sich jetzt in den Händen des jüdischen Volkes... Wir sind verpflichtet, der Unversehrtheit unseres Landes die Treue zu halten – verpflichtet gleichermaßen gegenüber der Vergangenheit wie der Zukunft des jüdischen Volkes –, und keine Regierung hat das Recht, auf diese Ganzheit des Landes zu verzichten."

Der sefardische Oberrabbiner Ovadia Yosef bemühte ein kultisches Argument: „Wenn nur ein Buchstabe auf einer Torah-Rolle fehlt, ist die ganze Rolle nicht koscher. Dasselbe gilt für das Land Israel, dem kein Zipfel abhanden kommen darf." Die Frage nach der Rechtmäßigkeit der jüdischen Niederlassungen in allen Teilen des Landes durfte sich nicht mehr stellen. Trugen die Siedlungen vor 1948 den Doppelcharakter der Festigung der jüdischen Präsenz im Lande und als Schutzwälle gegen äußere Angriffe, so hatte sich ihre Bedeutung als Verteidigungsbastionen erledigt, weil das arabische Aggressionspotential vernichtet war. Die Grenzlinienführungen von 1949 wurden aus den israelischen Schulbüchern und den statistischen Jahrbüchern gestrichen.

Als im Februar 1974 in Kfar Etzion südlich von Jerusalem „Gush Emunim" („Block der Glaubenstreuen") gegründet wurde, befand sich der politische Zionismus in einer tiefen Identitätskrise und begünstigte den Erfolg der „Land Israel"-Bewegung; zum zweitenmal nach 1967 hatten Rabbiner angesichts der ägyptischen und syrischen Angriffe das Vertrauen in die Geschichte verloren. Der „Block" wurde von Kooks Sohn Zvi Yehuda (1891 – 1982) angeleitet, der den Standpunkt des Vaters „in hemmungslos vergröberter Weise" (Ernst Akiva Simon) propagierte. Kook verwandelte die Historiosophie seines Vaters in einen Siedlungsaktivismus, der dem jüdischen Volk den erhabenen Weg in die „konkrete Erlösung in unserer Zeit" weisen sollte; die weltmessianischen Komponenten wurden auf ein ethnozentrisches Substrat reduziert. Kook berief sich auf Maimonides, als er dazu aufrief, eher den eigenen Tod in Kauf zu nehmen als zum Verzicht auf das Land gezwungen zu werden. Siedler diskutierten, ob ihr Leben

Ein Land der ideologischen Extreme 55

in Judäa und Samaria nicht wichtiger sei als das politische Beharren auf nationalstaatlicher Souveränität. Anstelle des Schutzes *für* die Regierung müsse der Schutz *vor* der Regierung erfleht werden. Religiös orthodoxe Kreise interessierten sich für das Gemeinwesen nur insoweit, als es ihnen die finanziellen Mittel für ihre Bildungsarbeit gegen die Selbsttäuschungen der Massenkultur und ihren moralischen Relativismus zur Verfügung stellte.

Wie der Zionismus in der Frühzeit viele junge enthusiastische Erwachsene an sich band, so fühlten sie sich auch diesmal zu dem „energetischen Zionismus" (Meron Benvenisti) des „Gush Emunim" hingezogen, weil er das alte Pionierethos zu erneuern schien. Verteidigungsminister Peres lernte ihn schätzen, weil er tiefe religiöse Bindung mit dem Elan der zionistischen Aufbauleistungen verbinde. Der Verzicht auf eine Formalisierung der Mitgliedschaft bot die Gelegenheit, unterschiedliche Spektren des politischen und gesellschaftlichen Lebens einzubinden. Fortan bildete die Gruppe die „Spitze eines kulturellen und sozialen Eisberges", so der im November 2002 verstorbene Ehud Sprinzak (Hebräische Universität), einer der weltweit anerkannten Spezialisten für das Studium terroristischer Gewalt und Autor mehrerer Veröffentlichungen über die politische Rechte und den religiösen Fundamentalismus in Israel. Nach den Worten des Jerusalemer Historikers Jacob Katz formulierte „Gush Emunim" eine „revidierte Sicht der zionistischen Geschichte (...), die die Rolle des traditionellen [quietistischen] Messianismus vollständig leugnet". Für Shlomo Avineri ging der politische Zionismus von einem pragmatischen Ansatz zur Befreiung der Juden von der Unterdrückung und zur Reform der Gesellschaft in einen Deismus zur „Befreiung von Bäumen oder Steinen, von schönen Tälern und Hügeln" im biblischen Land über. Yeshayahu Leibowitz (1903 – 1994) sprach von Gotteslästerung. Die „unglaubliche Vielfalt des zionistischen Denkens" (Shlomo Avineri) verflüchtigte sich zugunsten einer Ideologie, die zunächst als „Neo-Zionismus" (Shlomo Ne'eman) und später als „Ultra-Zionismus" (Shlomo Ben-Ami) oder „Yeshiva-Nationalismus" (Yoram Hazony) bezeichnet wurde – die Verbindung zwischen gottesfürchtig, religiös und national („charedal"), dem auf der arabischen Seite der „Islamo-Nationalismus" (Olivier Roy) gegenübersteht.

Abnutzungskriege

„Gush Emunim" gelang eine geniale Provokation: eine Entscheidung zwischen einer „Torah-Kultur der Werte" und einer „Kultur der Leere" zu erzwingen. An diesem Aufruf kamen die staatlichen Institutionen nicht vorbei. Ein „Eliten-Illegalismus" (Ehud Sprinzak), der nur begrenzten Widerspruch fand, begann zwischen den ideologischen Polen zu pendeln. Nur wenige Generalstabsoffiziere beklagten die Politisierung der Armee. Sie veranlasste Yossi Beilin im Juni 2005 zu der Forderung, das Arrangement („hesder") aus Wehrdienst und begleitendem religiösem Studium zu beenden, um der inneren Zerrüttung des Militärs einen Riegel vorzuschieben; kurz darauf ordnete Verteidigungsminister Shaul Mofaz an, dass religiöse Soldaten, die dieses Privileg wahrnehmen, aber Befehle zur Räumung des Gazastreifens verweigern, künftig den vollen dreijährigen Wehrdienst ableisten müssen. Bürokratische Apparate mit starken Sympathien für die Siedler unterliefen politische Entscheidungen. Im Haushaltsjahr 1997 etwa waren die öffentlichen Ausgaben für religiöse Zwecke mit 5,25 Milliarden Neue Israelische Shekel (damals rund drei Milliarden D-Mark) fast so groß, wie die Etats von zwölf Ministerien zusammengerechnet. Nach Angaben des Rechnungshofes förderte das Wohnungsbauministerium zwischen Januar 2000 und Juni 2003 die sogenannten Außenlager der Siedlungen mit umgerechnet rund sechs Millionen Euro, obwohl die Regierung international ständig ihre Auflösung versprach. Über das organisatorische Zentrum, den staatlich finanzierten „Rat der jüdischen Siedlungen in Judäa, Samaria und Gaza" – der 1979 gegründeten „Reinkarnation von Gush Emunim" (Uzi Benziman) –, entwickelte sich eine Bewegung mit breitem außerparlamentarischem Sympathisantenreservoir. Im Gegensatz zu den religiösen Anhängern von „Gush Emunim" repräsentiert der „Rat" ganz unterschiedliche politische und weltanschauliche Kräfte.

Die Bemessung seines Einflusses auf die Politik an der Zahl der Abgeordneten im Parlament führt in die Irre. Beide „Fraktionen" brauchen einander: Die öffentliche Zurschaustellung des orthodoxen Traditionalismus korrespondiert mit Bedürfnissen säkularer Politiker, ihre Entscheidungen theologisch zu legitimieren. Für religiöse Abgeordnete, auf die der Soziologe Menachem Friedman (Bar Ilan-Universität) die Einstellung „Präzision ohne Kompromiss" gemünzt hat, sollen sie wie jene Siedler, die zu drei Vierteln aus Gründen der physischen Lebensqualität in die palästinensischen Gebiete gezogen sein sollen, als „Esel des Messias" (Seffi Rachlevsky) – eine talmudische Skizze bezeichnet damit einen der rabbinischen Gelehrsamkeit entwöhnten Juden – wertvolle Dienste leisten: Wenn auch unbewusst, würden sie einen existentiellen Beitrag zur „Vollendung des Hauses Israel" erbringen. Sprachen Umfrageergebnisse vom Sommer 2002 von sechs Prozent der Siedler – also etwa 20.000 Personen –, die sich diesem Milieu zugehörig fühlen und den Einsatz von Gewalt nicht scheuen würden, so ist die Zahl seither gewachsen.

Das Zusammenspiel aus Siedlern, Mandatsträgern und der diskreten Macht von Verwaltungsapparaten legte es darauf an, sich eine Vetokarte in Politik und

Ein Land der ideologischen Extreme 57

Gesellschaft zu verschaffen. Rechtsfreie Räume wurden hingenommen oder gar befürwortet, der Staat unterlief seine Gesetze. Dutzende von Ministerialbeamten würden alles daransetzen, Abgeordnete und deren Familien unter Druck zu setzen, damit sie die Abkoppelungspläne ablehnen, klagte Sharon im Februar 2005, nachdem er früher nicht gerade zögerlich im Umgang mit Recht und Ordnung war. „Gaza gehörte nicht unseren Vorvätern, so dass wir dort nichts zu suchen haben", begründete der Ministerpräsident seine harte Haltung. Die Siedler präsentierten als Gegenbeweis in einer Ausstellung im Museum von Kfar Darom, dass bereits Stammvater Abraham in vorbildlicher Zeit dort gelebt habe. Sie konnten sich darauf berufen, dass im Sommer 2005 lediglich für 33 Prozent der Israelis die Präsenz im Gazastreifen zu viele Opfer koste und gerade einmal 22 Prozent dieses Territorium nicht zum historischen Land Israel rechnen. Nur wenige Führungsmitglieder des „Rates" weigerten sich, die Konfrontation um die Räumungen auf die Spitze zu treiben.

Die Soziologin Janet Aviad beschrieb die Konversion säkularer Juden zur Orthodoxie als „ein beständiges, dramatisches und machtvolles Beispiel des Widerstandes" gegen Säkularisierung und Modernismus. Sollen sich 1962 etwa 24 Prozent der jüdischen Bevölkerung Israels zu den Freidenkern gezählt haben, so lehnte sieben Jahre später ein Drittel aller Wähler der Arbeitspartei die Trennung von Religion und Staat ab. Um 1973 bezeichneten sich rund dreißig Prozent der Bevölkerung als gläubig, neun Jahre später waren es mehr als 56 Prozent. Zu dieser Zeit zeigte sich fast die Hälfte der Bevölkerung davon überzeugt, dass es „etwas" Übernatürliches gebe, das die Geschichte des jüdischen Volkes lenke; ohne religiös-orthodox zu sein, stand sie damit der Überzeugung von Yeshayahu Leibowitz nahe, für den das jüdische Volk außerhalb der Historie lebt. In den neunziger Jahren gaben 56 Prozent aller jüdischen Israelis an, „mit ganzem Herzen" an die Offenbarung der Torah auf dem Berg Sinai zu glauben. Eine scharfe Trennlinie zwischen religiöser Minderheit und säkularer Mehrheit ließ sich nicht mehr ziehen. Im Sommer 2005 hießen fast zwei Drittel aller 15- bis 18jährigen Jugendlichen die Einstellung von Soldaten gut, Befehle zur Evakuierung von Siedlern im Gazastreifen zu verweigern, und die Hälfte von ihnen wollte sich im Fall ihrer Einberufung ebenso verhalten.

Unter diesen „säkularen Gläubigen" gibt es ein tiefes Bedürfnis nach Überlieferung und Religion, denen gegenüber die Öffentlichkeit größeren Respekt aufzubringen hat. Selbstbewusste individuelle Lebensentwürfe – Avraham Burg sprach von „New Age-Juden" – sind von einer spektakulären Frömmigkeit weit entfernt und stehen in einer Welt hochkomplexer ideologischer, sozialer und ökonomischer Verunsicherungen religiösen Bekenntnissen nicht im Wege. Auch für Juden, die nicht an den Bund mit Gott und seine Land-Verheißung glauben, ist die Bibel nach Beobachtungen des Jerusalemer Judaisten Eliezer Schweid das kreativste Werk des Volkes Israel in seinem Land. Je stärker das zionistische Prinzip der ethnischen Homogenität durch das demographische Wachstum des arabischen Bevölkerungsteils, durch den hohen Anteil nichtjüdischer Einwanderer aus der ehemaligen Sowjetunion sowie die schwindende Kraft der Konsensdemokratie unter Druck gerät, desto größeren Anklang finden Kompensationsagenturen zur kollektiven Stärkung.

In seiner ersten Amtszeit Mitte der siebziger Jahre wurde Yitzhak Rabin von Kook d.J. gewarnt, wen das Land nicht kümmere, um den kümmere sich das Land nicht. Zwar ließ Rabin, als er 1995 den Teilrückzug aus der Westbank anordnete, keinen Zweifel an seiner Überzeugung, dass „in jedem Weinberg, auf jedem Feld, auf jedem Olivenbaum und in jeder Blume die jüdische Geschichte tief eingepflanzt" sei. Aber da er gleichzeitig darauf bestand, dass „diese gute Erde heute mit dem palästinensischen Volk zu teilen ist", gab er ein Bekenntnis zur doppelten Souveränität ab, das er mit dem Tod bezahlte. Nachdem die eine Hälfte des Volkes seinem Sarg auf den Jerusalemer Herzl-Berg gefolgt war, begleitete sieben Jahre später die andere Hälfte den Trauerzug für den ermordeten Tourismusminister Rehavam Ze'evi, der alle Palästinenser zur „freiwilligen Auswanderung" zwingen wollte, an denselben Ort. Das Wortspiel von den „hoves and dawks" beschrieb die anscheinend einträchtige Mixtur aus Mäßigung und Radikalismus. Die „taktische Linke" verkörpere bürgerlichen Chic ohne politische Glaubwürdigkeit, kritisierte Yehoshafat Harkabi, und die Tel Aviver Politologin Tamar Herman vom „Tami Steinmetz Center for Peace Research" stellte eine Studie unter den Titel „Tactical Hawks, Strategic Doves". Für den Atomphysiker Ilya Leibowitz – Sohn des legendären Neurophysiologen und Talmudisten Yeshayahu Leibowitz – steuerte der Staat auf „eine nationale Katastrophe zu, der gegenüber der Yom-Kippur-Krieg wie ein Picknick war".

Israels Präsenz in der Westbank

Entgegen den Bestimmungen im israelisch-jordanischen Waffenstillstandsvertrag von Rhodos hatte König Abdullah I. am 24. April 1950 die Westbank („Cisjordanien") einschließlich Ost-Jerusalem annektiert. Der Name des neuen Staates „Haschemitisches Königreich Jordanien" vermied den Begriff „Palästina", obwohl aufgrund der Zuflucht aus Israel zwei Drittel der Bevölkerung Palästinenser waren. Der Regent setzte in den Westbank-Städten Gouverneure ein, die Verfassung vom Januar 1952 sprach den Staatsbürgern die Rede-, Presse- und Versammlungsfreiheit zu. Anerkannt wurde die territoriale Einverleibung von Pakistan und Großbritannien, letzteres tat es unter Ausschluss Ost-Jerusalems. Dagegen lehnte die Arabische Liga die „Annexion des arabischen Palästina" ab. Dass der Frieden und die Klärung von Gebietsfragen ausblieben, spielte der israelischen Politik in zumindest doppelter Weise in die Hände: Zum einen hatte Jordanien den Anschluss der Westbank unter den Vorbehalt gestellt, er solle die endgültige Lösung des Palästina-Konflikts nicht präjudizieren, so dass die Einschränkung israelische Standpunkte bestärkte, wonach die Grenzziehungen nicht endgültig sein müssten. Zum anderen stammten die Haschemiten aus dem Hedjaz, so dass das Argument der mangelnden territorialen Legitimität, die den Zionismus treffen sollte, auch auf das Königshaus in Amman und seine Ansprüche auf „Judäa und Samaria" anwendbar war.

Der jordanische Angriff am 5. Juni 1967 wurde in Israel als materieller Bruch des Waffenstillstandsvertrages von Rhodos und die israelischen Geländegewinne als Ergebnis des Aktes der Selbstverteidigung gewertet, der den Grundsatz „ex injuria jus non oritur" – aus Unrecht geht kein Recht hervor – nicht verletze: Der Vorwurf einer kriegerischen Okkupation war damit nach israelischer Lesart hinfällig, wie sie in der Präambel der Resolution 242 andeutungsweise vorkam. Jordaniens Ansprüche auf die Westbank seien beendet, weil Amman gegen Artikel 2 (4) der UN-Charta verstieß, mit dem die Drohung oder der Einsatz von Gewalt gegen die territoriale Integrität und die politische Unabhängigkeit eines Staates untersagt ist. Mit der Kennzeichnung der Westbank als „terra nullius" und der Unterscheidung zwischen individuellen (persönlichen) und kollektiven (nationalen) Rechten meldeten sich erste Souveränitätsforderungen an. Unter Rückgriff auf die „Law and Administrative Ordinance" von 1948 brachte die israelische Regierung Ost-Jerusalem in seinen juristischen und verwaltungstechnischen Corpus ein. Die jordanische Stadtverwaltung wurde angewiesen, ihre Arbeit zu beenden.

1971 sahen sich die Teilnehmer des Symposiums an der Universität Tel Aviv in ihrer Ablehnung fremder Souveränitätsrechte zusätzlich bestärkt, weil die arabischen Staaten bis dahin keine Anstalten zur förmlichen Anerkennung Israels unternommen hatten. Zwei Optionen des israelischen Umgangs mit der Westbank erledigten sich:

– ein territorialer Kompromiss mit Jordanien und
– eine funktionale israelisch-jordanische Teilung der institutionellen Gewalten.

Übrig blieb der Verbleib dieses 3500 Quadratkilometer großen Territoriums aus sicherheits- und/oder ideologischen Gründen. Ende Februar 1968 veröffentlichte Innenminister Chaim Moshe Shapira drei Verfügungen, wonach die besetzten Gebiete nicht länger als „feindliches Territorium" zu bezeichnen seien; es handele sich um Verwaltungsakte ohne politische Bedeutung, fügte er beruhigend hinzu. Aber noch im selben Jahr und dann 1971 veröffentlichte Yehuda Z. Blum, Dozent für internationales Recht an der Hebräischen Universität und nachmaliger UN-Botschafter Israels, zwei Beiträge, in denen er unter dem in das Thema einführenden Titel „Der fehlende Antragsteller" zunächst die These vertrat, dass die Westbank zum Zeitpunkt des Junikrieges keinen Souverän gehabt habe, weil die jordanische Annexion international nicht anerkannt worden sei. Für Blum stand fest, dass der „Rechtsstandpunkt Israels in den in Frage stehenden Gebieten der eines Staates ist, der rechtlich ein Gebiet kontrolliert, auf das kein anderer Staat einen besseren Titel vorweisen kann".

Drei Jahre später verwies Blum unter dem Titel „Die Erlösung Zions im internationalen Recht" auf die Bestätigung der historischen Bindungen des jüdischen Volkes an Palästina durch den Völkerbund im Juli 1922 – ein minimalistischer Kompromiss insofern, als der legendäre XII. Zionistenkongress in Karlsbad (September 1921) mit „Genugtuung zur Kenntnis" genommen hatte, „dass das Ostjordanland, welches das jüdische Volk stets als integralen Teil Erez Israels betrachtete, in das Mandatsgebiet Palästina eingeschlossen werden soll". Die Karlsbader Erklärung traf jedoch den Sachverhalt ungenau, denn das Palästina-Mandat des Völkerbundes vom April 1920 hatte in Artikel 25 festgelegt, dass der Mandatar für „die Territorien, die zwischen dem Jordan und der Ostgrenze Palästinas liegen, das Recht hat, mit Zustimmung des Rates des Völkerbundes die Anwendung solcher Vorkehrungen dieses Mandats zu verschieben oder zurückzuhalten, die auf die bestehenden örtlichen Verhältnisse nicht anwendbar sind, und dass er [der Mandatar] eine solche Vorkehrung für die Verwaltung der Territorien treffen kann, die er im Blick auf jene Verhältnisse für angemessen hält". Am 15. Mai 1923 fand die Gründung des Emirats Transjordanien statt.

Genau 25 Jahre später wurden die „Waagschalen der Staatlichkeit [Israels] (...) durch ein Schwert in Bewegung gesetzt" (Yoram Dinstein). Für Meir Shamgar – 1967 Militärgeneralstaatsanwalt, von 1968 bis 1975 Generalstaatsanwalt, ab 1975 Mitglied des Obersten Gerichts und zwischen 1984 und 1995 dessen Präsident – war das internationale Recht nicht mehr als „eine komplexe intellektuelle Konstruktion", so dass seine Beachtung nicht unbedingt seine Anwendung bedeute. Das Recht operiere nicht in einem Vakuum, sondern stehe im engsten Kontakt mit Fakten, fügte Shabtai Rosenne hinzu, der seinen Regierungen mit zahlreichen Gutachten zur Verfügung stand. Noch in einer Handreichung aus jüngster Zeit verwahrte sich das israelische Auswärtige Amt gegen die Behauptung, bei beiden Territorien handele es sich um besetzte Gebiete, vielmehr seien sie die Wiege der jüdischen Zivilisation. Die Regierung wies auch die These zurück, dass die Anwendung der IV. Genfer Konvention von 1948 zwingend sei. Wenn wir sie anwenden würden, begründete Botschafter Netanel Lorch die israelische Ablehnung, würden wir die Waffenstillstandslinien von 1949 nachträglich als internationale Grenzen akzeptieren, obwohl selbst die Araber in Rhodos auf ihre Bestätigung verzichtet hätten. Anders schien der Fall der Golanhöhen gelagert, aber so fragte Lorch: „Welchem Zweck würde es dienen, wenn wir die Konvention nur auf diesen Bergrücken anwenden?" Da die Westbank nie als besetztes Gebiet ausgewiesen wurde, behielt sich der Staat die Entscheidung vor, was unter dem Kriterium der Menschenrechte zu verstehen sei.

Indem die Militärbehörden auch nach 1993 Befehle und Bekanntmachungen veröffentlichten, die auf das Leben der Palästinenser einwirkten, bezogen sie sich auf die Prinzipienerklärung, die gar keine menschenrechtlichen Aussagen getroffen hatte, oder auf die Interimsvereinbarung („Oslo II"), die beiden Seiten keine spezifischen Verbindlichkeiten auferlegte. Da dem Obersten Gericht nur beschränkte Möglichkeiten der juristischen Nachprüfung legislativer und sicherheitsadministrativer Akte zustehen, gelang es ihm immer weniger, der Genfer Konvention als Teil des internationalen Gewohnheitsrechts angemessene Geltung zu verschaffen, bisweilen lieferte es sogar Rechtfertigungen für staatliches Handeln, beispielsweise bei der Ablehnung von Petitionen zur Verhinderung von Abschiebungen und Hauszerstörungen, beim Versäumnis, darauf zu dringen, dass gegebenenfalls gegen Tausende palästinensischer Gefangener („detainees") ein Verfahren eröffnet wird, sowie beim Verzicht auf die Einleitung von Verfahren gegen Soldaten beim Verdacht krimineller und anderer Akte, die durch die einschlägige Ordnungen nicht gedeckt sind.

Konfligierende palästinensische Rechtsansprüche

Die Unabhängigkeitserklärung des Palästinensischen Nationalrates (PLC) von 1988 legte es darauf an, die Uhren auf die UN-Teilungsresolution 181 vom November 1947 als Rechtsquelle aktueller nationaler Forderungen zurückzudrehen. Die arabischen Delegationen sprachen damals den Vereinten Nationen die Legitimität ab, eine Entscheidung an sich zu ziehen, die allein „den rechtmäßigen Eigentümern Palästinas" zustehe, und verließen den Saal vor der Abstimmung. Frühe Bemühungen um die textliche Ausbalancierung der arabischen und der zionistischen Interessen fanden keinen Widerhall – obwohl der jüdische Staat mit einem arabischen Bevölkerungsanteil von 47 Prozent (438.000 Araber und 499.000 Juden) einen demographischen Doppelcharakter gehabt hätte. So waren die arabischen Proteste gegen eine jüdische Souveränität in Teilen Palästinas als Ausdruck eines unbeugsamen Widerstandswillens zu verstehen. In den folgenden anderthalb Jahrzehnten retardierten die palästinensischen Ansprüche auf eine Funktion nationaler arabischer Interessen.

Noch Anfang 1967 schloss die jordanische Regierung das PLO-Büro in Ost-Jerusalem. Im „Schwarzen September" 1970 verschätzte sich die Organisation, als sie bei ihrer „Revolution" – so ihr militantes Bekenntnis – gegen die Haschemiten auf die palästinensische Bevölkerungsmehrheit im Königreich setzte. Andererseits scheiterten jordanische Föderationspläne für ein „United Arab Kingdom" am Widerstand Israels; (Trans-)Jordanien, die Westbank und der Gazastreifen wären mit einer jeweils eigenen Regierung und getrennten Rechtssystemen ausgestattet, Amman zur Hauptstadt der Föderation und Jerusalem zur Hauptstadt der palästinensischen Region erhoben worden. Die Londoner Geheimabsprachen vom April 1987 zwischen König Hussein – dem „ehrenwerten Feind", wie er in Israel spöttisch genannt wurde – und Peres erwähnten die eigenständige Rolle der Palästinenser nicht, sondern wollten sie im Falle künftiger Verhandlungen in den jordanischen Kontext einbetten, wie noch einmal 1991 in Madrid geschehen. Da das Treffen in der britischen Hauptstadt nicht unbemerkt blieb und die jordanisch-palästinensischen Beziehungen schwer belastete, gab Hussein Ende Juli 1988 die Souveränitätsrechte in der Westbank auf und führte seinen Entschluss auf den ausdrücklichen Wunsch Arafats zurück, dort einen unabhängigen Staat zu errichten. Nach der arabischen Gipfelkonferenz vom Oktober 1974, bei der die PLO als einzige legitime Vertreterin des palästinensischen Volkes anerkannt worden war, war der Verzicht zwar nicht zwingend, weil die Entschließung in Rabat die souveräne jordanische Verfügung über die Westbank nicht berührte, und der König hatte vierzehn Jahre verstreichen lassen, weil er einen maßlosen palästinensischen Staat an seiner Seite fürchtete, der die Menschen in den jordanischen Flüchtlingslagern in die Verlegenheit doppelter Loyalität stürzen könnte.

Die Ansprache des Monarchen traf die Palästinenser unvorbereitet, obwohl sie von Arafat und seinen Gefolgsleuten pflichtgemäß als „Wendepunkt" auf dem Weg in die Normalisierung und die Stabilisierung der Beziehungen zu Jordanien begrüßt wurde. Aber noch in Madrid erklärte Haydr Abd el-Shafi unzweideutig die Bereitschaft zu einer Konföderation. Denn der Verzicht des Königs hatte zwei gravierenden Schwächen, die die PLO nicht beheben konnte: Die Annexion von 1950 war zwar korrigiert worden, aber an der jordanischen Staatsbürgerschaft

Ein Land der ideologischen Extreme 63

der Palästinenser in der Westbank änderte Husseins Souveränitätsabgabe nichts. Wenn zum anderen Völkerrecht Staatenrecht meint, das heißt auf nationaler Ebenbürtigkeit beruht, fehlte der PLO nach der Faktorenliste der Vereinten Nationen der Status eines Völkerrechtssubjekts mit seinen vier internen und externen Voraussetzungen: a) einer effektiv arbeitenden Regierung, die einen unabhängigen Staat lenkt; b) der vollständigen Kontrolle über die dort lebende Bevölkerung; c) der souveränen Verfügung über ein durch Grenzen definiertes Territorium sowie d) der Freiheit in der Gestaltung der internationalen Beziehungen. An diesen Vorbehalten änderte auch die Anerkennung des virtuellen Staates Palästina durch einhundert Staaten nichts, die im übrigen für eine Mehrheit hätten sorgen können, um seine volle UN-Mitgliedschaft durchzusetzen. So ist es bis heute beim Beobachterstatus der PLO in New York geblieben.

Manche Stimmen weisen zwar darauf hin, dass auch internationale Organisationen zu den Völkerrechtssubjekten gerechnet werden können und dass außerdem die UN-Generalversammlung mit ihrer Resolution 3236 vom 22. November 1974 das Selbstbestimmungsrecht des palästinensischen Volkes anerkannte, so dass es die Völkerrechtsfähigkeit besitze. Aber selbst Arafat folgte dieser Bestätigung nicht, sondern brachte erneut Jordanien ins Spiel: Am 20. Mai 1994 verfügte er, dass „alle Gesetze, Vorschriften und Anordnungen, die vor dem 5. Juni 1967 in der Westbank und im Gazastreifen galten, bis zur Vereinigung [beider Territorien] in Kraft bleiben" sollen. Das Dekret war ein hilfloser Versuch, die von ihm gerade unterzeichnete Gaza-Jericho-Vereinbarung zu ignorieren, die in Artikel VII.9 die Fortgeltung der mangelnden palästinensischen Völkerrechtsfähigkeit bis 1999 bestätigt hatte. Israel hatte der PLO ihr Besatzungsrecht aufgezwungen, und nun versagte der Raïs wieder einmal, wie der palästinensische Jurist Raja Shehadeh beklagte.

Da sich die PLO in Oslo bei der Klärung aller strittigen Probleme zum Verhandlungsweg mit Israel bekannt hatte, warnte der Westen kontinuierlich vor einseitigen Schritten, ohne der von der britischen Völkerrechtlerin Esther Rosaland Cohen aufgeworfenen Problemstellung nachzugehen, ob von Israel vollzogene De-facto-Annexionen gemäß internationalem Recht erlaubt seien, selbst wenn der Status der umkämpften Gebiete problematisch ist. Indem sich der Westen die Klärung versagte, schloss er sich praktisch jenen Völkerrechtsinterpretationen an, die zwischen dem unzweifelhaften Recht auf politische Selbstbestimmung und einem umstrittenen Recht auf einen Nationalstaat differenzieren wollen. Gegen diese Logik versagten Arafats ausgedehnte Werbereisen nach Europa, Amerika und Asien. Spätestens nach Ausbruch der zweiten „Intifada" stellte sich erneut heraus, dass die „Oslo" häufig zugeschriebenen Bindewirkungen gemäß internationalem

Recht für die Palästinenser bedeutungslos sind: Die israelische Regierung setzte das Regime der Militärverordnungen erneut voll in Kraft und behielt sich alle Optionen vor, in die der Autonomiebehörde vollständig unterstellte Zone A der Osloer Vereinbarungen – rund zehn Prozent der Westbank – vorzudringen.

Der Internationale Gerichtshof und das Oberste Gericht Israels

Am 30. Juni 2004 prüfte der Internationale Gerichtshof (ICJ) einen begrenzten UN-Auftrag, ob die von der israelischen Regierung am 14. April 2002 beschlossenen „Trennungsmauern" in der Westbank mit dem allgemeinen Völkerrecht im Einklang stehen. Während die „Grüne Linie" von 1967 rund 350 Kilometer lang war, erstreckte sich die Linienführung der Mauern auf etwa 760 Kilometer. Ein Gutachten aus Den Haag zum Gazastreifen wurde nicht erwartet, weil der Bau der 1994 begonnenen und Ende 2000 fortgesetzten israelischen Befestigungen im wesentlichen entlang den internationalen Grenzen verliefen – die Sperranlagen um die 21 Siedlungen und die Nord-Süd-Fernverbindung nicht mitgerechnet, die den Gazastreifen zerschneiden. Aber auch eine Entscheidung darüber, wem die palästinensischen Gebiete gehören, hatten die Vereinten Nationen nicht erbeten. Vierzehn der fünfzehn Haager Richter beschuldigten Israel „zahlreicher wahlloser und tödlicher Gewaltakte gegen die Zivilbevölkerung"; die Mixtur aus juristischer Empfehlung und politischer Meinungsäußerung war nicht zu vermeiden. Das Gericht führte aus, dass das Recht auf Selbstverteidigung nur für den Fall eines bewaffneten Angriffs eines anderen Staates in Anspruch zu nehmen sei, auf das Notstandsrecht und das Völkergewohnheitsrecht könne sich Israel nicht berufen. Die Siedlungspolitik stelle eine gravierende Verletzung zu Lasten des Selbstbestimmungsrechts des palästinensischen Volkes dar. Auch Thomas Buergenthal, US-amerikanisches Mitglied im Haag, verlangte von Israel die Achtung der Menschenrechte sowie des palästinensischen Selbstbestimmungsrechts und begründete seine Ablehnung des Gutachtens allein mit dem Hinweis, dass der Gerichtshof nicht alle israelischen Argumente geprüft habe. Die UN-Vollversammlung begrüßte das Votum aus den Niederlanden am 30. Juli 2004 mit 185 gegen sechs Stimmen. Dagegen sprachen republikanische und demokratische Abgeordnete mit einer Mehrheit von 361 gegen 45 Stimmen im US-Repräsentantenhaus und mit 46 Senatoren dem ICJ die Zuständigkeit ab. Die zugrunde liegenden Antragstexte bezeichneten die Westbank als „strittiges" („disputed") Territorium. Ein republikanischer Senator bestätigte Israels Recht auf das Land, „weil Gott es so gesagt hat".

Wie nicht anders zu erwarten, begrüßte die israelische Regierung das Votum des US-Kongresses. Dem Haager Gerichtshof fehle schon die Zuständigkeit, weil die Einladung Palästinas in der dortigen Geschäftsordnung („Statute of the Rule") keine Grundlage finde: „Palästina" sei weder ein Staat noch eine internationale Organisation. Auch der Beobachterstatus in den Vereinten Nationen begründe keine Anrechte auf Verfahrensbeteiligung. Da überdies der UN-Prüfauftrag in Wahrheit keine Rechtsfrage, sondern eine politische Angelegenheit sei, fehle die Zuständigkeit des Gerichts. Israel habe stets betont, dass es sich bei dem „Zaun" („Fence") um „eine vorläufige, nicht-gewaltsame und defensive Maßnahme handelt, um Israel und Israelis gegen Selbstmordattentate und andere Angriffe zu schützen". Das Ergebnis politischer Verhandlungen über künftige Grenzen, Jerusalem, Siedlungen und andere Themen nehme der „Zaun" nicht vorweg.

Das Oberste Gericht Israels ging eigene Wege, übernahm aber Teile des Haager Votums. In seinem Gutachten vom 9. Juli 2004 zur Route des „Separation Fence" um Jerusalem erkannte es die sicherheitsrelevante Bedeutung des „Zaun" an, verlangte jedoch die Beachtung humanitärer Grundrechte, für deren Achtung das Militär im weitesten Sinne verantwortlich sei. Ohne Hinweise zu bewerten, wonach bei Errichtung der Mauern rund 225.000 Palästinenser auf der israelischen Seite bleiben würden, stellte sich das Gericht auf den Standpunkt der notwendigen Proportionalität zwischen angestrebten sicherheitspolitischen Zielen und eingesetzten Mitteln – der Enteignung von Böden, der Durchschneidung von Dörfern, den erschwerten Zugängen für 13.000 Bauern zu ihren landwirtschaftlichen Nutzflächen, der Einschränkung der allgemeinen Bewegungsfreiheit – sowie der Kosten und des Nutzens als generellen Prinzipien des internationalen Rechts. Auf dieser Grundlage verneinte das Gericht die Angemessenheit der staatlichen Maßnahmen nachdrücklich, denn die Mauern würden den palästinensischen „Lebensstil völlig untergraben". Eine neue Streckenführung an verschiedenen Stellen sei zwingend. Da sie sich mit ihrer Entscheidung enormem Druck aussetzten, sahen sich die Richter abschließend zu einer beinahe entschuldigenden persönlichen Erklärung veranlasst:

„Unsere Aufgabe ist schwer. Wir sind Angehörige der israelischen Gesellschaft. Auch wenn wir uns bisweilen in einem Elfenbeinturm befinden, steht dieser im Herzen Jerusalems, das nicht selten von rücksichtslosen Terrorakten heimgesucht wird. Wir sind uns der Tötungen und der Zerstörungen bewusst, die der Terror gegen den Staat und seine Bürger begeht. Wie alle anderen Israelis erkennen wir auch die Notwendigkeit zur Verteidigung des Landes und seiner Bürger gegen die Wunden an, die der Terror auslöst. Uns ist bewusst, dass dieses Urteil [vom 9. Juli 2004] den Kampf des Staates nicht schnell gegen jene erleichtert, die sich gegen ihn erheben. Wir handeln gemäß unserem besten Wissen und Gewissen. Im Blick auf den Kampf des Staates gegen den Terror, der sich gegen ihn erhebt, sind wir davon überzeugt, dass am Ende der Tage ein Kampf, der sich an das Gesetz hält, seine Kraft und seine Sinne stärkt. Es gibt keine Sicherheit ohne das Gesetz…"

Mit dieser Schlussbemerkung unterstrichen die Richter ihre staatsbürgerliche Loyalität, ohne zu verhehlen, dass diese in einem offenkundigen Spannungsverhältnis stand, nämlich staatliches Handeln der juristischen Nachprüfung zu unterwerfen und gleichzeitig die Rechtsstellung der Betroffenen zu wahren. Die Richter unterstrichen ihr Privileg, sich ideologischen Manipulationen zu entziehen und den Blick von metaphysischen Imaginationen und Trugbildern auf das Recht und die Gesetze der Vernunft zurückzulenken. Ihr Präsident Aharon Barak, den der stellvertretende Ministerpräsident Ehud Olmert trotz Kritik im einzelnen den „vielleicht bedeutendsten Richter in der Welt" nannte, fügte in einer Stellungnahme hinzu, dass nur ein Zaun Sicherheit verspreche, der auf der Grundlage des Rechts errichtet worden sei.

Das Votum des Obersten Gerichts blieb kein Einzelfall. 1996 hatte die Jerusalemer Völkerrechtlerin Ruth Gavison betont, dass alle Siedler gewusst haben müssten, dass sie in ein besetztes Territorium umziehen, dessen Schicksal erst durch einen Vertrag endgültig geregelt werde. Acht Jahre später bezeichnete das Oberste Gericht die palästinensischen Territorien als besetzte Gebiete, womit auch die Anwendung der Genfer Konvention eingeklagt war. Einen weiteren Beitrag zur Souveränitätsdebatte lieferte das Votum des Generalstaatsanwalts vom März 2005, als er den Gazastreifen und die vier zur Evakuierung vorgesehenen Siedlungen im Norden der Westbank Gebiete nannte, die Israel in Kampfhandlungen übernommen habe, womit über ihre politische Zukunft keine Entscheidung getroffen sei. Drei Monate später entschied das Oberste Gericht mit zehn gegen eine Stimme, dass der Gazastreifen und die Westbank nicht zum Staat Israel gehören, so dass die israelische Jurisdiktion dort nicht greife. Der Vertreter der Siedler beschimpfte die Richter implizit als Hochverräter. Weitere Verfahren über den Verlauf der „Trennungsmauern" sind anhängig. Zwar zog mit den Gutachten und den Urteilen noch nicht die Morgenröte der entschiedenen Umkehr auf, aber sie waren Meilensteine in der israelischen Rechtsgeschichte nach 1967 und drückten einen erbitterten Machtkampf zwischen Exekutive und Judikative aus. Der Ausgang dieses Ringens hängt von vielen Faktoren ab, ihr wichtigster ist die Entwicklung der öffentlichen Meinung in Israel.

Anmerkungen

1 Der Leiter des palästinensischen Büros der Genfer Initiative in Ramallah, Elias Zananiri, auf einer Tagung 2004 in London.
2 Terebinthe [Pistazie] von Moreh" (Gen. 12,6). Im Prozess vor dem Obersten Gericht wehrten sich die Siedler von Elon Moreh Ende der siebziger Jahre gegen das Argument, dass ihre Siedlung aus Gründen der militärischen Sicherheit notwendig sei, und betonten, dass sie ihr Recht auf ideologische und religiöse Gründe stützten.

„Genf": Zwei Staaten für zwei Völker

„An der Genfer Initiative kommt keiner mehr vorbei [1]."

Vorläufer der Genfer Initiative

Die Gespräche des Genfer Teams über den Abschluss ihrer Vorlage, die – wie nicht anders zu erwarten – bisweilen von heftigen Krisen begleitet wurden, näherten sich einem neuen Höhepunkt, als Ariel Sharon im Februar 2003 erstmals den Rückzug aus dem Gazastreifen in die öffentliche Debatte einbrachte. Zu aller Erstaunen räumte er ein, dass Israel die Palästinenser nicht auf Dauer beherrschen könne – „Ja, es handelt sich um Besatzung, Sie mögen das Wort vielleicht nicht, aber was geschieht, ist Besatzung". In London war eine Konferenz des „Quartetts" zu Ende gegangen. Im März zwang der „Palestinian Legislative Council" Arafat, der Installierung eines Ministerpräsidenten zuzustimmen, bevor der Amtsinhaber Abbas dem Parlament sein Kabinett vorstellte und die Annahme der „Road Map" begründete. Sharon zögerte mit seiner Zustimmung, obwohl weit mehr als die Hälfte der Bevölkerung die Annahme empfahlen. Im Juni legten Ami Ayalon und Sari Nusseibeh ihren Friedenskatalog vor. Kurz darauf verlangte Frankreichs Außenminister Dominique de Villepin eine Beschleunigung des Zeitplans der „Road Map" und die „Suche nach einer wirklichen Lösung der fundamentalen Probleme". Anfang September droht Abbas gegenüber Arafat mit seinem Rücktritt. Doch die innerpalästinensischen Auseinandersetzungen wurden durch die Bemerkung von Sharons Stellvertreter Ehud Olmert geschlossen, dass die Ermordung des Raïs „eine legitime Methode" sei. Derweil wuchs in Israel die Zahl der Soldaten kontinuierlich, die ihren Wehrdienst in den palästinensischen Gebieten verweigerten: In einem Brief von 62 Piloten an Luftwaffenchef Dan Chalutz hieß es: „Wir sind gegen die Ausführung von illegalen und unmoralischen Angriffsbefehlen ..., bei denen unschuldige Zivilisten ums Leben kommen." Eine Anzeige in „Haaretz" mit den Unterschriften von Batya Gur, David Grossman, Amos Kenan, Joshua Sobol, Natan Zach und anderen verteidigte das Recht, die Befehle zu verweigern. A.B. Yehoshua hielt nur deshalb seine Unterschrift zurück, weil auch Soldaten des Heeres solche Anordnungen ausführen müssten. Zahlreiche Anzeigen und Tagungen verlangten einen politischen Richtungs-, wenn nicht gar einen Kurswechsel. Abgeordnete der Knesset forderten die Regierung auf, endlich zu definieren, „wofür wir kämpfen und wofür wir sterben".

„Genf": Zwei Staaten für zwei Völker

Wie lange konnten die „Genfer" die Öffentlichkeit auf die Ergebnisse ihrer Beratungen warten lassen? Beide Teams waren sich bewusst, dass ihre Verhandlungen beschleunigt werden mussten. Denn zentrale Interessen waren noch nicht definitiv abgestimmt: der genaue Grenzverlauf zwischen Israel und Palästina im Zusammenhang mit einem Gebietsaustausch, die Einschaltung einer internationalen Streitmacht zu Sicherheitszwecken, die Verlauf der Teilungsgrenzen in Jerusalem sowie Aspekte des Flüchtlingsproblems. Hinzu traten technisch-organisatorische Fragen, denen jedoch eminent politische Bedeutung zukam, etwa das Format der öffentlichen Veranstaltung und die Größe der Delegationen, die ihr beiwohnen würden. Zu bedenken war auch, dass die Vollendung des Textes nicht im politisch luftleeren Raum stattfand, sondern Vorläufer hatte, an denen auf beiden Seiten Personen beteiligt gewesen waren, die auch jetzt mit am Tisch saßen. Denn im Herbst 1995 war erstmals die Stunde für einzelne Politiker gekommen, eigene Ideen zu Papier zu bringen. Die Verabredungen von Yossi Beilin und Abu Mazen (Machmud Abbas) versprachen einen grundlegenden Neuanfang:

– Israels „Anerkennung des Staates Palästina in vereinbarten und sicheren Grenzen mit der Hauptstadt al-Quds",
– die Anerkennung Israels durch den Staat Palästina,
– die Schaffung eines exterritorialen Korridors zwischen dem Gazastreifen und der Westbank,
– den militärischen Rückzug Israels aus dem Zentrum der Westbank und zur Gänze aus dem Gazastreifen in vereinbarten Zeiträumen,
– die Auflösung der jüdischen Siedlungen („exclusive civilian residential areas for Israelis") im künftigen Staat Palästina. Israelis, die dort bleiben wollten, müssten sich der palästinensischen Souveränität unterwerfen.
– die Erklärung Jerusalems zur offenen und ungeteilten Stadt mit freiem und ungehindertem Zugang, einer übergreifenden Verwaltung, die durch einen arabischen und einen jüdischen Bezirksausschuss ergänzt würde, sowie die gegenseitige Anerkennung der einzigartigen spirituellen und religiösen Bedeutung der Stadt für die drei monotheistischen Weltreligionen. Palästina würde die Souveränität über den Felsendom zufallen, und schließlich
– die israelische Anerkennung des „moralischen und materiellen Leids" der Palästinenser im Krieg von 1948, das Recht der außerhalb des Landes lebenden Flüchtlinge auf Einwanderung nach Palästina sowie auf Entschädigung und Rehabilitation. Die palästinensische Seite sollte im Gegenzug die mangelnde Praktikabilität der Rückkehr in die Häuser in Israel zugestehen, um der „neuen Ära des Friedens und der Koexistenz" eine Chance zu geben. Israel würde seinerseits Familienzusammenführungen ermöglichen und Flüchtlinge in genehmigten Fällen aufnehmen.

Die zur selben Zeit zwischen Rabin und Arafat unterschriebene Interimsvereinbarung sah keinen souveränen Staat Palästina vor, sondern lediglich die Schaffung einer „Palestinian Interim Self-Government Authority" – bestehend aus dem „Palestinian Council" (dem späteren „Palestinian Legislative Council", dem Parlament) und dem Vorsitzenden der Exekutive, also Arafat. Abbas und Beilin mussten sich desavouiert vorkommen. Dann brach Benjamin Netanyahu in seiner Regierungszeit zwischen 1996 und 1999 alle Verhandlungsbrücken ab; erstmals wurde behauptet, dass es keinen palästinensischen „Partner" gebe. Als der Katalog schließlich das Licht der Öffentlichkeit erblickte, leugnete Abbas seine Mitwirkung, weil die einstigen Vorschläge keinen Sinn mehr machten.

Zur Einschätzung der politischen Landschaft im Vorfeld der Genfer Initiative gehörte auch das Verhältnis zum Sechs-Punkte-Plan von Ayalon und Nusseibeh im Sommer 2002. Beide – der eine ehemaliger Marinekommandeur und späterer Geheimdienstchef, der andere Arafats früherer Beauftragter für Jerusalem und Präsident der Al-Quds-Universität – wollten die israelische und die palästinensische Öffentlichkeit von der Unhaltbarkeit des Status quo überzeugen und versuchten, friedenspolitische Maßstäbe zu setzen, und zwar mit Forderungen nach

- der Gründung Palästinas als Staat des palästinensischen und der Bestätigung Israels als Staat des jüdischen Volkes,
- der Grenzziehung gemäß den Linien vom 4. Juni 1967, der Möglichkeit des Gebietsaustausches im Verhältnis 1 : 1 und einem Korridor zwischen der Westbank und dem Gazastreifen. Rückführung aller jüdischen Siedler nach Israel,
- der Aufwertung Jerusalems als Hauptstadt beider Staaten mit Vereinbarungen über die Zukunft der nach 1967 entstandenen jüdischen Wohnviertel, Vorkehrungen für die Altstadt auf der Grundlage des Status quo und Verzicht beider Seiten auf die Souveränität über die heiligen Stätten,
- der Anerkennung des historischen Leidens und der aktuellen Belastungen der palästinensischen Flüchtlinge, ihrer Ansiedlung im neuen Staat Palästina, internationalen Kompensationsleistungen für diejenigen, die in ihren gegenwärtigen Wohnländern bleiben oder in ein Drittland ausreisen wollten. Da in Sachen Repatriierung nach Israel im Zuge von Familienzusammenführungen kein Einvernehmen zu erzielen war, verzichtete der Katalog auf entsprechende Vorschläge,
- der Demilitarisierung Palästinas unter Einbeziehung der internationalen Staatengemeinschaft zwecks Gewährleistung seiner Sicherheit und Unabhängigkeit sowie
- dem Verzicht auf weitere politische und sonstige Ansprüche nach der Implementierung dieser Vorschläge.

„Genf": Zwei Staaten für zwei Völker

Der Plan wies manche Gemeinsamkeiten mit dem Papier von Beilin und Abu Mazen auf: die Zweistaatenregelung, die Erhebung Ost-Jerusalems zur Hauptstadt Palästinas, die Einrichtung eines Korridors und die Anerkennung des palästinensischen Flüchtlingsdramas. Dass sich Nusseibeh und Ayalon auf die Formulierung von sechs Prinzipien beschränkt und nähere Ausführungen vermieden hatten, war auf die gespannte Atmosphäre knapp zwei Jahre nach Ausbruch der „Intifada" zurückzuführen. Doch wagten sie es wie sieben Jahre zuvor Beilin und Abu Mazen, an einem Tabu zu führen: das Flüchtlingsproblem seiner kollektiven Anonymität im politischen Diskurs zu entreißen und individuellen Schicksalen der Betroffenen auf den Grund gehen zu wollen.

In Israel wurde der Plan von sympathisierenden Geschäftsleuten, von ehemaligen Staatsbeamten und Hochschullehrern mitgetragen. Auch Beilin und Uri Avnery unterstützten die Vorschläge. Da die Genfer Initiative in weiter Ferne lag, konnten Nusseibeh und Ayalon für sich das Recht in Anspruch nehmen, an die letzte Phase der Gespräche in Taba anzuknüpfen. Es gelang ihnen, bis zum August 2004 rund 350.000 Unterschriften zu sammeln, wobei die Zahl aus Israel um ein Viertel höher lag; Nusseibeh rühmte später den Vorstoß als eine „Graswurzel-Bewegung", deren Akteure von Tür zu Tür gingen, um für sie zu werben, während die Genfer Initiative auf den „guten Willen von oben" setze; hier irrte er. Gleichzeitig wies er jede Abhängigkeit von nicht-palästinensischen Geldgebern für seine Kampagne strikt zurück. Alles hänge davon ab, lautete die Schlussfolgerung beider Autoren, die Entwicklung des Vertrauens zueinander und der Kenntnisse übereinander auf breiter Basis zu fördern. Davon war Ayalon früher weit entfernt, wie er bekannte:

„Wenn ich auf all die Jahre in der Marine zurückschaue, [muss ich einräumen], dass ich nichts über den israelisch-palästinensischen Konflikt wusste. Selbst als Admiral und Teilnehmer an Zusammenkünften des Generalstabs mit all den unterschriebenen Papieren wusste ich nichts. Es war nicht so, dass ich taub war und nicht verstand, sondern es war etwas, was man auch bei anderen höheren Offizieren findet. Wenn man in der Armee ist, ist man nur mit ihren Dingen vertraut. Erst als ich zum Shin Bet[2] kam, lernte ich, dass unsere militärische Nahtstelle im Verhältnis zu den Palästinensern absolut marginal ist. Die Rolle des Sicherheitsdienstes besteht darin, den Terror zu verhindern, aber wenn man das richtig tun will, muss man auf die Gesellschaft von einem breiteren Blickwinkel aus schauen, die Motive verstehen und mit ihrem Hintergrund vertraut sein. Ich glaube, dass wir jenseits des operativen Teils der Arbeit Gedichte von Machmud Darwish[3] und Artikel von Amira Hass[4] lesen müssen, um zu verstehen, was hier wirklich vor sich geht." Später wiederholte Ayalon gemeinsam mit drei ehemaligen

Geheimdienstkollegen in einem Interview mit dem Massenblatt „Yediot Achronot" die Sorge, dass Israel vor dem Abgrund stehe. Seine offenen Sympathien für die Siedler lösten jedoch Vorbehalte in Kreisen aus, die seinen politischen Überzeugungen nahestanden, so dass die Zeitungsanzeige von „People's Voice" Ende Juli 2005, die von zahlreichen israelischen Politikern auf nationaler und kommunaler Ebene mitgetragen wurde, auf Skepsis stieß.

Beilin hatte nach eigenem Bekunden bis 1973 gebraucht, um die „Sinnlosigkeit" der Erklärung Dayans „Besser Sharm el-Sheikh ohne Frieden als Frieden ohne Sharm el-Sheikh", die Weigerung Golda Meirs, die Westbank in eine Föderation mit Jordanien zu entlassen, und den „verrückten Quatsch" von Abba Ebans Bemerkung zu begreifen, die Waffenstillstandslinien von einst seien „Auschwitz-Grenzen" gewesen. Für ihn ging von der Präsenz in den besetzten Gebieten die Gefährdung Israels aus.

Das palästinensische Flüchtlingsproblem

Das palästinensische Flüchtlingsproblem und insbesondere die Frage der Rückkehr nach Orten im heutigen Staat Israel gehören zu den kompliziertesten und strittigsten Themen des Konflikts. Schon der Bericht des UN-Vermittlers Graf Folke Bernadotte vom Sommer 1948 ließ keinem Zweifel daran, dass eine umfassende politische Regelung nur dann zustande kommen werde, wenn den Flüchtlingen die Heimkehr in ihre Häuser gestattet werde, aus denen sie durch Repression und militärisches Handeln vertrieben wurden – oder aus eigenem Antrieb in der Erwartung fortgingen, in Kürze zurückkehren zu können; für fast drei Viertel soll dies nach einer neuen Umfrage ohne repräsentativen Anspruch zugetroffen haben. „Durch das gesamte [20.] Jahrhundert hindurch hat die Wechselwirkung von Macht und Wissen eine Serie von Tunnelblicken produziert, von denen jeder die Legitimität des anderen in Frage stellt", schrieb der palästinensische Historiker Beshara Doumani. Ungeachtet der Ursachen, Motive und Bewertungen sind alle Kommentatoren, aus welchem politischen Blickwinkel sie auch immer argumentieren, von der Zentralität des Problems als Voraussetzung eines Friedensvertrages überzeugt.

In den Gebieten, in denen sich Israel im Zuge seines Unabhängigkeitskrieges militärisch durchsetzte, lebten ursprünglich 896.000 Araber, von denen 726.000 zu Flüchtlingen wurden. Sie sollen in 530 Dörfern und Städten und weiteren 663 Ansiedlungen gewohnt haben (Salman Abu Sitta). 1949 gab es nach israelischen Angaben 538.000, nach UN-Angaben 720.000 und nach palästinensischen Angaben 850.000 Flüchtlinge. Rund 280.000 gingen nach

Cisjordanien (Westbank), 70.000 in das Haschemitische Königreich Jordanien, 200.000 in den unter ägyptischer Militärverwaltung stehenden Gazastreifen, 97.000 nach Libanon und 75.000 nach Syrien. Per 30. Juni 2003 wurden von der „United Nations Relief and Works Agency" (UNRWA) insgesamt 4,1 Millionen Flüchtlinge gezählt, nämlich in der Westbank einschließlich Ost-Jerusalem 655.000 (vier Gebiete/Lager), im Gazastreifen 907.000 (sieben Gebiete/Lager) – hier wächst die Bevölkerung um jährlich 5,5 Prozent –, in Libanon 392.000 (sechs Gebiete/Lager), in Syrien 410.000 (vier Gebiete/Lager) und in Jordanien 1.720.000 Flüchtlinge (vier Gebiete/Lager). Unter den neunzehn Lagern in der Region sind Balata bei Nablus, Djabalyah im Gazastreifen und Ain al-Hilweh in Libanon die größten.

Der UN-Sicherheitsrat hielt sich mit Äußerungen lange zurück und überließ das Feld der Vollversammlung, deren UNRWA gemäß dem arabischen Verlangen ein politisches Mandat versagt wurde. Nachdem die arabischen Delegationen im Dezember 1948 die Flüchtlingsresolution 194 akzeptiert hatten, legten sie zunächst Lethargie und mangelnden Handlungswillen an den Tag. Dann setzten sie in einem diplomatischen Tauziehen 1951 durch, dass die Resolution nicht für jene Personen gelten solle, „die gegenwärtig von Organen oder von Agenturen der Vereinten Nationen außerhalb des Flüchtlingskommissariats Schutz und Hilfe erhalten", sollte heißen: Die soziale Separierung der Flüchtlinge in den Lagern war als nützliches Instrument der Agitation gegen Israel gedacht und sollte den Hebel bieten, Israel in absehbarer Zeit durch einen Staat unter arabischer Führung zu ersetzen. Der Krieg sollte gleichsam nachholend gewonnen werden, nachdem die Monarchen in Kairo und Amman aufgrund eigener Gebietsansprüche in Palästina die Koordination ihres militärischen Vorgehens vernachlässigt hatten. Erstmals tauchte der Begriff von der „palästinensischen Entität" auf der Sitzung der Arabischen Liga 1959 auf; die mangelnde Präzision spiegelte die innerarabischen Rivalitäten wider. In der Phase des Aufstiegs der PLO nahm das Flüchtlingsproblem keine tragende Rolle auf der palästinensischen Tagesordnung ein. Denn gemäß der Logik der PLO-Charta würde es nach dem Sieg im bewaffneten Kampf automatisch eine Lösung im künftigen säkularen und demokratischen Staat Palästina finden.

Zum UNRWA-Tätigkeitsbereich rechneten ursprünglich rund 17.000 Juden, die vor allem in der Altstadt Jerusalems und im Etzion-Block durch jordanische Geländegewinne auf die feindliche Seite geraten waren. Die israelische Regierung beeilte sich, sie aus dem Register streichen zu lassen. Andererseits bestand sie darauf, die Regelung des palästinensischen Flüchtlingsproblems in den allgemeinen Rahmen einer umfassenden Friedenslösung einzubinden und die Mehrheit der

Flüchtlinge außerhalb Israels anzusiedeln. „Der Schlüssel zum Frieden in Palästina ist nicht die Lösung des Flüchtlingsproblems, sondern umgekehrt: Der Schlüssel zur Lösung des Flüchtlingsproblems ist der Frieden", begründete David Ben-Gurion den israelischen Standpunkt. Seine Angebote, ob ernsthafter oder taktischer Natur, 100.000 Flüchtlinge zurückkehren zu lassen, wurden erwartungsgemäß von den arabischen Delegationen als unzureichend zurückgewiesen. In Israel selbst verhinderten Gesetze zur Neuordnung von Eigentumsverhältnissen an Grund und Boden die umfängliche Repatriierung und Wiedereingliederung.

International setzte sich die Interpretation durch, dass die Resolution 194 Israel eine bindende Verpflichtung auferlege. Doch bei unvoreingenommener Betrachtung war nicht zu übersehen, dass der Staat in der Resolution namentlich nicht genannt, vielmehr regelmäßig von „Palästina" die Rede war. Die Vollversammlung beschloss kein kollektives und unkonditioniertes Rückkehrrecht, sondern führte in Ziffer 11 aus,

> „dass denjenigen Flüchtlingen, die zu ihren Wohnstätten zurückkehren und in Frieden mit ihren Nachbarn leben wollen, dies zum frühestmöglichen Zeitpunkt gestattet werden soll und dass für das Eigentum derjenigen, die sich entscheiden, nicht zurückzukehren, sowie für den Verlust oder die Beschädigung von Eigentum auf der Grundlage des internationalen Rechts oder nach Billigkeit von den verantwortlichen Regierungen und Behörden Entschädigung gezahlt werden soll".

Die Formulierung nahm den Text von Artikel 13 der „Universal Declaration of Human Rights" (UNHR) von 1948 auf, wonach jeder Mensch das Recht auf die Freiheit der Bewegung und des Wohnsitzes innerhalb der Grenzen des jeweiligen Staates hat und jeder das Land verlassen, einschließlich des eigenen, und in sein Land zurückkehren darf. Die UN-Resolution hob auf Rechte ab, die durch den Kriegszustand weiter eingeschränkt war. Von einem „absoluten, unqualifizierten Recht auf Rückkehr", wie die Autoren des in Bethlehem beheimateten „BADIL Resource Center for Palestinian Residency and Refugee Rights" noch jüngst behaupteten, war keine Rede. Der Wortlaut war im Konjunktiv verfasst, und der Sicherheitsrat beauftragte die „UN Conciliation Commission for Palestine" (UNCCP) damit, die Umsetzung zu erleichtern, weil ihm selbst die Instrumente zur Durchsetzung fehlten. 1949 schuf die Konferenz in Lausanne ein Junktim mit künftig zu treffenden Grenzregelungen. Der Stabschef der syrischen Armee, Oberst Husni Za'im, und König Abdullah I. von Jordanien neigten einem solchen Kompromiss zu, der sich jedoch mit der Ermordung beider (August 1949 bzw. Juli 1951) erledigte.

Kein arabischer Staat unterschrieb die Flüchtlingskonvention von 1951. Statt dessen griffen die Regierungen zu Restriktionen: In Syrien erhielten die Flüchtlinge seit 1956 formal das Recht auf Arbeit, um im Gegenzug die nationalen Pflichten zu erfüllen, doch die Realität wich oftmals von der Gesetzeslage ab. Gemäß einer Verordnung von 1960 wurde in Ägypten die Ausgabe von Reisedokumenten mit dem Vermerk versehen, dass ihre Träger nur dann ein Recht auf Wiedereinreise haben, wenn ein ägyptisches Konsulat einen entsprechenden Vermerk eintrug; diese Vorkehrung schloss einen Automatismus auch für diejenigen Palästinenser aus, die am Nil geboren waren. Im September 1965 unterzeichneten die Außenminister der Arabischen Liga das „Casablanca-Protokoll". Es rief die Mitgliedsstaaten dazu auf, den Flüchtlingen volles Wohnrecht, die Bewegungsfreiheit innerhalb des arabischen Raums sowie gleiche Arbeitsrechte einzuräumen. Aber auch in diesem Fall siegten andere Interessen. Den Betroffenen wurden zahlreiche Privilegien vorenthalten, so das Recht auf freie Berufswahl, auf Familienzusammenführung und auf den Transfer von Vermögenswerten. Ein besonders eklatantes Beispiel für die Diskriminierungspraxis schlich sich in Libanon ein – mit dem Ergebnis, dass sich die Flüchtlingslager teilweise der Kontrolle seitens der staatlichen Organe entzogen und von autonom agierenden Komitees beherrscht wurden. Auch die palästinensische Nationalbewegung, so betonte das UN-Flüchtlingswerk in einem Bericht, habe durch ihre Konfliktstrategie dafür gesorgt, dass sich am Rechtsstatus der Palästinenser wenig änderte.

Während des Sechstagekrieges kam es erneut zu Flucht und Vertreibung von 200.0000 bis 300.000 Bewohnern aus der Westbank, in dreißig Prozent der Fälle waren es Flüchtlinge von 1948. Die meisten gingen nach Jordanien. Schon wenige Tage nach dem Waffenstillstand endete die bisherige Zurückhaltung des Sicherheitsrates mit der Resolution 237: Er verlangte, „jenen Bewohnern, die aus den Gebieten seit dem Ausbruch der Feindseligkeiten geflohen sind", die Rückkehr zu erleichtern. Am 2. Juli kündigte die israelische Regierung ihre Zustimmung an, tatsächlich erhielten nur 14.000 Personen eine entsprechende Erlaubnis. Im November bekräftigte die UN-Resolution 242 ohne nähere Qualifizierung die „Notwendigkeit, ... eine gerechte Regelung des Flüchtlingsproblems zu erreichen". In der Resolution 2673 vom 8. Dezember 1970 sprach die Vollversammlung vom „Problem der arabisch-palästinensischen Flüchtlinge" und bestätigte, „dass die Bevölkerung Palästinas gemäß der UN-Charta Anspruch auf Rechtsgleichheit und Selbstbestimmung hat". Ein weiteres Jahr später wurden die Palästinenser in der Resolution 2787 erstmals als Volk bezeichnet.

Mit seinem Auftritt im November 1974 rückte Arafat die palästinensische Frage als Politikum endgültig in den Mittelpunkt der weltöffentlichen Aufmerksamkeit, nachdem der Palästinensische Nationalkongress (PNC) darauf bestanden hatte, dass künftig von nationalen palästinensischen Interessen statt vom Flüchtlingsproblem die Rede sein müsse. Spätestens seit der „Zionismus = Rassismus"-Resolution vom November 1975 betonten palästinensische Historiker regelmäßig die „Verantwortung des Zionismus für den palästinensischen Exodus und die [palästinensische] Diaspora ... als integralen Teil der Entstehungsgeschichte des Staates Israel" (Walid Khalidi). Die Eigenbezeichnung als „Rückkehrer" („à'idun") soll erst in den sechziger Jahren aufgekommen sein. Der israelisch-ägyptische Friedensvertrag von 1979 beließ es bei der Aufforderung, dass beide Staaten in Zusammenarbeit mit „anderen interessierten Parteien" angehalten seien, „vereinbarte Verfahren für eine rasche, gerechte und dauerhafte Erfüllung der Resolution [194]" zu schaffen; den Palästinensern, etwa in Gestalt der PLO, war offenkundig kein Platz vorbehalten. Die Prinzipienerklärung von Oslo plante gemäß Artikel XII eine gemischte Kommission aus Israelis, Jordaniern und Ägyptern, die Lösungen für das Flüchtlingsdrama von 1967 vorlegen sollte, vertagte aber Entscheidungen auf die Verhandlungen bis 1999.

Vor zwei Jahrzehnten wies Yehoshafat Harkabi darauf hin, das vielen seiner Landsleute die Tiefe des arabischen Gefühls der Ungerechtigkeit nicht bewusst sei. Zur Unterstützung seiner Vermutung las der Jerusalemer Politologe bisweilen seinen Studenten aus dem 1972 in Beirut erschienenen Buch „Rückfahrkarte" des Autors Nasir Adin Nashashibi folgenden Eintrag vor:

„Jedes Jahr werde ich meinem kleinen Sohn sagen: Wir werden zurückkehren, mein Sohn, und du wirst bei mir sein, wir werden zurückkehren; wir werden auf unser Land zurückkehren und dort barfuss laufen. Wir werden unsere Schuhe so setzen, dass wir die Heiligkeit des Grundes unter uns spüren. Wir werden unsere Seele mit der Luft und der Erde verschmelzen. Wir werden wandern, bis wir zu den Orangenbäumen kommen, wir werden im Schatten des ersten Baumes schlafen, dem wir begegnen; wir werden das Grab des ersten Märtyrers ehren, an dem wir vorbeigehen."

Das Bekenntnis „Wir lebten im Paradies" gehört zwar ins Reich palästinensischer Wunschträume, doch bot der Zusammenhalt der Dorfgemeinschaften in den Lagern „ein warmes, starkes und stabiles Umfeld für den einzelnen", das ein Gefühl der Verwurzelung und Zugehörigkeit vermittelte, wie Rosemary Sayigh ausgeführt hat. Nach einer Umfrage vom Januar/Februar 2003 wollte die überwältigende Mehrheit der Flüchtlinge in der Westbank (95 Prozent), im Gazastreifen (98 Prozent), in Jordanien (91 Prozent) und in Libanon (94 Prozent) an ihrer Rückkehr als einem heiligen und unverzichtbaren Recht festhalten. Diesen Standpunkt bekräftigte der Vorsitzende des palästinensischen Parlaments, des

"Palestinian Legislative Council" (PLC), einen Tag nach der Präsentation der Genfer Initiative: Wenn Friedenspläne „zu Lasten des Rechts unseres Volkes [auf Rückkehr gehen], sollen sie alle zur Hölle fahren". Ähnliche Stimmen wurden bei einer international besetzten palästinensischen Konferenz laut, bei der sie „die sogenannte Genfer Initiative" ablehnten und ihr Erstaunen ausdrückten, dass „es sich einige wenige Personen zur Pflicht machen, das unveräußerliche Recht auf Rückkehr aufzugeben". Eine im Namen von „Fatah" in Bethlehem abgegebene Erklärung wurde noch deutlicher: Sie griff das „gegenwärtige palästinensische Regime" als kompromisslerisch an und stellte sich auf den Standpunkt, dass nur der Staat Palästina über das Recht verfüge, das Thema in den Verhandlungsprozess einzuführen. Die renommierte „International Crisis Group" unter Vorsitz des früheren finnischen Präsidenten Martti Ahtisaari bemerkte zu einem solchen Rigorismus, dass der Widerstand palästinensischer Organisationen gegen Kompromisse häufig mit dem Flüchtlingsproblem nichts zu tun habe. Für manche sei es eine Angelegenheit des nationalen Prinzips, andere drückten damit ihre Gegnerschaft gegen Oslo oder gar gegen die Zweistaatenlösung aus.

Auf der israelischen Seite akzeptierten nach Ermittlungen des „Jerusalem Media & Communication Centre" Anfang 2001 nur 31 Prozent der jüdischen Öffentlichkeit die These der „neuen Historiker", dass die Ursache der Flucht von 1948 in Vertreibungsaktionen des Militärs gelegen habe. Viele Israelis dürften sich auch künftig dagegen sträuben, Hunderttausende oder gar Millionen Flüchtlinge aufzunehmen, zumal wenn ein Staat Palästina für ihre Integration sorgen könnte. Sie werden sich von palästinensischen Behauptungen nicht beeindrucken lassen, dass in ländlichen Regionen Israels große Aufnahmekapazitäten zur Verfügung stehen. Ihr könnt nicht, appellierte Beilin an die Palästinenser, nach fünfzig Jahren mit so vielen demographischen und politischen Veränderungen einfach sagen, ihr hättet euren Standpunkt revidiert, und daraus den Schluss ziehen, dass frühere Angebote noch gültig sind. Dass im Sommer 2005 der Jüdische Nationalfonds, der für den Kauf und die Entwicklung von Böden in Israel zuständig ist, einer Anordnung des Obersten Gerichts folgend, an zwei im Junikrieg zerstörte arabische Dörfer bei Latrun durch Gedenktafeln erinnern wollte, könnte einen Auftakt für entsprechende Ehrungen auch an anderen Orten bilden, die im israelischen Unabhängigkeitskrieg verwüstet wurden; Meron Benvenisti nannte den damaligen Vorgang die Ausradierung der palästinensischen Zivilisation.

Abbas suchte die palästinensische Öffentlichkeit auf Kompromisse vorzubereiten. Trotz der fortgesetzten Siedlungspolitik um Jerusalem herum, der Komplettierung der Zäune und Mauern sowie der Judaisierung der Altstadt – allein im Moslemischen Viertel sollen mittlerweile rund tausend Juden wohnen – wählte er bei einer Begegnung mit „Hamas" und „Islamischem Djihad" im März 2005 eine diplomatische Formulierung: Die Palästinenser würden „auf *der Zusage* des Rechts auf Rückkehr in ihre Häuser und des Rechts auf Rückerstattung ihres Eigentums beharren". Die PLO begann, auf die Unabdingbarkeit früherer Forderungen zu verzichten: Nach den Worten Saeb Erakats war eine Repatriierung von über vier Millionen Flüchtlingen nach Israel illusorisch, womit er zwischen dem Recht der Flüchtlinge auf Rückkehr und dem Vollzug dieses Rechts unterschied. Auch sein Kollege Abed Rabbo wiederholte bei der prestigeträchtigen Herzliya-Konferenz im Dezember 2004 den GI-Standpunkt. Behutsamer äußerte sich dagegen Nabil Sha'ath: Die Palästinenser würden nie das Recht auf Rückkehr in ihre Häuser aufgeben, sondern nur darüber verhandeln, wie es durchgesetzt werden könne.

Auf dem Weg nach Genf

In Taba versuchten die offiziellen Delegationen beider Parteien letztmals, die Reste des gegenseitigen Vertrauens zu retten. Zwar blieb die Klärung einzelner Details auch hier aus, wie das „non-paper" des damaligen EU-Sonderbeauftragten Miguel Moratinos in sechs Punkten festhielt, aber die Fortschritte gegenüber der Begegnung zwischen Clinton und Arafat am 2. Januar im Oval Office waren bemerkenswert:

1. Beide Seiten stimmten grundsätzlich darin überein, dass die Linien von 1967 die Grundlage für die Grenzen zwischen Israel und dem Staat Palästina bilden sollen.

2. Während die Israelis die Freigabe von sechs Prozent der Westbank zur Annexion und weiterer zwei Prozent im Rahmen eines Pachtvertrages erwarteten, wollte die Gegenseite 3,1 Prozent zugestehen. Die Palästinenser wiesen das israelische Ansinnen zurück, dass die Halutza-Dünen im Negev, das Gebiet der Transitstrecke zwischen der Westbank und dem Gazastreifen sowie die Nutzung der Hafenanlagen in Ashdod in die Kompensationsmasse eingerechnet würden, und beharrten darauf, dass das „Niemandsland" um das Kloster Latrun ein Teil der Westbank sei und dementsprechend ihrem Staat zugeschlagen werden müsse. Der Gazastreifen solle dagegen in die volle palästinensische Souveränität übergehen. Israel erhob keine permanenten Ansprüche auf das Jordantal.

3. Die Israelis boten den Rückzug aus der Westbank in einem Zeitraum von 36 Monaten an und verlangten weitere 36 Monate für die Evakuierung des

Jordantals bis zur Etablierung einer internationalen Streitmacht. Die Palästinenser befürchteten, dass ein derart langer Zeitraum die Spannungen neu entfachen könnten, und gestanden 18 Monaten zu.

4. Die palästinensische Delegation drückte ihre Bereitschaft aus, das Prinzip beschränkter militärischer Bewaffnung ihres Staates zu akzeptieren und Israels Sicherheitsbedürfnissen durch drei Frühwarnstationen und zwei „emergency locations" auf ihrem Territorium Rechnung zu tragen. Die Israelis erkannten die palästinensische Souveränität über den palästinensische Luftraum an, zeigten aber an einer gemeinsamen Luftraumkontrolle unter ihrer Leitung starkes Interesse. Außerdem verlangten sie die Genehmigung für militärische Übungs- und Operationszwecke und strebten die sicherheitspolitische Kontrolle über die elektromagnetische Sphäre Palästinas an, ohne dass die zivile und wirtschaftliche Nutzung seitens der Palästinenser verletzt würde.

5. Die Seiten stimmten darin überein, dass Ost-Jerusalem Hauptstadt Palästinas werden solle. Dabei würde das Jüdische Viertel in der Altstadt unter israelischer Souveränität bleiben, während das Moslemische, das Christliche und das Armenische Viertel der palästinensischen Souveränität zu unterstellen seien; die Anlehnung an Clintons „Parameter" sprang ins Auge. Jerusalem wurde der Status einer Offenen Stadt zugesprochen, worunter Israel die Altstadt und ein Gebiet verstand, das als „Heiliges" oder „Historisches Becken" – die Altstadt bis zum Ölberg – bekannt ist. Über die jeweilige Kontrolle der Heiligen Stätten stand die Einigkeit in greifbarer Nähe, auch wenn die palästinensische Souveränität über den Tempelberg / „Haram al-Sharif" nicht abschließend geklärt werden konnte. Israels Verlangen nach Wahrung der Vorherrschaft über die jüdischen Siedlungen im Großraum Jerusalem wurde von den Palästinensern zurückgewiesen. Dagegen gewannen sie den Eindruck, dass alte arabische Eigentumsansprüche in West-Jerusalem anerkannt würden. Keine Verständigung gab es über die Hoheitsgewalt an den Tunnelanlagen bei der „Klagemauer"; nach palästinensischer Auffassung gehören sie zum „Haram al-Sharif".

6. Die palästinensische Delegation legte einen Forderungskatalog vor, der Israel auf die „moralische und juristische Verantwortung für die erzwungene Verdrängung und Enteignung der palästinensischen Zivilbevölkerung und für die Verhinderung ihrer Rückkehr in ihre Häuser in Übereinstimmung mit der Resolution 194" festlegen wollte, kam aber nicht umhin, die Ziffer 11 der Resolution 194 zu Kenntnis zu nehmen. Beide Seiten stimmten schließlich darin überein, dass

die Lösung des Flüchtlingsproblems die Qualität der künftigen Beziehungen bestimmen werde. Den Lagern in Libanon sei besondere Aufmerksamkeit zu widmen. Das Ermessen über Rückkehr und Repatriierung von Flüchtlingen sei in das persönliche Ermessen jedes einzelnen gestellt. Entschädigungsfragen würden von einer international besetzten Kommission geregelt. Die Israelis schlugen die Erarbeitung eines gemeinsamen Narrativs zur palästinensischen Flüchtlingsfrage vor, Entscheidungen darüber wurden vertagt.

Die Zeichen standen also nicht nur auf Rot, als das palästinensische und das israelische Team die Ergebnisse ihrer Beratungen Revue passieren ließen. Doch am 28. Januar holte Barak seine Delegation zurück, nachdem ein Terroranschlag zwei Tel Aviver Restaurantbesitzer in Tulkarem getötet hatte; Radikale hatten die palästinensische Delegation bloßgestellt. Wenige Tage später war Barak von sechzig Prozent der israelischen Wähler aus dem Amt vertrieben worden. Als sich Abed Rabbo und Beilin in den Räumen der palästinensischen Zeitung „al-Quds" trafen, versprachen sie einander, der Welt zu zeigen, dass sie den Glauben an den Frieden nicht verloren hatten. Die offiziellen Gespräche waren gescheitert, doch die privaten Kontakte überstanden die schwere Krise – ohne Washington, ohne die Regierung Sharons und ohne Arafats Autonomiebehörde.

Als die Genfer Initiative Mitte Oktober 2003 von den Hauptakteuren abgezeichnet war – ohne letzte Irritationen verhindern zu können –, erschien sie nach den Jahrzehnten der blutigen Konfrontation wie eine Fata Morgana. Binnen kurzem stellte sich jedoch heraus, dass die Vorlage zwei unschätzbare Vorteile besaß: Zum einen stach sie gegenüber anderen Plänen durch ihre präzisen Regelungsangebote für die strittigen Themenkomplexe hervor, zum anderen war die Arbeit von großen Teams geleistet worden, unter deren Mitglieder die Angehörigen der beiden Sicherheitsapparate besonders auffielen. Dass sie in einer Welt befangen seien, die sich auf Vorstellungen des unangebrachten Vertrauens stütze, war zwar als Kritik formuliert, meinte aber genau dies: Sie boten gewichtige Alternativen an und wussten genau, worauf sie sich geeinigt hatten. Eyad Sarraj, seit langem ein Kritiker der Autonomiebehörde mit einschlägiger Gefängniserfahrung, äußerte seine Unterstützung. Der am „Massachusetts Institute of Technology" lehrende Linguist Noam Chomsky verband seine Sympathien mit einer deutlichen Absage an einen gemeinsamen Staat für Juden und Araber. Auch Uri Avnery befand die Idee eines gemeinsamen Staates von Israelis und Palästinensern als „Utopie ohne eine Basis in der Realität".

Die Teams luden ihre Bevölkerungen sofort zu einer breit angelegten Diskussion ein, um der Ära des „Alles oder nichts" den Wind aus den Segeln zu nehmen. Die

Reaktionen ließen nicht auf sich warten. Die Gegner behaupteten, dass die Genfer Initiative unausgewogen sei, zu viele Probleme aufwerfe, die eher Verwirrung stifteten, als Klärungen herbeizuführen, und die je eigenen unveräußerlichen Rechte verletze. In der ihm eigenen Manier ließ sich Arafat zu einer halbherzigen Zustimmung herbei, um auch diesmal das politisch-diplomatische Verfahren zu kontrollieren, und schickte den Politologen Manuel Hassassian von der Universität Bethlehem nach Genf – Arafat legte es darauf an, sich angesichts der heftigen Ablehnung durch die israelische Regierung international einen taktischen Punktgewinn zu verschaffen. Ein hoher „Fatah"-Repräsentant musste darauf keine Rücksicht nehmen und bezeichnete die palästinensischen „Genfer" als eine „Handvoll Schweine". Andere Stimmen aus der Verweigerungsfront vermissten trotz ihrer Ablehnung die Perfektion der Genfer Initiative oder führten Klage, dass die Unterzeichner das international verbürgte Recht der palästinensischen Flüchtlinge auf Rückkehr verkauft, die machtpolitische Unebenbürtigkeit verlängert, sich dem Druck des Stärkeren gebeugt und dem Staat Israel das Plazet als Staat des jüdischen Volkes erteilt hätten. Dabei übersahen sie, dass die palästinensische Unabhängigkeitserklärung von 1988 den jüdischen Charakter Israels implizit anerkannt hatte, bevor ihn Arafat im Sommer 2004 noch einmal explizit bestätigte. Der Großmufti von Jerusalem beeilte sich, die vorgeschlagene Grenzziehung entlang der Grünen Linie von 1967 zu verurteilen. Andere Kritiker argumentierten prinzipieller: Die Genfer Initiative würde künftige Verhandlungen vorausnehmen und mit ihren Vorschlägen eine politische Legitimität beanspruchen, die später kaum noch zu revidieren sei. Mit diesem generellen Einwand wurde die Auseinandersetzung mit der Vorlage selbst vermieden. Nur wenige Palästinenser hatten den Mut zu dem öffentlichen Bekenntnis, dass „Genf" das bestmögliche „Geschäft" („deal") sei. Neunzig Prozent des Materials, prophezeite Menachem Klein, werde der künftige Friedensvertrag von den Texten der Genfer Initiative abschreiben.

In Israel war die Ablehnung ebenfalls greifbar. Nach Auffassung Baraks verletzte das Dokument die Interessen des Staates Israel. Sharon bezeichnete es als „verantwortungslos", während sein Chefberater Dov Weissglas die breite Unterstützung in der Bevölkerung beklagte. Zur Debatte stand die nationalen Symbolik der jüdischen Präsenz im Lande. Ihre Zentralität hatten schon die Gegner von „Oslo" so gut verstanden, dass Grafitti an Hauswänden und Brücken dazu aufforderten, die „Verbrecher" vor Gericht zu stellen, zu denen Rabin, Peres, Beilin und der Rechtsberater des Auswärtigen Amtes, Uri Savir, gezählt wurden. Als Beilin und seine engsten Mitarbeiter die Genfer Initiative öffentlich vorstellen wollten, mussten sie sich gegen Demütigungen und Handgreiflichkeiten zur Wehr setzen und die Verdächtigung ausräumen, dass sie die Zerstörung des Staates betrieben, nachdem Barak den nationalen Ausverkauf in Camp David gerade noch verhindert habe. Das Erziehungsministerium untersagte den Besuch Beilins, Amnon Lipkin-Shachaks und Shaul Arielis in einem Gymnasium. Der Generalstaatsanwalt sah keinen Anlass, eine Untersuchung einzuleiten, als in einem religiösen Rechtsgutachten die Akteure des nationalen Verrats beschuldigt wurden.

Aber auch in der politischen Linken blieb die Genfer Initiative nicht von kritischen Kommentaren verschont. Der in Beersheva lehrende Anthropologe Jeff Halper, Koordinator des „Israelischen Komitees gegen die Zerstörung [palästinensischer] Häuser", erblickte in der Vorlage nicht mehr als die „wohlwollende Version" einer kaum verhüllten Apartheid-Regelung, womit er Abed Rabbo Kollaboration mit dem Feind oder bestenfalls politischen Illusionismus unterstellte. Halper stellte „Genf" einen „Doppelschritt" gegenüber – die Schaffung eines Staates Palästina in möglichst großen Teilen der Westbank und des Gazastreifens, der in der zweiten Phase eine „Two State Plus"-Lösung im Rahmen einer israelisch-palästinensischen Konföderation mit internationaler Garantie folgen sollte; ihr könnten sich in fünf oder zehn Jahren Syrien, Libanon, Jordanien und andere Staaten in der Region anschließen. Mit seinem Vorschlag bekannte sich der renommierte Anthropologe zum Projekt eines multikulturellen und multiethnischen Gemeinwesens, das unter Israelis und Palästinensern chancenlos ist.

Das israelische GI-Team blieb von internen Dissonanzen nicht verschont. Sharons Gazapläne berührten einen heiklen Nerv: Sollte man seinem „Schritt für Schritt"-Kurs mit allen Unwägbarkeiten der Verschleppung politischer Perspektiven zustimmen, zumal wenn er unilateral eingeschlagen war und damit die Abkehr von Vereinbarungen zu verstehen gab? Wie hätte sich ein solcher Strategiewechsel der „Genfer" gegenüber den eigenen Beteuerungen, auf ein Schlussabkommen zuzusteuern, rechtfertigen lassen? Zwar war sich das Team der ungebremsten ideologischen und taktischen Gefährlichkeit Sharons bewusst, sah sich aber vor die Frage gestellt, ob es für die „schlimmste Regierung, die Israel je gehabt hat" (Beilin) eine Empfehlung abgeben sollte, ihrem „beschämenden Haushaltsentwurf" (Beilin) zuzustimmen. Durfte man es sich leisten, Sharon bis in den Herbst hinein einen Vertrauensvorschuss einzuräumen, oder musste man das Risiko von Neuwahlen in Kauf nehmen, die neunzig Tage nach einer Ablehnung des Staatsetats fällig würden – wohl wissend, dass der Ministerpräsident rund siebzig Prozent der Bevölkerung hinter sich wusste? Konnte man andererseits den Palästinensern zumuten, den Abzug aus dem Gazastreifen zu verzögern? „Die Palästinenser dringen auf Ergebnisse", schrieb Beilin.

Er wollte auch der Frage nicht aus dem Wege gehen, was nach dem Gaza-Abzug seitens der „Genfer" zu geschehen habe. Würden einige Kundgebungen und Demonstrationen selbst vieler Zehntausend Menschen ausreichen, damit die Räumungsdynamik auf die Westbank und Ost-Jerusalem überspringt? Auch war nicht leicht zu beantworten, welche Aussichten eine politische Kooperation mit der programmatisch ausgelaugten und in sich zerstrittenen Arbeitspartei bieten würde, deren Leitung entgegen allen Erfahrungen mit einer „Regierung der nationalen Einheit" im allgemeinen und mit Sharon im besonderen ihren Platz am Kabinettstisch zu behaupten suchte. Erfreulich war immerhin, dass Ron Pundak, ein intellektuelles Schwergewicht im Friedenslager und Direktor des „Peres Center for Peace" sich dem GI-„Steering Committee" ebenso anschloss wie Dalia Rabin-Pelossof, Leiterin des nach ihrem Vater benannten Forschungsinstituts, und die Psychophilologin Zvia Walden, Tochter von Schimon Peres.

Betrachten wir den Text der Genfer Initiative im Einzelnen.

1. Quellenbezüge

Die Genfer Initiative beruft sich auf die Madrider Friedenskonferenz vom Oktober 1991, die Osloer Vereinbarungen vom September 1993 und 1995, das Memorandum von Wye River vom Oktober 1998, das Memorandum von Sharm el-Sheikh vom September 1999, das Gipfeltreffen von Camp David, die „Parameter" Bill Clintons sowie auf die Verhandlungen in Taba. Interessanterweise fehlt ein Hinweis auf die „Road Map", obwohl die Autoren mehrfach betont haben, dass sie ihre Vorlage als Teil der dritten Phase betrachten. Dabei dürfte es sich um ein eher taktisches Zugeständnis handeln, um die Regierungen für eine ernsthafte Befassung mit der Genfer Initiative selbst zu gewinnen.

2. Zentrale Rolle der PLO

In der Präambel wird die PLO als Repräsentantin des palästinensischen Volkes genannt. Damit ist ihr in der Nachfolge der Arabischen Gipfelkonferenz von 1974 und der Prinzipienerklärung von 1993 eine zentrale Stellung eingeräumt worden, obwohl diese in den letzten Jahren zweifelhaft geworden ist, nachdem nicht einmal der Beiruter Friedensplan die Organisation als künftigen Verhandlungspartner auswies. Vermutlich wollten die palästinensischen Unterhändler dem Raïs und den politischen Eliten die Zustimmung erleichtern. In Artikel 2 Ziff. 2 wird der Staat Palästina nach seiner Gründung als Nachfolger der PLO mit allen Rechten und Pflichten ausgewiesen.

3. Israel als jüdischer Staat

Im Gegenzug bestätigt die Präambel das Recht des jüdischen Volkes auf Eigenstaatlichkeit im Rahmen Israels. Damit wird auch die jeweils gültige Fassung des israelischen Rückkehrgesetzes als verbindlich anerkannt.

4. Zweistaatenregelung

Es fällt auf, dass die Grundüberzeugung zweier Staaten auf der Basis vom 4. Juni 1967 einen relativ knappen Raum einnimmt. An die Stelle des ergebnislosen Krisenmanagements der vergangenen Jahrzehnte tritt im Zuge der Gründung Palästinas die Krisenprävention. Nach dem Versagen aller interimistischen Pläne und Vereinbarungen – „der israelische und der palästinensische Magen können keine interimistischen Arrangements mehr verdauen", so Saeb Erakat in einem persönlichen Grußwort – steuern die Autoren auf die Endphase zu, ohne ihr einen festen zeitlichen Rahmen vorzugeben: Der Frieden braucht neue Mehrheiten, die noch geschaffen werden müssen. Artikel 4 Ziff. 1 übernimmt die arabische Interpretation der UN-Resolutionen 242 und 338, wenn er hervorhebt, dass die künftige internationale Grenze zwischen beiden Staaten entlang der Linie vom 4. Juni 1967 „mit gegenseitigen Modifikationen auf einer Basis 1 : 1" verlaufen soll. Israel zieht sich aus dem gesamten Gazastreifen sowie aus 98 Prozent der Westbank zurück und kompensiert den Staat Palästina mit quantitativ und qualitativ gleichwertigen Landstrichen an seiner der Westbank gegenüberliegenden südwestlichen Flanke, wo die Überreste von zehn palästinensischen Dörfern liegen, die 1948 zerstört wurden, und entlang der Grenze zum Gazastreifen; sein Territorium würde sich um 25 Prozent vergrößern. In den zur israelischen Annexion freigegebenen zwei Prozent der Westbank leben gegenwärtig 110.000 Siedler. Die restlichen 140 Siedlungen auf der Westbank werden aufgelöst, ihre jüdische Bevölkerung evakuiert. Israel sorgt für die Unversehrtheit des unbeweglichen Vermögens, der Infrastrukturen und Einrichtungen, die an die Palästinenser übergehen. „Der Staat Palästina hat das ausschließliche Eigentumsrecht an allen Ländereien und Gebäuden, Einrichtungen, an Infrastruktur oder anderem Eigentum, das in jeder der Siedlungen zu dem im Zeitplan für die Durchführung der Evakuierung dieser Siedlung festgesetzten Datum verblieben ist." Eine Karte weist die internationale Grenze zwischen beiden Staaten aus.

5. Sicherheitsvereinbarungen

Der Regelung der sensiblen Themen Sicherheit (Art. 5), Jerusalem (Art. 6) und Flüchtlinge (Art. 7) wird die größte Aufmerksamkeit gewidmet. Zunächst heißt es in Artikel 5: „Palästina und Israel stellen ihre Sicherheitsbeziehungen auf die Basis von Zusammenarbeit, gegenseitigem Vertrauen, gutnachbarlichen Beziehungen und dem Schutz ihrer gemeinsamen Interessen." In Ergänzung werden Vorkehrungen gegen Terrorismus und Gewalt gegen Personen, Eigentum, Institutionen und das Territorium der jeweils anderen Partei getroffen. Eine multinationale Truppe soll „angesichts der nichtmilitarisierten Beschaffenheit des palästinensischen Staates die territoriale Integrität des Staates Palästina schützen" (Art. 5 Ziff. 6). Um Verzögerungen und Täuschungsmanöver zu verhindern, formuliert Artikel 5 Ziff. 7/v dezidiert: „Israel schließt seinen Rückzug aus dem Territorium des Staates Palästina innerhalb von 30 Monaten ... ab", und zwar in drei Phasen: die erste Phase innerhalb von neun Monaten, die Phasen zwei und drei innerhalb weiterer 21 Monate. Israel unterhält für 36 Monate eine geringe Militärpräsenz im Jordantal (Art. 5 Ziff. 7). Die Palästinenser genehmigen die Einrichtung von zwei israelischen Frühwarnstationen in der nördlichen und in der zentralen Westbank mit dem Recht auf spätere Überprüfung im gegenseitigen Einvernehmen (Art. 5 Ziff. 8). Darüber hinaus gestatten sie Übungsflüge israelischer Militärmaschinen in großer Höhe über der Westbank (Art. 5 Ziff. 9). Der Punkt soll von einer multinationalen Truppe kontrolliert werden, die das Eindringen fremder Kräfte verhindert. Die militärische Nutzung der elektromagnetischen Sphäre durch Israel kommt hinzu (Art. 5 Ziff. 10). Alle Sicherheitsvereinbarungen sollen nach einigen Jahren der Kontrolle unterliegen.

6. Korridor

Zur Gewährleistung der Bewegungsfreiheit der palästinensischen Bevölkerung zwischen dem Gazastreifen und der Westbank wird ein Korridor unter israelischer Souveränität und palästinensischer Verwaltung eingerichtet. Letzterer stehen Entscheidungen über Verfahrensfragen und die Sicherung von Infrastruktureinrichtungen zu; ausdrücklich genannt werden Rohrleitungen, Kabel für Stromversorgung und Kommunikation sowie deren Ausrüstungsteile (Art. 4 Ziff. 6). Die Palästinenser dürfen vom Korridor aus Israel nicht betreten, gleiches gilt für Israelis in umgekehrter Richtung. Der Vorwurf, dass der Staat Palästina nicht über ein geschlossenes Territorium verfügen werde, wird mit dem Hinweis beantwortet, dass Israel durch den Korridor geteilt werde.

7. Jerusalem

Nach seinem Besuch Jerusalems 1898 hatte Theodor Herzl das Fazit gezogen: „Wenn ich Deiner in Zukunft gedenke, o Jerusalem, dann tue ich es nicht mit Freude." Nach dem Junikrieg begannen sich die Stadtgrenzen über jede historische Gestalt hinaus auszudehnen. Die Bevölkerung der „vereinigten" Stadt belief sich Ende 2004 auf rund 230.000 Palästinenser (zu denen statistisch „andere" gerechnet werden) und knapp 500.000 Juden. Rund 50.000 jüdische Israelis sind seit 1967 in den Ostteil der Stadt gezogen.

Jeff Halper unterschied drei Ebenen der Stadtentwicklung: das „munizipale Jerusalem" in den Stadtgrenzen seit 1967, „Groß-Jerusalem" mit dem äußeren Ring von dreizehn Siedlungen auf der Westbank sowie das „metropolitane Jerusalem". Letzteres transformiere weite Teile der Westbank in von Israel kontrollierte „Hinterländer" – ein Gebiet von 950 Quadratkilometern, das sich von Beth Shemesh im Westen über Kiryat Sefer nach Ramallah, dann südöstlich über Maaleh Adumim bis fast ans Tote Meer, dann südwestlich anschließend an Beit Sahour, Bethlehem, Efrat, Etzion-Block und schließlich wieder nach Westen durch Beitar Illit und Tsur Hadassah zurück nach Bet Shemesh erstreckt. 75 Prozent der Westbank-Siedler und die größten Siedlungszentren liegen mit ihrer Infrastruktur innerhalb der Grenzen des „metropolitanen Jerusalem".

Neue Stadtteile wie Ramot im Norden und Gilo im Süden provozierten das ironische Wort von der „administrativen Heiligkeit". Bei den jüdischen und arabischen Bürgern stimulierten sie keine Empfindungen der kommunalen Einheit. Lange vor den „Trennungsmauern" trat an die Stelle politischer Koexistenz und sozialer Parität eine psychologische Mauer, über die sich beide Bevölkerungsteile als Feinde betrachteten. Eine Anpassung an die kommunalen Dienstleistungen zugunsten der arabischen Bevölkerung blieb aus. Regelmäßig weniger als zehn Prozent nahmen an den Kommunalwahlen teil. Der unerwartet im Mai 2001 während eines Aufenthalts in Kuwait verstorbene Faisal Husseini fällte ein gleichlautendes Urteil wie israelische Politiker, mit umgekehrtem Vorzeichen: „Jerusalem ist unser politisches Zentrum, unser religiöses Zentrum, unser wirtschaftliches und unser historisches Zentrum, das wir immer als Hauptstadt betrachteten. Ohne Jerusalem wird es keinen Frieden geben."

Da der internationalen Diplomatie mit Jerusalem-Plänen kein Erfolg beschieden war, hat die Genfer Initiative dem Thema größte Aufmerksamkeit geschenkt. Für Arieli, der im israelischen Team für das Kartenwerk zuständig war, gehörte die Etablierung der Hauptstadt Palästinas in Ost-Jerusalem zu den Voraussetzungen, den Konflikt zu beenden und alle Ansprüche zu befriedigen. Allein die Ausführlichkeit, mit der im Modellvertrag auf Jerusalem eingegangen wird, unterstreicht den Rang, den die Autoren ihrem religiösen Charakter beimessen. So erkennt Artikel 6 „die universelle historische, religiöse, spirituelle und kulturelle Bedeutung" der Stadt für die drei monotheistischen Weltreligionen an, weist ihre getrennten Souveränitätsbereiche aus und verabredet Maßnahmen für den Tempelberg / „Haram al-Sharif": Er geht am Ende der Übergangsphase in die

Souveränität Palästinas über. Bis dahin untersteht er der Kontrolle der Internationalen Implementierungs- und Überwachungsgruppe (IVG) in Zusammenarbeit mit anderen Parteien, so der Organisation der Islamischen Konferenz (OIC) (Art. 6 Ziff. 5). Auch wenn die palästinensische Seite in den Gesprächen die religiöse und kulturelle Bedeutung des Tempelbergs für Juden in aller Welt würdigte, betrachtete sie das Gelände als Einheit und stimmte deshalb lediglich der Übertragung der Souveränität über die „Klagemauer" als aktivem Ort der jüdischen Gottesverehrung zu. Der Tunnel einschließlich des Zugangs, des Rechts auf Religionsausübung und der Verantwortlichkeit für Erhaltung und Instandsetzung soll unter palästinensischer Souveränität und israelischer Verwaltung stehen. Im Gegenzug sagten die Palästinenser den Verzicht auf Grabungen, Ausschachtungen und bauliche Aktivitäten ohne israelisches Einverständnis zu.

Die Fortbewegung in der Altstadt ist frei und ungehindert. Das Jüdische Viertel bleibt bei Israel, das Christliche, das Armenische und das Moslemische Viertel werden Teil Palästinas; auch hier folgt „Genf" den „Parametern" Clintons und den Verhandlungen in Taba. Im übrigen heißt es in Artikel 6 Ziff. 2 lakonisch: „Die Parteien haben ihre gegenseitig anerkannten Hauptstädte in den Gebieten unter ihrer jeweiligen Souveränität." Entscheidungen über die politische Zukunft der jüdischen Viertel im „munizipalen" Jerusalem bedürfen der präzisierenden Nacharbeit. Verwiesen wird auf eine Karte (Art. 6 Ziff. 3). Die Staatsangehörigen dürfen von der Altstadt aus nicht ohne gültige Dokumente in das andere Staatsgebiet überwechseln (Art. 6 Ziff. 7). Benutzer- und umweltfreundliche Übergänge sollen jedoch den Wechsel zwischen den Stadthälften erleichtern. Palästinensische Jerusalemer mit gegenwärtigem Wohnsitz im israelischen Teil verlieren ihren Status, wenn er an Palästina übergeht (Art. 6 Ziff. 12). Ein Koordinierungs- und Entwicklungsausschuss mit mehreren Unterausschüssen soll dafür sorgen, dass alle Einwohner in den Genuss angemessener Infrastruktur- und Dienstleistungen gelangen und die wirtschaftliche Entwicklung der Stadt zum allgemeinen Nutzen gefördert wird. Außerdem wird der Ausschuss „den Dialog und die Versöhnung zwischen den Gemeinschaften" unterstützen (Art. 6 Ziff. 11) – dieser Aufgabe kommt eine Schlüsselrolle zu.

8. Palästinensische Flüchtlinge

Beilin räumte ein, „dass die schwierigsten Punkte nicht notwendigerweise die offensichtlichen" waren, und fuhr fort: „So hatte ich geglaubt, dass der schwierigste Punkt der Tempelberg würde – die Übergabe der [israelischen] Souveränität über den Haram al-Sharif – an den palästinensischen Staat mit einer dortigen internationalen Präsenz. Doch für die Palästinenser war der schwierigste Punkt

das Thema der Flüchtlinge." Sein Kollege Menachem Klein befürchtete, durch endlose Auseinandersetzungen um die Vergangenheit eine bessere Zukunft leichtfertig zu verspielen. Artikel 7 der Genfer Initiative bemüht sich deshalb um einen Durchbruch:
- Entschädigung der Flüchtlinge für ihr Dasein nach 1948 einschließlich des Verlustes von Eigentum, „freibleibend und unabhängig vom ständigen Wohnort des Flüchtlings", und Anspruch jener Staaten auf Entschädigung, die palästinensische Flüchtlinge aufnehmen (Art. 7 Ziff. 3);
- Wahl des künftigen Wohnortes unter fünf Optionen: a) Staat Palästina; b) Gebiete des Staates Israel, die im Tausch an Palästina fallen; c) Drittländer gemäß ihrem souveränen Ermessen; d) Verbleib in den gegenwärtigen Wohnländern gemäß ihrem souveränen Ermessen; e) Staat Israel gemäß seinem souveränen Ermessen (Art. 7 Ziff. 4). Israel zieht bei der Kalkulation über die Zahl der aufzunehmenden Flüchtlinge die Durchschnittszahl „in Erwägung", die sich in Drittländern außerhalb der Region integrieren wollen. Für Klein würde es sich bei Flüchtlingen, die sich in Israel niederlassen, um „Einwanderer" handeln, aber das Gefühl der „Rückkehr" sei ihnen unbenommen;
- Gewährleistung der freien Wahl des Wohnortes (Art. 7 Ziff. 5);
- Beendigung des Flüchtlingsstatus nach Realisierung des gewählten ständigen Wohnortes (Art. 7 Ziff. 6);
- Verzicht auf andere Ansprüche jenseits der in diesem Abkommen vorgesehenen Regelungen (Art. 7 Ziff. 7);
- Einschaltung einer Internationalen Kommission und eines Internationalen Fonds zwecks Beteiligung an den vorgeschlagenen Lösungen (Art. 7 Ziff. 8);
- Vorkehrungen für die Festlegung der Gesamtsumme der Entschädigungen (Art. 7 Ziff. 9). Beilin hat sie auf rund dreißig Milliarden US-Dollar geschätzt: „Dies mag teuer sein, aber Kriege zu finanzieren, ist viel teurer";
- Einrichtung eines Fonds zur Verteilung an die Flüchtlingsgemeinschaften in den UNRWA-Ländern für kommunale Entwicklung und Erinnerung an die Erfahrung als Flüchtlinge (Art. 7 Ziff. 10);
- verantwortliche Verpflichtung der Internationalen Kommission auf die Umsetzung aller Aspekte des Flüchtlingsproblems (Art. 7 Ziff. 11);
- Einrichtung und Aufgaben des Internationalen Fonds (Art. 7 Ziff. 12);
- Einstellung der Tätigkeit der UNRWA fünf Jahre nach Tätigkeitsaufnahme der Internationalen Kommission (Art. 7 Ziff. 13);
- Ermutigung und Förderung von Versöhnungsprogrammen mit dem Ziel des Austauschs über historische Darstellungen (Programme für die schulische und außerschulische Bildungsarbeit, für die Kulturarbeit und das Gedenken

an jene Orte und Gemeinschaften, die vor 1949 bestanden) sowie Stärkung des gegenseitigen Verständnisses für die Vergangenheit (Art. 14). Unter den israelischen Partnern ist die Hoffnung verbreitet, dass sich – wie umgekehrt – die Mehrheit der palästinensischen Öffentlichkeit, der heute das Bekenntnis zu kriminellen Akten und Verbrechen im Zuge seines nationalen Befreiungskampfes schwerfällt, eines Tages für den Terror ihrer Organisationen gegen Israelis und Ausländer entschuldigt.

Artikel 7 nimmt außer den Resolutionen 194 und 242 die Erklärung der Beiruter Gipfelkonferenz vom März 2002 auf, die „eine gerechte Lösung für das Problem der palästinensischen Flüchtlinge" forderte und sie an das gegenseitige Einvernehmen der beiden Konfliktparteien band. Aber wer ist als Flüchtling einzustufen? Geht es um die heute noch Lebenden, die 1948 ihre Wohnorte verließen oder die vertrieben wurden? Lässt sich – und wenn, aus welchen rechtlichen beziehungsweise politischen Überlegungen – die UNRWA-Definition noch halten, wonach es sich um Personen handelt, die wenigsten zwei Jahre vor 1948 ihren „normalen Wohnsitz" in Palästina hatten, danach ihr Heim und ihre Mittel zur Lebensführung verloren und Zuflucht in einem Land suchten, in dem die UNRWA arbeitet? Wie ist ein jüngerer palästinensischer Vorschlag zu bewerten, der einen Flüchtling als jenen Palästinenser definiert, dem nach dem 29. November 1947 – dem Tag der UN-Teilungsresolution – die Heimkehr verweigert wurde? Sind jene Palästinenser als Flüchtlinge zu betrachten, die inzwischen eine neue Staatsbürgerschaft angenommen haben? Sind die Madrider Absichtserklärungen zur Einrichtung einer Multilateralen Arbeitsgruppe, die in Artikel 8 des israelisch-jordanischen Friedensvertrages von 1994 wieder aufgenommen wurden, inzwischen obsolet?

Die Verfasser der Genfer Initiative schlagen statt eigener Entscheidungen einen „Ausschuss zur Statusbestimmung" vor (Art. 7 Ziff. 11). Die UNRWA habe sich, hatte die israelische Rechtswissenschaftlerin Ruth Lapidoth bedauert, mehrere Definitionen zu eigen gemacht, die darauf hinauslaufen würden, dass die Zahl der Flüchtlinge mit dem Anspruch auf Rückkehr aufgrund der hohen Geburtenüberschüsse ständig wachse. Nun schloss sich Lapidoth in einem Gutachten für das Auswärtige Amt in Jerusalem der Auffassung an, dass die Palästinenser über die Vorkehrungen der Genfer Initiative hinaus kein Rückkehrrecht nach Israel einklagen könnten, und widersprach Behauptungen, wonach die Wortwahl des einschlägigen Artikels künftigen Ansprüchen keinen Riegel vorschiebe. Für den Publizisten Ari Shavit, der für „Haaretz" die großen Interviews führt, gab es hingegen keinen Zweifel, dass die palästinensischen Bestrebungen nach Rückkehr die Zweistaatenregelung in den Grenzen von 1967 überleben würden.

Eine belastungsfähige Versöhnung der Narrative wird nur am Ende langer Bewusstseinsprozesse stehen. Doch ein kleiner Anfang war gemacht, als sich im November 2003 mehr als 55 Prozent der Palästinenser dafür aussprachen, dass „... palästinensischen Flüchtlinge das Recht auf Rückkehr in den Staat Palästina und in Landstriche Israels haben müssen, die Teil Palästinas als Ergebnis des Gebietsaustauschs werden. Sie können auch in Drittländern oder in ihren gegenwärtigen Gaststaaten unter der Maßgabe der souveränen Entscheidung dieser Länder neu angesiedelt werden. Palästinenser werden Rehabilitationshilfen, Kompensationen für verlorenes Eigentum und für das Leid erhalten, das sie aufgrund ihres Flüchtlingsstatus erlitten haben." Die Mehrheit scheint pragmatisch genug zu sein, dem Frieden gegenüber unrealistischen Bestrebungen eine Chance einzuräumen. Für Nusseibeh hat der Konflikt nichts mit Recht oder Gerechtigkeit zu tun, Israelis und Palästinenser bewege allein der Selbsterhaltungstrieb.

9. Palästinensische Gefangene

In der Interimsvereinbarung von 1995 war zwar die Freilassung aller palästinensischen Gefangenen in drei Stufen vereinbart worden, doch die Konsequenzen wurden verschleppt. Anfang 1996 gab Israel rund tausend Personen frei, nach dem „River Wye Memorandum" sollten es auf der Grundlage einer mündlichen Vereinbarung 750 sein, im November 1998 kamen noch einmal 250 hinzu. „Gefangene sind unser Hauptanliegen", erklärte Abbas 2005 gegenüber der „New York Times". Wenig später wurde erstmals von der israelischen Regierung die Entlassung von Insassen „mit Blut an den Händen" erwogen. Nach dem Gipfeltreffen von Abbas und Sharon in Sharm el-Sheik am 8. Februar 2005 ließ die israelische Regierung rund 900 Gefangene frei. Gemäß den Genfer Vorgaben sollen politische Gefangene, die vor oder nach der Gaza-Jericho-Vereinbarung („Permanent Status Agreement") vom Mai 1994 festgenommen wurden, sowie „Ausnahmefälle" stufenweise von Israel freigelassen werden (Art. 15 Ziff. 1). Es dürfte sich bei letzteren um politisch oder religiös motivierte Gewalttäter handeln, aber die Entscheidung, welcher Personenkreis konkret gemeint ist, steht aus.

10. Aussparungen

An verschiedenen Stellen sind Probleme, „in der sich gewöhnliche Palästinenser und gewöhnliche Israelis mit ihren wichtigsten Interessen wiederfinden" (Abed Rabbo), nicht thematisiert worden. Auf noch unvollständiges Kartenmaterial wird in Art. 5 Ziff. 7 (Phase des ersten israelischen Rückzugs), in Art. 6 Ziff. 7 (Sonderregelungen für den Weg zwischen Jaffa- und Zionstor in Jerusalem), in

Art. 6 Ziff. 8 (Größe des Friedhofs auf dem Ölberg), in Art. 6 Ziff. 9 (Größe des Friedhofs auf dem Zionsberg und des Friedhofs der Deutschen Kolonie), in Art. 6 Ziff. 10 (Bezeichnung des Tunnels an der Westmauer) und in Art. 9 Ziff. 1 (Straßen in Palästina für zivile israelische Nutzung) verwiesen. Darüber hinaus behalten sich die Vertragsparteien die Überprüfung einzelner Regelungen auf der Grundlage ihrer Erfahrungen vor. Die Artikel 12 („Wasser") – die Verteilung dieser Vorräte in der Westbank findet gegenwärtig im Verhältnis von 7 zu 1 zugunsten der jüdischen Siedler statt –, Artikel 13 („Wirtschaftsbeziehungen") und Artikel 14 („Rechtliche Zusammenarbeit") sind unvollendet geblieben. Dass die multilateralen Verhandlungen nach der Madrider Konferenz über das Wasser nicht vorankamen, war nicht allein darauf zurückzuführen, dass zwischen Israel und seinen nördlichen Nachbarn Friedensverträge ausstehen, denn die Verteilung der Vorräte ist wegen der Quellenlagen auf die Beteiligung Libanons, Syriens und der Türkei angewiesen. Schon das Papier von Beilin und Abu Mazen hielt in Artikel IX fest, dass beide Parteien „dieselben natürlichen Wasserressourcen haben, die für die Lebensführung und das Überleben beider Nationen essentiell sind". Zum Genfer Artikel 13 hat Menachem Klein angemerkt, dass die ökonomische Kluft zwischen beiden Staaten nicht zu überbrücken war, so dass das palästinensische Team aus einer Position der Schwäche heraus für die Verschiebung der Thematik plädiert habe. Neunundvierzig Mal wird im Text auf unbearbeitete Arbeitsfelder verwiesen, die als „Anhang X" erscheinen. Auf den ersten Blick mag es sich um technische und organisatorische Herausforderungen handeln. Tatsächlich jedoch geht es um das Prinzip politischer Souveränität:

- Wie soll die internationale Implementierungs- und Verifikationsgruppe zusammengesetzt sein (Art. 3 Ziff. 1)?
- Wie sollen die künftigen Grenzen markiert werden (Art. 4 Ziff. 1)? Überlegungen zur Errichtung eines „sanften" Zauns für Jerusalem sind oben zitiert worden.
- Was verstehen die Autoren unter den beweglichen Vermögenswerten, die bei Räumung der Siedlungen an Ort und Stelle gelassen werden (Art. 4 Ziff. 5)? Hier ist die politische Diskussion durch die Abkoppelung vom Gazastreifen und Teilen der nördlichen Westbank mit ersten Erfahrungen weitergegangen.
- Welche konkreten Befugnisse soll der Israelisch-Palästinensische Koordinationsausschuss (Art. 8) haben, und wie ist die Aufgabenverteilung zwischen ihm und der Multinationalen Truppe geregelt (Art. 5, Ziff. 6)?
- Welche Modalitäten sind für die Übergabe der Verantwortung der geräumten Gebiete an den Staat Palästina zu gewährleisten (Art. 4 Ziff. 3 & Art. 5 Ziff. 7)?

- Wie soll die Übergabe der geräumten Siedlungen an den Staat Palästina erfolgen (Art. 4 Ziff. 5)?
- Welche Waffen darf der Staat Palästina besitzen (Art. 5 Ziff. 3)?
- Wie sind die Zusammensetzung, der Aufbau, das Mandat und die Funktionen der multinationalen Präsenz auf dem „Haram al-Sharif" geregelt (Art. 6 Ziff. 5)?
- Welche juristischen Vorkehrungen für die Nutzung des jüdischen Friedhofs auf dem Ölberg unter israelischer Verwaltung sind maßgeblich (Art. 7 Ziff. 8)?
- Welche Mechanismen, mit deren Hilfe Flüchtlinge Beschwerde gegen sie betreffende Entscheidungen führen können, sollen etabliert werden (Art. 7 Ziff. 11)?
- Wie soll die Nutzung definierter Straßen erfolgen (Art. 9 Ziff. 3)?
- Welche Regelungen greifen beim Zugang zu den Heiligen Stätten (Art. 10 Ziff. 1)?

Die Absichten der Nachfolgetreffen, bei denen über die ausgesparten Teile der Vorlage diskutiert werden sollte, litten unter der Politik der Verhärtung in Israel. Hatte bei einer ersten Begegnung Machmud Abbas der Konferenz die Ehre erwiesen, so verhinderten die israelischen Sicherheitsbehörden Anfang Juni 2005 eine weitere Zusammenkunft in Jericho. Das Verbot veranlasste das palästinensische Team, von seinem israelischen Partner zu verlangen, dass er seine friedenspolitischen Anstrengungen verdopple. Dennoch schmälern die unvollständigen Teile nicht den positiven Gesamteindruck des Dokuments; man spürt, mit welcher politischen Beharrlichkeit es erstellt worden ist. Menachem Klein schrieb: „Die Unterzeichner auf beiden Seiten können eine oder zwei Abschnitte nennen, wo sie abweichende Formulierungen bevorzugt hätten. Dennoch haben sie die Vereinbarung gebilligt, oft nach ernsthaftem Zögern aufgrund der Tatsache, dass es sich um ein Paket handelt. In ihren Augen war das Paket als Ganzes wichtiger als ihre Einsprüche bei einem gesonderten Detail der Vereinbarung."

Die Autoren haben aber auch zwei „heiße Eisen" angefasst: die Einbeziehung der „Organisation der Islamischen Konferenz" für die Überwachung, Überprüfung und Unterstützung der Entscheidungen auf dem „Haram al-Sharif" und die Klärung palästinensischer Eigentumstitel im jüdischen Westteil Jerusalems; nach Schätzungen von Meron Benvenisti geht es dort um eine Größenordnung von sechzig bis siebzig Prozent der Gesamtfläche.

Offen bleibt, wie es gelingt soll, die zahlreichen Kommissionen – so der „Palästinensisch-Israelische Lenkungsausschuss" (Art, 2 Ziff. 11), die internationale „Implementierungs- und Verifizierungsgruppe" (Art. 3 Ziff. 1), der „Israelisch-Palästinensische Kooperationsausschuss" (Art. 8), die „Multinationale Truppe"

(Art. 5) und die „Internationale Kommission" (Art. 10 & 11) – zu besetzen und ihre Abstimmung untereinander zu gewährleisten. Die ausstehende Abstimmung über ihre Mandate lässt befürchten, dass der Vollzug der ihnen übertragenen Aufgaben schwer wird. Schon am Beispiel der Beobachter der „Temporary International Presence in Hebron" (TIPH) aus Dänen, Italienern, Norwegern, Schweden, Schweizern und Türken, die nach dem Hebron-Protokoll vom Januar 1997 installiert wurde, zeigt sich die alltägliche Machtlosigkeit einer internationalen „Mitwirkung", wenn sie Vorfälle lediglich protokollieren und nicht einmal zu humanitären Zwecken eingreifen darf. Das von der „Road Map" vorgesehene „Monitoring Team" kam nicht von der Stelle.

Anfänglich verzichtete das israelische Team bewusst darauf, bei der Erarbeitung des Dokuments einen Zusammenhang zwischen dem künftigen Frieden mit den Palästinensern und der Entspannung im jüdisch-arabischen Verhältnis in Israel herzustellen, obwohl zwei eminent wichtige Fragen auf die Beantwortung warten: Wie werden sich die Beziehungen zwischen den arabisch-palästinensischen Volksteilen diesseits und jenseits der künftigen Grenzen entwickeln? Bildet der noch ausstehende bürgerliche Primärstatus der israelischen Staatsbürger arabischer Volkszugehörigkeit die Voraussetzung für die friedliche Koexistenz zwischen den Staaten Israel und Palästina? Der Verzicht des israelischen Teams auf arabische Mitarbeiter wurde damit begründet, dass aufgrund des starken ethnischen Blickwinkels der jüdischen Öffentlichkeit eine arabische Beteiligung die Werbung für die Genfer Initiative erschweren und sie schließlich zum Scheitern bringen würde. Mit dieser Rechtfertigung lebte ein alter strategischer Streit wieder auf, der sich durch die Geschichte der israelisch-jüdischen Friedensgruppen seit den siebziger Jahren wie ein roter Faden zieht, zum einen: Schädigt die Mitwirkung von israelischen Arabern/Palästinensern die politische Glaubwürdigkeit von friedenspolitischen Anliegen? Zum anderen: Überträgt die Mitwirkung israelischer Araber/Palästinenser an dem Vertrag mit dem künftigen Nachbarstaat den Konflikt in die zivilgesellschaftliche Sphäre Israels?

Beilin hatte die Antwort auf den Tag des Endstatus verschieben wollen, dann würden den arabischen Bürgern umgehend die vollen demokratischen Rechte eingeräumt werden. Auch Menachem Klein verwies die Herstellung der Parität auf die Zeit nach dem Friedensschluss; er werde den Beziehungen zwischen der jüdischen Majorität und der arabischen Minorität eine neue Qualität verleihen. Ob diese Rechnungen aufgehen, steht dahin. Die Präambel der Genfer Initiative definiert Israel als jüdischen Staat mit voller arabischer Rechtsgleichheit. Aber seit Ende 2002 überlegte der Abgeordnete Azmi Bishara, die arabische Volksgruppe auf nationaler Basis zu organisieren, was als Abkehr von seiner lange vertretenen

Forderung verstanden wurde, dass Israel zum Staat aller seiner Bürger avancieren müsse. Nach einer Meinungsumfrage vom Herbst 2004 sprachen sich 77 Prozent der arabischen Bürger für eine Verfassung aus, die den früheren Prinzipien Bisharas folgt. Fast die Hälfte plädierte für die Zusammenarbeit mit „Parteien der zionistischen Linken". Seit 2004 arbeitet ein israelischer Palästinenser im Tel Aviver Büro als Verbindungsmann für arabische „community projects".

„Genf" in der internationalen, israelischen und palästinensischen Öffentlichkeit

Obwohl er selbst für den Fall einer Teilung des Landes in absehbarer Zukunft keinen Frieden mit den Palästinensern erwartete, verlangte der Kolumnist Ari Shavit im Sommer 2005 aus Gründen des nationalen Interesses den israelischen Verzicht auf die größten Teile der Westbank und des Gazastreifens, die Auflösung der meisten Siedlungen und die Gründung des palästinensischen Staates; mit weniger würde sich die Gegenseite nicht begnügen. Da ein Schlussvertrag im kommenden Jahrzehnt unwahrscheinlich sei, plädierte Shavit für eine Zwischenlösung. Sie würde die Besatzung zwar nicht beenden, sie aber einschränken. In der Überzeugung des „Haaretz"-Kolumnisten mischte sich politischer Realismus mit einer Tendenz, die Feindschaft gegen Israel als einen unumstößlichen Faktor der arabisch-palästinensischen Geschichte zu deuten, dem man nur mit der Härte des eigenen dezidierten Handelns standhalten könne, statt die Feindschaft mit langwierigen Verhandlungen zu überwinden; Chaim Arlosoroff hatte Mitte der dreißiger Jahre eine solche Einstellung mit der Bemerkung karikiert, entweder würden die Araber im zionistischen Denken gar nicht existieren, „oder sie hassen uns".

Die Politik sorgte gemeinsam mit der Publizistik für ein Meinungsklima, das auf Dauer angelegte Alternativen zum Status quo als lächerlich abtut, den guten Willen der Palästinenser grundsätzlich bezweifelt und dem eigenen Standpunkt keine weitere Legitimierung abverlangt. Der Jerusalemer Soziologe Yoram Peri bezeichnete dieses Beziehungsgeflecht als „Medienpolitik". Lawrence Davidson, Professor für die Geschichte des Nahen Ostens in West Chester, Pennsylvania, beklagte ein „geschlossenes Informationsumfeld" vieler Israelis auf Orwellschem Niveau. Nach Auffassung des Jerusalemer Kommunikationswissenschaftlers Gadi Wolfsfeld würde sich das generelle Interesse der Journalisten am Sensationalismus auf die Bitterkeit und das Leid der Siedler beschränken oder, wie der in Paris, Oslo und Genf lehrende Mediensoziologe Daniel Dayan ergänzte, auf den palästinensischen Terrorismus. Eine gewalttätige Gesellschaft habe gewalttätige Kinder, eine aggressive Gesellschaft aggressive Kinder hervorgebracht, schrieb der israelische Rechnungshof 2001. „Wir sind nur im gegenseitigen Töten professionell", fügte – nach beiden Richtungen gewandt – das Mitglied im „Likud"-Zentralkomitee Nechama Ronen hinzu, die der GI-Leitung angehört.

Mit den Abzugsplänen kehrten sich die Drohungen nach innen. Die Zahl der Warnungen vor einem tödlichen Anschlag gegen Sharon stieg, weil er nach Ansicht orthodoxer Kreise wie ein Abtrünniger die Heiligen Bücher zerrissen habe. Ende Juli 2005 verfluchten religiöse Extremisten den Regierungschef mit der aramäischen „Feuerpeitsche" („pulsa denura") und kündigten seine Tötung durch die „Engel der Zerstörung" innerhalb der nächsten dreißig Tage an; der Generalstaatsanwalt zögerte mit der Einleitung eines Verfahrens. Mitglieder der Regierung wurden als „Feiglinge eines echten Friedens" beschimpft, weil sie in pathologischer jüdischer Tradition dem Feind nachliefen. Ben-Zion Netanyahu, zu dessen ideologischer Nachfolge sich sein Sohn Benjamin bekannte, verwies auf die einstige Schwäche der jüdischen Führungen, die für die Zerstörung des Ersten und Zweiten Tempels verantwortlich seien. Mitte 1939 habe der Sieg der antizionistischen Bundisten[5] bei den jüdischen Gemeinderatswahlen in Polen dafür gesorgt, dass die dortigen Juden die heraufziehenden Gefahren des Zweiten Weltkrieges geleugnet hätten und nicht nach Palästina geflohen seien.

Da Abed Rabbo und Beilin mit ihren Begleitern Wert darauf legten, ihre Regierungen über die Ziele der Gespräche in Kenntnis zu setzen, aber keine offizielle Unterstützung erhielten, waren sie um so mehr auf Kontakte zum Ausland angewiesen. Dieses Bemühen galt für die Zeit vor dem 1. Dezember 2003, obwohl Olmert darauf hinwirkte, dass Colin Powell die GI-Delegation nicht empfing und dieser es beim Minimalprogramm einer Grußbotschaft beließ, in der er die „Atmosphäre der Hoffnung" rühmte, „in der Israelis und Palästinenser für beide Seiten akzeptable Lösungen für die schwierigen Themen diskutieren können". Nach dem Auftritt in Genf kamen Einladungen und Glückwünsche aus aller Welt hinzu. Das Schweizer Parlament bekundete seine politische Unterstützung. Für den Deutschen Bundestag leistete die „Genfer Friedensinitiative einen Beitrag zur Wiederbelebung des Roadmap-Prozesses". Dagegen kam ein Antrag von 32 Abgeordneten des US-Repräsentantenhauses, in der die Genfer Initiative und andere informelle Friedenspläne begrüßt wurden, nicht zur Abstimmung. Dagegen unterstützten Nahostexperten wie der in Harvard lehrende Sozialethiker Herbert C. Kelman das „first class stimulation agreement". Auch Martti Ahtisaari (Finnland), Carl Bildt (Schweden), Jimmy Carter (USA), Boutros Boutros-Ghali (Ägypten), Jacques Delors (Frankreich), Jiří Dienstbier (Tschechien), Hans-Dietrich Genscher (Deutschland), Michail Gorbatschow (Russland), Wim Kok

(Niederlande), Mary Robinson (Irland), Michel Rocard (Frankreich) und Franz Vranitzky (Österreich) bekannten sich in einer großformatigen Anzeige zu dem Projekt. In New York richtete das israelische GI-Team ein Verbindungsbüro zur Pflege der Kontakte zur US-amerikanischen Öffentlichkeit ein.

Trotz der politischen Hochachtung, mit der die „Genfer" in aller Welt empfangen worden sind, ließ sich nicht übersehen, dass die Kabinette eine erhebliche Zurückhaltung an den Tag legten, wenn es darum ging, die Prinzipien des Friedensplans in die eigene Politik zu integrieren und sich für sie diplomatisch aktiv zu verwenden. Für diese Scheu sind zwei ineinandergreifende Bedenken maßgeblich: Die Staatsräson beschränkt sich auf die offiziellen Beziehungen – obwohl es in der Gegenwart zahlreiche Gegenbeispiele gibt, von der Ukraine bis nach Asien –, und westliche Regierungen schrecken davor zurück, ihre eigenen politischen Überzeugungen im Blick auf den Nahen Osten mit Nachdruck zu vertreten, weil gegenüber Israel Schuldgefühle nach dem politischen Versagen während des Zweiten Weltkrieges nachwirken und die Vorstellung von Israel als der einzigen Demokratie in der Region die Oberhand behält. Sie führt dazu, zivilgesellschaftliche Debatten vor Ort nicht ernsthaft in die eigene Entscheidungsfindung einzubeziehen.

Im Herbst 2004 schrieb „Haaretz", selbst die größten Gegner der Genfer Initiative müssten einzuräumen, dass die Vorlage von einer „riesigen Medienexplosion" begleitet worden sei. Inzwischen ist die anfängliche Euphorie der nüchternen Alltagsarbeit gewichen. Aber aufgrund des Erfolgs ließen sich Behauptungen rasch widerlegen, dass „die meisten Artikel und Regelungen des Genfer Dokuments nicht einmal eine ›Vision für die Zukunft‹" seien (Moty Cristal). Eine Aussage wie diese war nicht bereit, die in beiden Gesellschaften mit Händen zu greifende Verunsicherung über die politische Zukunft als Herausforderung für grundlegende Veränderungen zu verstehen. Da nur wenige Zeitungen den realen Lebensverhältnissen der palästinensischen Bevölkerung angemessene Aufmerksamkeit schenken, lösten Fernsehproduktionen wie zuletzt Chaim Yavins mehrteilige Reihe „Land der Siedler" zwar ein publizistisches Echo aus, das aber wieder erlosch. Gideon Levy schrieb nach der Ausstrahlung in „Haaretz", dass regelmäßig ein ungewöhnliches Zusammenspiel stattfinde: von Journalisten und Redakteuren, die nichts zeigen wollten, von Zuschauern, die nichts sehen wollten, und von Regierung und Militär, die nicht wollten, dass wir es sehen – obwohl sich die Dramatik des Geschehens nur wenige Kilometer entfernt abspielt.

Wer der politischen Auseinandersetzung aus dem Weg gehen wollte, griff zu persönlichen Vorwürfen. Sie hielten Beilin die Verquickung als Exponent der auf Überparteilichkeit bedachten Genfer Initiative mit dem Amt des Vorsitzenden von

„Yachad" und ihren sechs Abgeordneten vor. Da er nicht der Knesset angehöre, falle es ihm schwer, an parlamentarischen Debatten mitzuwirken. In dieser Zwitterrolle werde er seiner politischen Führungsaufgaben nicht gerecht, zumal da er als ehemaliges Mitglied der Arbeitspartei „verbrannt" sei, als Politikintellektueller keine Massenausstrahlung habe, zu einsamen Entscheidungen neige und sich zu häufig im Ausland aufhalte. Zusätzliche Nahrung erhielten die Klagen durch innerparteiliche Diskussionen, ob die Entscheidung richtig gewesen sei, bei der Fusion zwischen „Meretz" (Yossi Sarid / Ran Cohen) und Beilins Gruppierung „Shachar" („Morgenröte") auf den Namen der Ursprungspartei zu verzichten. All dies drohte an Beilins Autorität zu zehren. Dass er als Parteivorsitzender von der Möglichkeit kräftigen Gebrauch macht, die von den Medien geradezu neurotisch abhängige Öffentlichkeit Israels zu erreichen, dass „Yachad" über beachtliche sozialpolitische Programmansätze verfügt, ohne die eine moderne Partei nicht überlebensfähig ist, und dass Beilin im August 2005 ein millionenschweres Spendenpaket vor allem in den USA organisierte, um Siedlern den Rückzug aus dem Gazastreifen durch den Verkauf ihrer Gewächshäuser und landwirtschaftlichen Nutzflächen zu erleichtern, zog allenfalls Kurznachrichten in den Medien nach sich. Dabei gehöre er, hieß es in einem durchaus wohlwollenden Beitrag, der kritische Punkte nicht unterschlug, zu den wenigen Politikern in Israel, die in der Lage seien, drei Schritte vorauszudenken. Doch seit seiner Wahl sei er für die Öffentlichkeit vom Wunderkind der israelischen Politik, vom Prinzen der politischen Linken und vom König weitreichender diplomatischer Vorstöße zum Sandsack geworden, auf den viele draufschlagen. Beilin räumte den Spagat ein: Der eine Teil der Öffentlichkeit wünsche sich eine kämpferische Opposition, der andere Teil verlange die Unterstützung Sharons; dafür müsse ein Preis bezahlt werden. In einer Massengesellschaft sind nicht „workhorses", sondern „showhorses" gefragt, bemerkte Peri im Blick auf den „medienpolitischen" Betrieb.

Bei der Verleihung des Anna Lindh-Preises in Stockholm erzählte Amira Hass im Sommer 2004, wie sie von Kollegen gewarnt worden sei, dass ihre Beiträge daheim desto irrelevanter und abwegiger registriert würden, je mehr ausländische Leser sie begrüßen. Wer sich jedoch den regelmäßigen Besichtigungstouren des Tel Aviver Büros der Genfer Initiative aus freien Stücken entlang den Zäunen und Mauern sowie um die Siedlungen anschloss – Politiker, Diplomaten, Journalisten, Mitglieder von Jugendorganisationen, Angehörige der Sicherheitsdienste, Reservisten und Geschäftsleute –, kehrte mit Eindrücken des Erschreckens oder gar der Entrüstung zurück. Internet- und Telefonkampagnen unter dem Titel „Vom Rückzug zum Vertrag, von Gaza zur Genfer Initiative" stellten die politischen Alternativen vor. Im Juli 2005 begleitete ein „Haaretz"-Reporter Beilin und sein

Team in die Entwicklungsstädte Netivot und Ofakim in den Süden und zeigte sich über die Offenheit erstaunt, mit der die „Genfer" von Kommunalpolitikern, Rabbinern, Fabrikarbeitern und Schülern empfangen wurden, die seit Jahren treue „Likud"-Wähler waren. Seitdem die Besatzung zum Ausgangspunkt jeder politischen Diskussion geworden ist, ergänzen und korrigieren diese Besuche, mit denen 45.000 Menschen erreicht worden sein sollen, die als unbefriedigend empfundene Medienberichterstattung und leisten einen Beitrag zu der Debatte, ob auf Dauer Politik gegen Bevölkerungen zu machen ist, die Anspruch auf ein Leben in sozialer Sicherheit erheben.

In der Öffentlichkeit begannen sich Neubewertungen abzuzeichnen, auch wenn zu ihrer energischen Förderung nur begrenzte personelle, organisatorische und finanzielle Mittel zur Verfügung stehen, die sich mit den eingespielten bürokratischen Apparaten sowie mit der Alimentierung der Parteien und ihrer Vorfeldorganisationen aus öffentlichen Haushalten nicht messen können. 70 Prozent der jüdischen Bevölkerung beurteilten die Chancen für einen Frieden mit den Palästinensern optimistischer als früher. In einer nicht-repräsentativen Umfrage des Büros in Tel Aviv mit der Frage „Wenn die gegenwärtige palästinensische Führung ihre Bereitschaft erklären würde, die Genfer Initiative mit der israelischen Regierung zu unterschreiben, was sollte die israelische Regierung nach Ihrer Auffassung tun?" antworteten reichlich vierzig Prozent, diese solle ohne Vorbedingungen damit beginnen; mehr als 29 Prozent verlangten palästinensische Vorleistungen wie die Distanzierung vom Terrorismus, und nur knapp siebzehn Prozent empfahlen ihrer Regierung, das Angebot vollständig zurückzuweisen. Das Büro hielt in seinem Rückblick auf die Arbeit der vergangenen zwölf Monate des Jahres 2004 fest:

„Im letzten Jahr haben wir mit Hunderten und Tausenden Bürgern gesprochen. Bei Zusammenkünften und Konferenzen, Hausbesuchen und Besichtigungstouren, persönlichen und interaktiven Begegnungen haben wir eine doppelte Botschaft verbreitet: Es gibt einen ausgearbeiteten Plan für einen Endstatus-Frieden, und es gibt einen Partner für diesen Plan auf der anderen Seite. Wir sind Sorgen, Zweifeln, Kritik und einer endlosen Kette von Fragen begegnet, aber vor allem sind wir der Hoffnung begegnet. Am Ende des ersten Jahres unserer Reise durch das Land sind wir davon überzeugt, dass die Bürger Israels voller Hoffnung sind, dass eine Vereinbarung möglich ist, die den wirklichen Interessen dieses Staates dient... Ungefähr 13.000 Personen haben sich bei uns gemeldet, um als Freiwillige zu helfen... Unsere Anzeigenkampagne in den Printmedien und auf der Website hat Millionen israelische Bürger erreicht. Heute befindet sich Israel in einem anderen politischen Kontext als vor einem Jahr. Der Ministerpräsident und seine wichtigsten Berater haben eingestanden, dass die große Unterstützung, die der Genfer Initiative zuteil geworden ist, zu den Faktoren

"Genf": Zwei Staaten für zwei Völker

gehörte, die den Abkoppelungsplan schufen. Gemäß den Meinungsumfragen glaubt die Öffentlichkeit an die Möglichkeit einer Endstatus-Vereinbarung mit den Palästinensern, und ein großer Teil der Öffentlichkeit unterstützt sogar die Prinzipien der Genfer Initiative. Die Fortsetzung des blutigen und hoffnungslosen Status quo ist nicht länger eine Option. Die Genfer Initiative hat schon einmal Einfluss genommen und steht vor der Herausforderung, zum zweitenmal Einfluss zu nehmen.

Im begonnenen Jahr [2005] werden wir uns darauf konzentrieren, [in Israel] den palästinensischen Partner vorzustellen, und dem Bedürfnis Raum geben, dass der Abkoppelungsplan in eine Endstatus-Vereinbarung übergeht. Nur [wenn es gelingt], den Weg von Gaza nach Genf zu ebnen, kann ein Ende des Konflikts erreicht werden, und dies lässt sich nur durch Verhandlungen mit unserem palästinensischen Partner realisieren. Deshalb werden wir unsere Bemühungen dahin lenken, öffentlichen Druck auf die Regierung auszuüben, damit sie mit den Palästinensern spricht und ernsthafte Verhandlungen mit ihnen führt, um einen Endstatus-Frieden zu erreichen."

In der palästinensischen Gesellschaft hat der Tod Arafats eine Aufbruchstimmung ausgelöst. Ein Aufruf von rund 150 Palästinensern des öffentlichen Lebens kritisierte unter der Überschrift „Making Peace Our Horizon" die israelische Besatzung scharf, ohne darüber den Ruf nach einer dringenden Neuordnung zu vergessen, um „alle Formen der Anarchie und des Sicherheitschaos einschließlich Angriffen oder Übernahmen von öffentlichen und privaten Böden und Eigentum, alle Arten von bewaffneten Demonstrationszügen, den Rückgriff auf Gewalt und den Einsatz von Waffen zur Begleichung interner Rechnungen und Differenzen" zu beenden. Zu den Unterzeichnern gehörten Yasser Abed Rabbo, Hanan Ashrawi, Qadura Faris, George Giacaman, Abdul Qader Husseini, Ghassan al-Khatib, Nabil Qasis, Hisham Abdel Razeq, Haydr Abd el-Shafi und sein Sohn Salach Abd el-Shafi, Hanna Seniora, Djamal Zakut, Salim Tamari und Zakaria Agha. Bislang hatte sich das unter dem Dach der „Palestinian Peace Coalition" arbeitende Büro in GI-Ramallah gegen Anschuldigungen zur Wehr setzen müssen, die nationale Einheit zu schwächen. Nun ging der neue Präsident in die Offensive: Abbas wies die Larmoyanz, wonach alle politischen Fehler der israelischen Besatzung zuzuschreiben seien, als Verschwörungstheorie zurück. Abed Rabbo und seine Mitarbeiter stellten die Förderung der Demokratie als „Hauptpfeiler für den Frieden" in den Mittelpunkt ihrer Tätigkeit. 2004 wurden Dutzende Workshops, Seminare, Sommerlager, Sportveranstaltungen und Kampagnen in Dörfern, Städten und Flüchtlingslagern für rund zehntausend Jugendliche und Multiplikatoren ausgerichtet. Für das Jahr 2005 sind Programme in derselben Größenordnung geplant worden. „Wir wollen die Jugend zur Eigenverantwortung erziehen." Abbas hat praktisch die Leitlinien der Genfer Initiative übernommen, ohne sich förmlich auf sie zu berufen.

Ende 2004 führten das „Palestinian Center for Policy and Survey Research" in Ramallah und das „Harry S. Truman Research Institute for the Advancement of Peace" an der Hebräischen Universität eine gemeinsame Umfrage mit interessanten Ergebnisse durch: Sprachen sich vor 2003 rund 47 Prozent der Israelis für den Rückzug auf die Grenzen von 1967 aus, so waren es jetzt 55 Prozent. 46 Prozent der Palästinenser unterstützten die Regelung des Flüchtlingsproblems auf der Grundlage der UN-Resolutionen 194 und 242, wenn sie von beiden Seiten gewollt werde; auf der israelischen Seite lag die Zustimmungsquote bei 44 Prozent. Ebenfalls 44 Prozent der Palästinenser unterstützten eine Regelung für Jerusalem, wenn im Ostteil die palästinensische Hauptstadt entstehe. Der „Haram al-Sharif" soll palästinensisch, die „Klagemauer" und das Jüdische Viertel israelisch werden: Bei den Israelis lag die Zustimmungsrate bei 39 Prozent. Einen demilitarisierten eigenen Staat konnten sich 27 Prozent der Palästinenser vorstellen, während 68 Prozent der Israelis den Vorschlag guthießen. Schließlich unterstützten 69 Prozent der Palästinenser die Beendigung des Konflikts im Falle der Zweistaatenlösung, auf der anderen Seite sprachen sich 76 Prozent dafür aus. Ein halbes Jahr später ermittelte eine Umfrage im Auftrag des Tel Aviver GI-Büros, dass 63 Prozent der israelischen Befragten den Beginn von Verhandlungen mit den Palästinensern über ein Schlussabkommen befürworten.

Anmerkungen

1 Interview mit Daniel Levy im „Tagesanzeiger" (Zürich), 12.3.2004.
2 Israels Inlandsgeheimdienst.
3 Machmud Darwish, geb. 1941 verließ 1948 mit seiner Familie den Norden Israels und ging nach Libanon, kehrte aber nach Haifa zurück und wurde als „anwesend Abwesender" eingestuft, so dass er zehn Jahre lang die Stadt nicht verlassen durfte, dann folgten drei Jahre Hausarrest. Seit 1970 hielt er sich ein Jahr in Moskau, zwei Jahre in Kairo und dann zehn Jahre in Beirut auf. Nach dem Massaker in Sabra und Shatila im September 1982 floh Darwish nach Tunis und ging von dort nach Paris. Nach einer Zwischenstation in Amman ging er 1996 nach Ramallah.
4 Amira Hass berichtete für „Haaretz" jahrelang aus dem Gazastreifen und jetzt aus Ramallah.
5 1897 wurde der sozialistische „Allgemeine Jüdische Arbeiterbund in Litauen, Polen und Russland" – kurz „Bund" – in Wilna gegründet. Er strebte für die dort lebenden Juden eine kulturelle Autonomie an und vertrat einen säkularen jüdischen Nationalismus. Am Vorabend des Ersten Weltkrieges trennte sich die polnische Abteilung und bildete in Warschau ein eigenes Zentralkomitee, das für die Bildung von gewerkschaftlichen Vertretungen, für zahlreiche Kultureinrichtungen und für karitative Hilfen sorgte. Nach Ausbruch des Zweiten Weltkrieges gehörte der „Bund" zu den Organisatoren des jüdischen Widerstandes gegen die deutsche Besatzung, 1948 wurde er von der Kommunistischen Partei endgültig liquidiert.

Vom Wind der Geschichte

> „Helfen Sie uns nicht, den Konflikt in Grenzen
> zu halten, sondern helfen Sie uns, ihn zu lösen[1]."

Die schweren Auseinandersetzungen, die im August 2005 die israelische Öffentlichkeit über den Abzug aus dem Gazastreifen beherrschten, vermittelten mehr denn je den Eindruck der inneren Zerrissenheit: Tausende Siedler und ihre Anhänger demonstrierten mit allen zu Gebote stehenden Mitteln gegen ihre Evakuierung, nicht zuletzt weil sie die Wiederholung des nationalen Traumas in den Zentren der Westbank befürchteten, dem Herzstück des „Heiligen Landes". Die Gegner der Siedler pochten hingegen auf politische Mehrheitsentscheidungen und gingen davon aus, dass weitere Verzichtsleistungen unumgänglich würden. Gleichsam im Vertrauen auf einen historischen Automatismus verzichteten sie auf Kundgebungen zur Demonstration ihrer Überzeugungen, die es mit den Mobilisierungskampagnen der politischen Rechten hätten aufnehmen können. Die Arbeitspartei war unter Führung von Peres, der nur auf sein politisches Überleben bedacht war, endgültig zum Schatten ihrer einstigen Führungsqualitäten geworden, Tommy Lapids „Shinui" liebäugelte mit einer neuen Parteigründung, und den sechs Abgeordneten von „Yachad" fiel es schwer, sich nachdrücklich in der Öffentlichkeit bemerkbar zu machen. Daniel Levy, Rechtsberater des israelischen GI-Teams, beklagte eine „ohrenbetäubende Ruhe".

Mit den Auftritten der Siedler registrierten breite Bevölkerungskreise erstmals Umfang und Ausmaß des Besatzungsregimes. Zwar hatten die Medien hin und wieder auf unhaltbare Zustände hingewiesen, zwar meldeten Intellektuelle, Schriftsteller, Künstler und Fachwissenschaftler schwerwiegende Bedenken an, doch an der politischen Lethargie bürgerlich-liberaler und linker Kreise änderte sich wenig. Dazu passte die Stimmung resignierter Zeitzeugen. Für sie hatte die israelische Politik besonders im Großraum Jerusalem und in der Altstadt, wo die israelische Regierung im August 2005 mitten im Moslemischen Viertel eine neue jüdische Wohnanlage und eine Synagoge mit goldener Kuppel genehmigte, eine kritische Masse an vollendeten Tatsachen geschaffen. Sie unterstützten Sharons Räumungspläne in dem reichlich sechs Prozent der palästinensischen Gebiete umfassenden Gazastreifen, die seit den siebziger Jahren immer wieder ventiliert worden waren und deren Durchsetzung nun von Shaul Mofaz empfohlen wurden, als eine historische Wende. Doch an Debatten über Szenarien für den endgültigen Ausstieg aus den Konflikt nahmen sie kaum Anteil, weil ihre nationale Identität mit der Auffassung vom Eigentumstitel an „Judäa und Samaria" zu einem Amalgam verschmolzen war. So verhielten sie sich wie Verbündete des Ministerpräsidenten, der alles in seiner Macht Stehende tun würde, damit höchstens ein territorial zerrissener palästinensischer Staat im Umfang von sechzig bis siebzig Prozent in der Westbank entstehe. Die heftige Opposition gegen seine Gaza-Pläne musste ihm sogar willkommen sein, weil sie auf internationaler Ebene den Eindruck förderte, dass der israelischen Bevölkerung nach dem emotionalen Sommerbeben keine weiteren psychischen Belastungen aus Schmerzen, Tränen und Verdammungen zuzumuten seien. Für Sharon galt es nun – so schien es bei erstem Hinsehen –, das Ende des zweiten „prächtigen Abschnitts der israelischen Geschichte" zu vermeiden.

Ein Rätselraten über Sharons politische Motive setzte ein, den Gazastreifen aufzugeben, nachdem er ursprünglich den Küstenstreifen von der Westbank hatte abtrennen wollen, damit der in Artikel 31a von „Oslo II" festgelegten Einheit zwischen beiden Territorien die politische Realisierung versagt bleibe. Die Behauptung unter Verweis auf Menachem Begin, dass einem Regierungschef der politischen Rechten schwerwiegende Entscheidungen leichter fallen, hatte viel für sich, hätte jedoch durch die Bemerkung ergänzt werden müssen, dass der israelischen Linken weltanschaulich geschlossene Konzepte fehlen, so dass sie zu politischem Wankelmut neigt. Als Versuch des argumentativen Spagats machte er sich in zahlreichen Wortmeldungen bemerkbar. So blickte Sharon für Avraham Burg, Mitglied im israelischen Leitungsgremium der Genfer Initiative, nach wie vor keinen Millimeter über den eigenen politischen Tellerrand hinaus. Dennoch begrüßte der ehemalige Parlamentspräsident die Rückzugspläne als beginnenden Abschied von Illusionen, der einen hohen Preis wert sei. Ja, betonte Ari Shavit im Rückblick, den er sich früher versagt hatte, der messianische Kolonialismus an der Küste Gazas sei sinnlos gewesen. Diese Einsicht hindert ihn indes nicht an der Empfehlung, für die Evakuierten eine siebentägige Trauer („Shiva") einzuhalten. Auch David Grossman, der aus seiner Ablehnung der Besatzungspolitik nie einen Hehl gemacht hatte, räumte ein, dass er „die menschliche und ideologische Komplexität" der Räumungen nicht leugnen könne, missbilligte aber den Missbrauch von Kindern in der Welle der Proteste und Provokationen. Im Gegensatz dazu meldete der frühere Generalstabschef Ehud Barak einen strategisch klaren Blick mit der Prophezeiung an, dass sich das Schicksal der Siedlungen in der Westbank letztendlich nicht von denen im Gazastreifen unterscheiden werde. Für den Chefkommentator von „Haaretz", Yoel Marcus, galt ebenfalls, dass die Welt keine einseitigen Grenzveränderungen hinnehmen werde. Israel müsse auf anerkannte, vereinbarte und sichere Grenzen zusteuern, ohne die es als nicht-arabisches Gemeinwesen einer tödlichen Gefahr in der Region ausgesetzt sei. Für den Militärkommentator Ze'ev Schiff waren die landwirtschaftlichen Nutzflächen und die Wasservorräten des Gazastreifens den Palästinensern entrissen und ausgeplündert worden, so dass er den Verzicht begrüßte, den er auch in der Westbank auf Israel zukommen sah. Aber große Teile der Öffentlichkeit glaubten sich nach wie vor auf den Standpunkt Sharons verlassen zu können, den er im Mai 2005 vor der Jahreskonferenz des „American Israel Public Affairs Committee" (AIPAC) in New York vorgetragen hatte:

„Die für Israel und Jerusalem wichtigen Siedlungsblöcke werden für immer und ewig bei uns bleiben, und keiner darf uns fragen warum. Was ist an Ariel, an Maaleh Adumim, an Efrat und an Kiryat Arba so wichtig, dass es sich lohnt, für sie zu sterben? Diese Frage ist für jeden Israeli wichtig, denn in den kommenden Jahren wird sich der Kampf um die Annektierung der Blöcke und Ost-Jerusalems als Kernstücken des Konflikts mit den Arabern drehen." Allein für diese Stadt sollen im Laufe der Jahre nicht weniger als 91 Papiere und Memoranden zusammengestellt worden sein. Shaul Arieli, der für die israelischen „Genfer" die Karten für die auf Jerusalem gemünzten Vorschläge gezeichnet hatte, fügte ein Zweistufenmodell hinzu, da weder Gebietsannexionen noch jüdische Wohnviertel im Ostteil den Frieden ein Stück nähergebracht hätten. Doch die Regierung ließ sich in ihrem Expansionsdrang, Maaleh Adumim durch weitere Bodenkonfiszierungen an Jerusalem anzubinden und die Westbank praktisch zu teilen, nicht beirren.

Es war dem schnelllebigen Zeitgeist zuzuschreiben, dass Sharons kompromisslose Erklärungen nicht mit einer seiner früheren Aussagen verglichen wurden, wonach die dauerhafte Beherrschung von dreieinhalb Millionen Palästinensern dem Staat innen- und außenpolitisch enormen Schaden zufüge – ein Eingeständnis, das dem Ministerpräsidenten schwergefallen sein dürfte. Denn er hatte viele Jahre lang Menschen zu einem Abenteuer ermutigt, dessen Konsequenzen ihre Urteilskraft übersteigen musste. Jetzt forderte sie der „Vater der Siedlungsbewegung" auf, die ganze Wut auf ihn zu lenken, weil er eine Kehrtwendung vollzogen hatte, deren Ursachen alles andere als neu waren, aber bisher keine Aufmerksamkeit gefunden hatten. Ungeachtet seiner Klage über den „schwersten und schmerzlichsten Schritt", der ihm Tränen in die Augen treibe, und des Bekenntnisses, „dass auch ich – wie viele andere – geglaubt habe, dass wir ewig in Netzarim und Kfar Darom bleiben können", führte er seinen politischen Schwenk auf die „sich wandelnde Realität in Israel, in der Region und in der Welt" zurück. Sie hätten ihn dazu gebracht, „die Dinge anders zu sehen und meine Position zu ändern". In seiner fünfminütigen Rundfunk- und Fernsehansprache am 15. August beklagte ein in seinem Sessel zusammengesunkener Ministerpräsident das Elend von einer Million palästinensischen Flüchtlingen in den Lagern des Gazastreifens, für die er bislang kein Wort des Mitgefühls übriggehabt hatte, ohne den Hinweis auf die Bedrohung durch ihre hohen Geburtenüberschüsse zu vergessen, und begründete den einseitigen Rückzug mit einer ungeschriebenen Vereinbarung mit der internationalen Gemeinschaft. Sharon schien eine Entwicklung vom ideologischen zum pragmatischen „Falken" vorgenommen zu haben, der „die Hand des Friedens" ausstreckte, doch darüber seine alte Formel nicht vergaß: „Auf Gewalt werden wir mit Gewalt reagieren, kräftiger denn je."

Diese Drohung erwies sich buchstäblich über Nacht als Bumerang. Der Terror aus dem Treibhaus jüdischer Extremisten machte Sharon einen Strich durch die Rechnung. Die Staatsgewalt war gezwungen, gegen eigene Bürger vorzugehen, nachdem die Verbrechen des „jüdischen Untergrundes" Mitte der achtziger Jahre, die von den Staatsorganen nur nachsichtig geahndet worden waren, Tausende Nachfolger gefunden hatten; das Urteil von Wohnungsbauminister Yitzhak Herzog (Arbeitspartei), es handele sich um „verrückte Elemente an den Rändern", griff zu kurz. Soldaten mussten mit demselben schweren Gerät vorgehen, das sie bislang nur für die Zerstörung palästinensischer Häuser eingesetzt hatten. Zum Zeichen der Ablehnung schreckten die Siedler nicht einmal vor dem Tabubruch der gänzlichen Identifizierung mit den Opfern der Shoah mit eintätowierten KZ-Nummern, „Judenstern" und der Disqualifizierung der Regierung als „Judenrat" zurück. Ausgerechnet von Kfar Darom, mit dem Sharon viele Reminiszenzen aus seiner Zeit als Kommandeur der gefürchteten „Unit 101" verbanden, ging der härteste Widerstand gegen die Zwangsräumung aus. Yossi Beilin lastete die Verantwortung auch Rabbinern und Siedlungsführern an. Dennoch sorgte er für eine internationale Spendensammlung für Entschädigungsleistungen im südlichen Gush Katif, weil die Vergabe von 12,5 Millionen US-Dollar mit der Auflage verbunden wurde, die Gewächshäuser unbeschädigt den Palästinensern zu übergeben. Die „Jerusalem Post" verwahrte sich gegen eine „messianische Theologie", die jedoch die militanten Siedler enttäuschte, weil entgegen ihren Erwartungen weder der Messias zu ihrem Gunsten intervenierte, noch brach ein Tsunami als Strafe Gottes über Israel herein. Auch der Ministerpräsident musste seine Politik nicht mit dem Tod innerhalb von dreißig Jahren bezahlen, mit dem er bedroht worden war. Der Kulturkampf, der vor Jahrzehnten als heftige Auseinandersetzung zwischen Aschkenasim und Sefardim prognostiziert worden war, hatte ein ganz anderes Gesicht angenommen – das einer antagonistischen Konfrontation zwischen messianischen Juden und Israelis, die auf den Werten der Demokratie beharren.

Die Proteste in den Siedlungen erreichten die israelischen Straßen und Plätze nicht. War daraus zu schließen, dass Sharon den Weg politischer Mehrheiten respektieren würde und daraus die Energie zu weiteren territorialen Schritten ableiten könnte, die nunmehr mit der Autonomiebehörde abzustimmen wären, wie Silvan Shalom vorsichtig ankündigte? Die verstärkte Siedlungstätigkeit besonders in und um Jerusalem sowie die Ankündigung, dass die knapp 20.000 Bewohner große Stadt Ariel „auf ewig" bei Israel bleiben würde, ließen das Gegenteil vermuten. Gleichwohl sah sich ein Kommentator zur Erinnerung an Einsteins physikalische Relativitätstheorie mit spiegelbildlichem Vorzeichen veranlasst: Die Aussagen der israelischen Politik würden sich an der Ewigkeit von Tagen messen lassen. Der Einschätzung kam historische Plausibilität zu, aber auch diesmal in umgekehrter Richtung. Nach Recherchen in diplomatischen Archiven räumte der britisch-israelische „neue Historiker" Avi Shlaim ein, dass es gewiss in jedem Land eine Kluft zwischen Rhetorik und Praxis gebe, „aber ich kenne kein Land, in dem die Kluft derart groß ist wie in Israel". Selbst die „Road Map" erfreute sich neuer Aufmerksamkeit, so dass europäische Diplomaten die Wiederaufnahme ihrer Reisetätigkeit ankündigten. Sie können allerdings nur dann mit positiven Ergebnissen rechnen, wenn sie eine selbstkritische Prüfung der bisherigen Fehlerquellen vornehmen und ihren Friedensplan auf eine realistische Grundlage stellen, zu der die Grenzziehungen entlang der „Grünen Linie" und ein effektiver „Monotoring Mechanism" gehört, um die Einhaltung der Verpflichtungen beider Parteien zu kontrollieren. Ruth Lapidoth empfahl sogar die Rückkehr zu den Osloer Vereinbarungen, weil beide Parteien ihre Zustimmung nicht widerrufen hätten.

Die Erwartung aus dem inneren Zirkel des israelischen GI-Teams mochte reinem Wunschdenken entspringen, dass Israel innerhalb von achtzehn Monaten den Rückzug auch aus der Westbank antreten werde. Aber der israelische Ministerpräsident wird in absehbarer Zeit mit den Palästinensern am Verhandlungstisch Platz nehmen, und zwar zu mehr als einer Sitzung. Denn die Ablösung vom Gazastreifen dürfte den Status quo des Nullsummenspiels beendet haben. Diese Annahme korrespondierte mit der Umfrage des „Tami Steinmetz Center for Peace Research" an der Universität Tel Aviv im Juli 2005, wonach die Evakuierungen der 25 Siedlungen für 73 Prozent der Israelis nur den ersten Schritt für große territoriale Verzichtsleistungen darstellen. Nach Berichten des Tel Aviver GI-Büros vom selben Monat befürworteten nicht weniger als 63 Prozent der Befragten den Beginn von Endstatus-Verhandlungen im Herbst, während nur zehn Prozent dafür plädierten, weiter nichts zu unternehmen. Als Beilin und sein Team zwei Entwicklungsstädte im Süden – traditionellen Hochburgen des „Likud" – besuchten, wurden sie in den Gesprächen mit den wirtschaftlich katastrophalen Konsequenzen der massiven Finanzhilfen für die Siedlungen auf dem Rücken von Lohnarbeitern und sozial Schwachen konfrontiert. Der aus einer berühmten marokkanisch-jüdischen Familie stammende Rabbiner in der Stadt Netivot im nördlichen Negev mit rund 20.000 Einwohnern behauptete, dass mit Sharon die Zehn Plagen über Israel hereingebrochen seien. Auch in Washington ließ ein Stimmungswandel aufhorchen. Anfang 2005 warnte Dennis Ross seine Regierung vor dem Glauben, die Eskalation zwischen Israelis und Palästinensern aussitzen zu können; Phantasien müssten der Vergangenheit angehören. In einem Offenen Brief forderte der ehemalige Direktor des „Jaffee Center for Strategic Studies" an der Universität Tel Aviv, Yossi Alpher, die Chefin des State Department auf, „noch ein bisschen länger" dazubleiben. Condoleezza Rice selbst beantwortete die israelische Metapher von den „schmerzhaften Kompromissen" mit der Forderung nach „harten Kompromissen". Auf dem Höhepunkt des Gaza-Abzugs ermahnte sie Sharon, dass es mit der Freigabe dieses Landstrichs nicht sein Bewenden haben dürfe; Israel müsse in diesem „dramatischen Augenblick in der Geschichte des Nahen Ostens ... weitere Schritte unternehmen". Die bedachtsame Revision spiegelte das wachsende Interesse wider, sich – wie es der ehemalige Clinton-Berater Aaron David Miller formulierte – vom „eisernen Dreieck" aus Evangelikalen, jüdischer Lobby und Neokonservativen zu befreien: den Parteien keinen Frieden aufzuerlegen, aber „sehr aktive Vorschläge" zu unterbreiten: „Wenn wir einen Machmud Abbas wollen, der seiner Führungsaufgabe gerecht wird, dann müssen wir seine Leistungsfähigkeit stärken." Gerade weil Rice über keine klaren Vorstellungen verfügen dürfte, um das Irak-Abenteuer mit seinen gewaltsamen ethnischen und religiösen Fraktionierungen ohne amerikanischen Gesichtsverlust zu beenden, muss sie wegen des eigenen Einflusses im Washingtoner Macht- und Intrigenspiel dafür sorgen, dass ihr die zahllosen vergeblichen Reisen ihrer Amtsvorgänger zu Israelis und Palästinensern erspart bleiben. Sich mit geringfügigen Fortschritten zufrieden zu geben, habe alle Seiten verwirrt und den Gegnern des Friedens in die Hände gespielt, räumte Robert Malley ein, der seit seinem Ausscheiden aus der Clinton-Administration die „International Crisis Group" leitet. Die Europäer waren vom politischen Kräftemessen weit entfernt. Sie erbringen enorme finanzielle, wirtschaftliche und technische Hilfen, aber ein politischer Beitrag hängt nach wie vor von der Abstimmung mit den USA ab. Die dafür notwendige Bereitschaft zeichnet sich in Washington nicht ab. Dazu stehen die Einbeziehung der arabischen Nachbarstaaten und damit die Annäherung zwischen Israel und Syrien auf der diplomatischen Tagesordnung. Menachem Klein hatte in Anspielung auf Shimon Peres klargestellt:

„Die Genfer Initiative schlägt keinen neuen Nahen Osten vor. Statt dessen beschreibt sie den ersten Schritt auf einer langen Reise, die das Verhältnis zwischen zwei Völkern verändern wird, die sich einander mehr als ein Jahrhundert verfolgt haben. Das Ende des Konflikts auf juristischer und diplomatischer Ebene bedeutet nicht das Ende der persönlichen Feindschaft, das Verschwinden von Gefühlen der Diskriminierung und der Ungerechtigkeit oder die Auslöschung schmerzlicher Erinnerungen. Ein diplomatischer Vertrag soll [vielmehr] sicherstellen, dass auf diesen persönlichen Spuren des Konflikts nicht weiter agiert wird und dass sie in den kommenden Jahren auf kultureller und persönlicher Ebene ins Gleichgewicht gebracht werden." Die Antwort auf dieses vorsichtige Bekenntnis, das der Durchsetzung absoluter Gerechtigkeitsprinzipien eine Absage erteilte, gab umgehend der palästinensische Außenminister. Im Interview mit „Haaretz" vom Mai 2005 bot Naser Qidwa die Bereitschaft an, Pragmatismus bei den jüdischen Siedlungen zu zeigen, wenn Israel die Grenzen von 1967 prinzipiell anerkenne; die Idee des Gebietsaustausches schimmerte durch. Auch die Regelung des Flüchtlingsproblems sei auf individueller Basis möglich, wenn gleichzeitig Lösungen für verlorenes Eigentum und deren Entschädigung gefunden würden. Qidwa fügte aber eine Warnung hinzu: „Wenn ihr [Israelis] nicht an zwei Staaten interessiert seid, werdet ihr in einem Staat für beide [Völker] enden."

Unter dem Druck der israelischen Allgegenwart in der Westbank und im Gazastreifen ermittelten palästinensische Meinungsumfragen zwischen 2003 und Mitte 2005 eine relative Minderheit zwischen rund 25 und 27 Prozent (in aufsteigender Linie) für einen „binationalen Staat" in allen Teilen Palästinas als die beste Lösung. Die Ergebnisse repräsentierten das dahinschwindende Vertrauen in die Option zweier Staaten, die durch die „Trennungsmauern" zusätzlich beschädigt wird. In der israelisch-jüdischen Bevölkerung fand die Idee eines gemeinsamen Staates mit den Palästinensern naturgemäß weit geringere Zustimmung. Modellrechnungen sagten für 2020 im Gebiet zwischen Mittelmeer und Jordansenke ein Verhältnis von sechzig zu vierzig Prozent zugunsten des arabischen Bevölkerungsteils voraus, aber schon jetzt befinden sich die Juden mit knapp fünfzig Prozent in der Minderheit. Der linksliberale Meron Benvenisti hatte schon vor Jahren unterstrichen, es gebe nichts, was die Israelis mehr erschrecken würde als die Annexion der Westbank und des Gazastreifens sowie die Garantie voller Bürgerrechte für die palästinensische Bevölkerung. Beilin hielt ein solches Gemeinwesen in tausend Jahren für möglich, bis dahin wollte er es verhindern. Der an der Universität Tel Aviv lehrende Politologe Gary Sussman fühlte sich in einer Falle zwischen Kopf und Herz, tröstete sich aber mit der Einsicht, dass man den Binationalismus nicht planen könne, sondern er entstehe durch Versäumnisse von Politik und Gesellschaft. Dem Staat Israel gab Sussman noch eine Lebensdauer von fünfzig Jahren, wenn seine Politik das Blatt nicht grundlegend wende. Dieselbe Befürchtung äußerte Avraham Burg. Da der israelischen Regierung das Interesse vom Ende ihres Staates nicht zu unterstellen ist, muss sie auf die Herausforderungen Antworten geben.

Es ist schon einige Zeit her, dass sich Sari Nusseibeh von der Entdeckung der gemeinsamen arabisch-jüdischen Geschichte ein tieferes Verständnis für den Frieden erhoffte. Da beide Völker davon weit entfernt sind, bleibt die Genfer Initiative auf lange Zeit der letzte fast verzweifelte Versuch eines Lösungsansatzes auf der Grundlage der politischen Vernunft. Mag man der These zustimmen, dass im Zeitalter der Globalisierung ein Staatsmodell auf ethnischer und religiöser Grundlage nicht überlebensfähig ist, so feiert sie doch in allen Teilen der Welt immer kleinteiligere Triumphe. Nach einhundert Jahren der Konfrontation sind weder Israelis noch Palästinenser geneigt, auf ihre nationale Selbstbehauptung zu verzichten, mag auch ihre Begründung Theorieentwürfen, die mit manchen mechanistischen Komponenten belastet sind, nicht standhalten.

Ohne Implementierungen von Vorgaben aus Genf sind neue gefährliche Etappen der Eskalation zu befürchten. Nicht allein die Islamisten werden dafür sorgen, dass die israelische Präsenz in der Westbank physisch prekär bleibt. Der Gazastreifen gehört bis auf weiteres zu Israels Hinterhof, so dass neben der Klärung seiner politischen Souveränität die wirtschaftliche Entwicklung eine entscheidende Rolle spielen wird. Dafür muss Israel einen sicheren und fortlaufenden Austausch von Menschen und Gütern mit der Westbank, den arabischen Staaten und der internationalen Gemeinschaft sicherstellen. Andererseits steht die Autonomiebehörde vor der schweren Aufgabe, die Versäumnisse der Ära Arafat zu überwinden, palästinensischen Terrorakten Einhalt zu gebieten und gleichzeitig der Wirtschaft zu einem größeren Maß an Unabhängigkeit durch Förderung mittelständischer Betriebe zu verhelfen; nur dann lässt sich die Unterordnung unter den israelischen Arbeitsmarkt allmählich lockern. Beide Parteien können sich die Wiederholung des Fiaskos der mit hohen Vorerwartungen ausgestatteten Gipfelkonferenz in Camp David nicht leisten. Machmud Abbas sei der prominenteste Repräsentant im palästinensischen Team der Genfer Initiative, ehrte der dem israelischen Leitungsteam der Genfer Initiative angehörende Brigadegeneral der Reserve Shlomo Brom den palästinensischen Präsidenten im Sommer 2005. „Verlasst unser Land in Frieden und kehrt als Touristen zurück. Dann werden wir euch mit Respekt empfangen", rief dieser den Israelis zu.

Anmerkung
1 Yossi Beilin am 1.12.2003 in Genf.

Yasser Abed Rabbo

Zeit für Genf

Mehr als vier Jahre lang hat die politische Rechte in Israel unter Führung von Ministerpräsident Ariel Sharon zur Schwächung der Friedenskräfte auf der palästinensischen und israelischen Seite beigetragen. Leider wurde sie dabei von einer uninteressierten US-Administration unterstützt.

In seiner Rede zur Amtseinführung versprach Sharon der israelischen Öffentlichkeit, dem palästinensischen Aufstand in hundert Tagen ein Ende zu setzen. Ich glaube, dass er etwas anderes meinte. Er wollte die Potentiale, die einen Friedensvertrag in der Region erreichen wollen, durch das grundlose Mantra ausschalten, dass es keinen palästinensischen Friedenspartner gebe.

Es war dieses Mantra, ergänzt durch unsere tiefe Verpflichtung, durch Verhandlungen den Konflikt zu beenden, der unser Bemühen bewirkte, die Genfer Initiative vorzustellen. Mit dieser Initiative haben wir ein Blaupause-Modell für einen Schlussvertrag auf der Grundlage zweier Staaten für zwei Völker präsentiert. Seit ihrer Vorstellung ist die Genfer Initiative ein integraler Teil der politischen Debatte in Palästina und in Israel geworden. Die Friedenslager auf beiden Seiten sahen in der Initiative das angemessene Instrument gegen die Behauptung, von Kräften der Dunkelheit auf beiden Seiten erhoben, dass es keinen Partner für den Frieden gebe, und die statt dessen für eine Situation eintrat, in der beide Völker auf ihre gegenseitige Zerstörung zusteuern.

Die Initiative kam darüber hinaus als eine direkte Botschaft – eine gemeinsame palästinensisch-israelische Botschaft – an das Quartett und den Rest der Welt. Sie erklärte, dass Frieden machbar ist und dass die beiden Parteien die Fähigkeit haben, einen Vertrag darüber zu erreichen, wie eine Schlussvereinbarung aussehen kann. Es ist deshalb kein Wunder, dass die Genfer Initiative als das einzige Zeichen der Hoffnung verstanden worden ist, ein Lichtstrahl, der sich durch den Tunnel der Dunkelheit der gewalttätigen und blutigen Kraftprobe bahnt, der die letzten viereinhalb Jahre charakterisierte.

Mehr noch: Es war die Genfer Initiative, die Ministerpräsident Sharon dazu veranlasst hat, seinen unilateralen Abkopplungsplan für den Gazastreifen und die nördlichen Teile der Westbank vorzulegen. Sein Chefberater Dov Weissglas sagte es offen, als er zugab, dass der unilaterale Abkoppelungsplan aus der israelischen Furcht vor einer wachsenden internationalen Unterstützung der Genfer Initiative geboren worden sei. Sharon war nach den Worten von Weissglas in Sorge darüber, dass internationaler Druck auf Israel auf der einen und das wachsende Phänomen der Weigerung von Soldaten, in den besetzten Gebieten Dienst zu tun, auf der anderen Seite zu katastrophalen Ergebnissen für Israel führen werde. Nachdem Israel jetzt den Gazastreifen verlassen hat, stellt sich die Frage: Was nun?

Es ist die Aufgabe all derjenigen, die den Frieden in Israel, in Palästina und in den übrigen Teilen der Welt unterstützen, zusammenarbeiten und sicherzustellen, dass Gaza zuerst niemals Gaza zuletzt wird und dass weitere Schritte unternommen werden, damit ein Schlussvertrag zwischen beiden Parteien erreicht wird. Wir sind fest davon überzeugt, dass der einzige Weg zu einem völligen Erfolg des Rückzugs aus Gaza der ist, der zu einer Zweistaatenlösung entlang der Grenzen von 1967 führt. Jedes andere Arrangement wie ein palästinensischer Staat in vorläufigen Grenzen, wie ihn Sharon vorgeschlagen hat, wird nur zu weiterer Gewalt führen. Er birgt die Zutaten für neuerliche Explosionen und harte Kraftproben zwischen beiden Seiten in sich.

Anders als die Osloer Vereinbarungen, die Schlussvereinbarungen auf einen späteren Zeitpunkt verschoben, beschreibt die Genfer Initiative die Details eines Endvertrages. Deshalb steht sie in vollem Einklang mit der dritten Phase der Road Map und mit Präsident Bushs Vision einer Zweistaatenlösung. Der Abzug aus Gaza muss der erste Schritt zur Vollendung der Road Map und der Vision von Präsident Bush sein. Der Friede kann in der Region nur durch die Schaffung eines unabhängigen und lebensfähigen palästinensischen Staates in den 67er Grenzen mit Ost-Jerusalem als Hauptstadt erreicht werden.

In diesem Kontext blicken wir Palästinenser auf den israelischen Rückzug aus dem Gazastreifen. Er ist ein wesentlicher Schritt, aber ihm müssen weitere wesentliche Schritte folgen. Erst sie schaffen eine Atmosphäre, die der Wiederaufnahme von Endstatusgesprächen förderlich ist. Nur mit Hilfe eines Vertrages können wir den Konflikt beenden, nicht durch einseitige Schritte oder Aktionen, weil diese das Ergebnis jener Gespräche präjudizieren würden. Genau deshalb sind wir Palästinenser energisch gegen Israels Trennungswall in der Westbank und gegen Israels Siedlungspolitik in der Westbank. Der Rückzug aus Gaza muss eine geschichtliche Lektion an die israelischen Siedler bilden. Wie lange auch immer sie in den besetzten Gebieten wohnen: Der D-Day für ihren Abzug wird kommen, ob unilateral wie in Gaza oder durch einen Friedensvertrag, den beide Seiten eines Tages erreichen werden.

Doch bis der Tag kommt, an dem der Endvertrag unterzeichnet wird, haben wir alle Gründe der Erde zu der Sorge, dass der israelische Rückzug aus Gaza nur der Kontrolle Israels über die Westbank dienen soll, während Ost-Jerusalem isoliert und in ein palästinensisches Ghetto verwandelt werden soll, das durch

Yasser Abed Rabbo: Zeit für Genf

Mauern und Barrieren zerrissen ist. Was Israel nach Gaza tun könnte, ist schlicht, die Westbank in isolierte Bantustans zu zerfetzen und eine ethnische Säuberung indirekt dadurch zu fördern, dass Hunderttausende Palästinenser gezwungen werden, ihre Häuser zu verlassen, um nach besseren Lebensbedingungen im Ausland Ausschau zu halten, und die Potentiale für die territoriale Einheit eines künftigen palästinensischen Staates zu zerstören. Diese Sorgen dienen weiter als Elemente des Misstrauens und werden mit Sicherheit eine neue Runde der Konfrontation auslösen. Wir alle müssen zusammenarbeiten, um ein solches apokalyptisches Szenario zu verhindern.

Unilateralismus kann niemals einen Konflikt lösen. Er mag bei der Lösung von Teilproblemen erfolgreich sein, aber wenn er es tut, sät er weitere Konflikte in späterer Zeit. Nur bilaterale Verhandlungswege und eine vereinbarte Regelung können den Konflikt beenden. Sie ist möglich. Sie ist machbar und je eher, desto besser für uns alle.

Yasser Abed Rabbo
Mitglied des Exekutivkomitees der PLO
Vorsitzender der „Palestinian Peace Coalition", Vorstand des palästinensischen Teams der Genfer Initiative
Ramallah, im August 2005

Übersetzung: *Reiner Bernstein*

Yossi Beilin

Gefragt sind kühne Initiativen

Als sich Ministerpräsident Ariel Sharon im April 2004 auf dem Rückweg von seiner historischen Begegnung mit Präsident Bush befand, gab er William Safire von der „New York Times" ein Interview. Als er darin die Logik seiner Gaza-Initiative erklärte, teilte Sharon William Safire mit, dass der Grund dafür in der breiten Unterstützung liege, welche die Genfer Initiative erhalte, so dass er das Gefühl gehabt habe, einen eigenen Plan vorzulegen.

Wenn wir Sharon glauben wollen, war Genf für die Geburt Gazas verantwortlich. Sie war ein Weg, die Konfrontation mit dem innenpolitischen Druck zu vermeiden, Genf zu übernehmen. Natürlich ist die Geschichte komplizierter, und ich glaube, dass der Gaza-Einsatz zeitlich geplant und bestimmt war, eine ganze Reihe von Themen zu vermeiden. Aber die Motive sind zweitrangig, vielmehr bildet der Vorgang selbst einen wichtigen Präzedenzfall insofern, als er die Auflösung von Siedlungen einschließt.

Natürlich reicht das nicht aus. Der einseitige Rückzug aus Gaza ist weit von einem Endstatusvertrag zwischen Israel und Palästina entfernt. Die Frage lautet deshalb, wie das Rad weitergedreht werden kann: Bewegen wir uns wieder auf Genf zu, nachdem der Gaza-Einsatz jetzt abgeschlossen ist?

Wir in Israel stehen vor einer öffentlichen und politischen Herausforderung. Doch die internationale Gemeinschaft und besonders die Europäer können eine Menge Unterstützung im Rahmen der EU und als einzelne Mitgliedsstaaten leisten.

Im Rahmen der EU sind die Europäer Mitglied des Quartetts (gemeinsam mit den USA, den Vereinten Nationen und Russland), das die Road Map erarbeitet hat. Trotz aller Rückzieher ist die Road Map das einzige anerkannte Rahmenwerk für künftige Fortschritte zwischen Israel und Palästina und muss deshalb durch eine neue und realistische Zeitleiste aktualisiert werden. Die Europäer sollten auch als Teil der Road Map bei der Zusammenstellung des Überwachungsmechanismus helfen, der dazu ermutigt und sicherstellt, dass sich beide Parteien an sie halten.

Doch die Europäer dürfen nicht die Bedeutung von Bemühungen einzelner Staaten für den Friedensprozess unterschätzen. Als Israeli wünsche ich mir und erwarte sogar von europäischen Ländern, dass sie von ihren bilateralen Beziehun-

Epilog

gen zu Israel Gebrauch machen, damit die Sache des Friedens in jeder Hinsicht gefördert wird. Dazu gehören auch kühne politische Initiativen.

Da Leser dieses Buches von Reiner Bernstein höchstwahrscheinlich Deutsche sind, füge ich hinzu, dass die besonderen Beziehungen, die unsere beiden Länder verbinden, in einen konstruktiven Dialog über die Zukunft und nicht allein über die Vergangenheit umgesetzt werden sollten. Ich habe meinen deutschen Gesprächspartnern oft gesagt, dass wahre Freundschaft nicht blinde Unterstützung und diplomatische Hängepartien auf dem Rücken dessen, was Israel auch immer tut, bedeuten darf. Sie muss statt dessen eine klarsichtige Vision und einen offenen Meinungsaustausch über Israels beste dauerhafte Interessen einschließen, die nach allen Erfahrungen die Interessen des Friedens sind.

Leser dieses Buches wissen, dass die Genfer Initiative eine Blaupause für einen dauerhaften Endstatusvertrag ist. Sie wird nach meiner Überzeugung Israels langfristige Interessen garantieren. Ich war erfreut, als der Deutsche Bundestag im Februar 2004 eine Resolution zur Unterstützung der Genfer Initiative verabschiedete. Ich bitte die deutsche Öffentlichkeit dringend, mehr darüber zu lernen.

Yossi Beilin
Vorstand des israelischen Teams der Genfer Initiative, Vorsitzender der Partei „Meretz / Yachad"
Tel Aviv, im August 2005

Übersetzung: *Reiner Bernstein*

Die israelischen und palästinensischen Akteure der Genfer Initiative

Israelisches „Steering Committee" der Genfer Initiative:

Shaul Arieli, Oberst der Reserve. Er diente als Chef der „Friedensverwaltung" in der Ära von Premier Ehud Barak. Im Rahmen der „Genfer Initiative" war er für die Entwürfe von Landkarten zuständig. „Haaretz" schrieb über ihn: „Arieli ist die Realisierung des Traums der Linken, die nach einer neuen Führung sucht. Als Oberst der Reserve ist der frühere Kommandeur der Gaza-Brigade beredt (mit einer kleinen Neigung, fremde Namen falsch auszusprechen) und ein Experte der Dinge bis ins letzte Detail." Jetzt leitet Arieli Seminare und führt Besuchergruppen an die neuralgischen Orte wie die „Trennungsmauer", wobei er sich einer einzigartigen computergestützten Datenbank bedient mit Karten und Luftaufnahmen. Außerdem gehört er dem Exekutivrat der Gruppe „Council for Peace and Security" an. Autor (gemeinsam mit Ron Pundak) des Buches „The Territorial Aspect of the Israeli-Palestinian Final Status Negotiation", Tel Aviv 2004 (Hebr.).

Arie Arnon, Wirtschaftswissenschaftler an der Universität Beersheva und Führungsmitglied von „Frieden jetzt".

Uzi Baram, ehemals Tourismusminister, Geschäftsmann.

Yossi Beilin, geb. 1947. Politologe. 1984 Wahl zum Generalsekretär der Arbeitspartei. In der Zeit der Osloer Verhandlungen war Beilin Stellvertreter von Außenminister Shimon Peres, in der Amtszeit von Peres als Ministerpräsident Finanz- und Wirtschaftsminister, in der Regierungszeit Ehud Baraks Justiz- und Religionsminister. Seit März 2004 ist Beilin Vorsitzender der Partei „Yachad" („Sozialdemokratie Israel"), einem Zusammenschluss mit „Meretz" („Energie"). Zuletzt erschien von Beilin das Buch „The Path to Geneva. The Quest for a Permanent Agreement 1996–2004", New York 2004.

Chaim Ben-Shachar, Wirtschaftswissenschaftler.

Shlomo Brom, Brigadegeneral d. R., ehemaliger stellv. Kommandeur der Strategischen Planungsabteilung der Streitkräfte und stellv. Leiter des Sicherheitsstabes von Ehud Barak. Brom gehört heute zum wissenschaftlichen Stab des „Jaffee Center for Strategic Studies" an der Universität Tel Aviv.

Avraham Burg, Mitglied der Arbeitspartei und zwischen 1999 und 2003 Präsident der Knesset. Ehemaliger Präsident der Zionistischen Weltorganisation. Zuletzt erschien von ihm das Buch „Gott ist zurückgekehrt", Tel Aviv 2004 (Hebr.).

Yoram Gabbai, ehemals Generaldirektor des Finanzministeriums.

Zvia Greenfeld, Schriftstellerin. Von ihr erschien zuletzt in Hebräisch das Buch „Sie fürchten sich", in dem sie der Ultraorthodoxie ihre Politikfähigkeit abspricht.

David Grossman, Schriftsteller. Zuletzt erschien von ihm in Deutsch der Roman „Das Gedächtnis der Haut", München 2004.

Giora Inbar, Brigadegeneral d.R. Ehemals Kommandeur der Streitkräfte in Libanon.

Doron Kadmiel, Brigadegeneral d.R. Ehemals Kommandeur der Artillerie.

David Kimche, ehemals Generaldirektor des Außenministeriums und stellvertretender Geheimdienstchef.

Menachem Klein, Senior Lecturer am „Department of Political Science" der Bar Ilan-Universität, Forschungsmitglied am „Jerusalem Institute for Israel Studies", Mitglied des Beirats der Menschenrechtsorganisation „B'tselem" („Im Angesicht", Gen. 1,27), ehemals externer Berater von Sicherheits- und Außenminister Shlomo Ben-Ami und danach Angehöriger des Beratungsteams von Ehud Barak.

Dov Lautman, Geschäftsmann.

Daniel Levy, ehemals Berater im Amt des Ministerpräsidenten Barak für Jerusalem-Angelegenheiten. Er sorgte als Jurist mit Ghaith al-Omari für den juristischen Feinschliff der GI-Texte.

Amnon Lipkin-Shachak, ehemals Generalstabschef, in der Regierungszeit Ehud Baraks Transportminister und während der Gipfelkonferenz in Camp David Mitglied von Baraks Sicherheitskabinett.

Amram Mitzna, General d.R. Ehemals Oberbürgermeister von Haifa und als Vorsitzender der Arbeitspartei Gegenkandidat Sharons bei den Wahlen 2003.

Chaim Oron, Mitglied der Knesset für „Meretz/Yachad", ehemals Minister für Landwirtschaft.

Amos Oz, Schriftsteller. Zuletzt erschien von ihm in Deutsch „Eine Geschichte von Liebe und Finsternis", Frankfurt am Main 2004.

Pundak, Ron, Direktor des „Peres Center for Peace".

Dalia Rabin (-Pelossof), Vorsitzende des „Rabin Center for Israel Studies". Ehemals Mitglied der Knesset für die Arbeitspartei und stellv. Verteidigungsministerin.

Alik Ron, ehemals Kommandeur der Polizei in der Nordregion.

Nechama Ronen, Mitglied des Zentralkomitees von „Likud", ehemals Mitglied der Knesset für diese Partei und Generaldirektorin des Umweltministeriums.

Avi Shaked, Geschäftsmann.

Gideon Sheffer, General d.R. Ehemals Direktor der Personalabteilung der Streitkräfte und Direktor des Nationalen Sicherheitsrates.

Dror Sternschuss, Public Relations-Experte.

Yuli Tamir, Professorin für Philosophie und Erziehung an der Universität Tel Aviv. Mitglied der Knesset für die Arbeitspartei. Ehemals Ministerin für Integration.

Zvia Walden, Psychophilologin.

A.B. Yehoshua, Schriftsteller.

Palästinensisches „Steering Committee" der Genfer Initiative:

Fiha Abdel-Hadi, Intellektuelle und Frauenaktivistin.

Wafa Abdel Rachman, Projektmanagerin „The Palestinian Initiative for the Promotion of Global Dialogue and Democracy" (MIFTAH).

Hisham Abdel Raseq, Minister für Gefängnisangelegenheiten, Mitglied des „Palestinian Legislative Council" (PLC) für „Fatah".

Salach Abd el-Shafi, Direktor „Gaza Community Health Program".

Samir Abdullah, Direktor „MAS Research Institute", ehemals Direktor „Palestine Trade Center" (PALTRADE) und „The Palestinian Economic Council for Development and Reconstruction" (PECDAR).

Yasser Abed Rabbo, Mitglied des Exekutivkomitees der PLO. Gründungsmitglied der „Demokratischen Union Palästinas" (FIDA), die 1990 aus der „Demokratischen Front zur Befreiung Palästinas" hervorging. Vorsitzender der „Palestinian Peace Coalition" (PPC). Abed Rabbo kehrte mit Arafat aus Tunis zurück und gehörte seit „Oslo" mehreren palästinensischen Delegationen an. Ehemals Minister für Information und Kultur sowie Minister für Kabinettsangelegenheiten in der ersten fünfmonatigen Regierungszeit von Machmud Abbas zwischen März und September 2003.

Ziad Abu-Ein, Beigeordneter des stellvertretenden Ministers für Gefängnisangelegenheiten.

Tawfiq Abu-Ghazaleh, Rechtsanwalt.

Maha Awad Abu-Shushe, Geschäftsfrau.

Reem Abushi, Direktorin „Palestinian Businesswomen's Association".

Tayseer Aruri, Dozent an der Bir Zeit-Universität, Mitglied des Zentralrats der PLO.

Haydr Awdallah, Mitglied des Politischen Büros der „Palestinian People's Party", Chefredakteur.

Liana Bader, Direktorin des Kulturministeriums, Autorin, Filmemacherin.

Terry Bullahtah, Schuldirektorin, Frauenaktivistin.

Qadura Faris, Parlamentsminister, Mitglied des „Palestinian Legislative Council" für „Fatah".

El-Abed, Samich: stellvertretender Planungsminister. Mitglied des palästinensischen Verhandlungsteams seit 1993. Er war für die Zeichnung von Karten zuständig.

Na'eem El-Ashhab, Autor und politischer Analyst.

Samir Hleileh, Vorsitzender des Direktoriums von „PALTRADE".

Mohammed Hourani, Mitglied des „Palestinian Legislative Council" für „Fatah". Als Angehöriger des „Tanzim" war er in der letzten Phase der Verhandlungen herangezogen worden, um das Dokument gegen die Kritik breiter Bevölkerungsschichten zu verteidigen.

Abdel Qader Husseini, Direktor der „Faisal Husseini Foundation".

Kamal Husseini, PR-Berater.

Basil Jaber, Vorsitzender des Ausschusses für Reformen der Palästinensischen Autonomiebehörde, ehemals Berater von Nabil Sha'ath.

Suheil Jadoun, Exekutivvorsitzender der „Commercial Bank of Palestine".

Marwan Jilani, ehemals PLO-Delegierter für die Palästinensische Studentenunion bei den Vereinten Nationen.

Radi Jir'al, stellvertretender Minister für Gefängnisangelegenheiten, ehemals Mitglied der palästinensischen Delegation bei der Friedenskonferenz in Madrid 1991.

Nazmi al-Jubeh, Jerusalem-Experte, ehemals Professor an der Bir Zeit-Universität.

Samich Khalil, Exekutivdirektor des „Al-Mashreq Insurance Company".

Sam'an Khouri, Direktor des „Peace and Democracy Forum".

Ibrahim Khreishi, Sekretär des „Trade Union Department" der PLO, ehemals Leiter der Verhandlungsabteilung der Palästinensischen Autonomiebehörde und Vorsitzender der Palästinensischen Studentenunion.

Zuhair Manassreh, Gouverneur von Bethlehem, ehemals Gouverneur von Jenin und Leiter von Arafats „Preventive Security Forces" in der Westbank. Im Genfer Team befasste er sich besonders mit Sicherheits- und Territorialfragen.

Ghaith al-Omari, Rechtsberater in Camp David und Taba. Gemeinsam mit Daniel Levy brachte er den Text der Genfer Initiative in eine vertragliche Fassung.

Nabil Qassis, Präsident der Bir Zeit-Universität, ehemals Planungsminister.

Saji Salameh, Generaldirektor des Arbeitsministeriums.

Eyad Sarraj, Vorsitzender des „Gaza Community Mental Health Program".

Ra'eda Taha, Vorsitzende des Vorstandes des „Khalil Sakanini Cultural Center".

Salim Tamari, Forschungswissenschaftler, Dozent an der Bir Zeit-Universität.

Muneef Traish, stellvertretender Bürgermeister von el-Bireh.

Djamal Zakut, ehemals Direktor des Amtes für Kabinettskoordination der Autonomiebehörde. Neben Abed Rabbo Vorsitzender der „Palestinian Peace Coalition" (PPC) mit Sitz in Gaza-City.

Am 1. Dezember 2003 haben israelische und palästinensische Persönlichkeiten die „Genfer Initiative" unterzeichnet. Mehr als zwei Jahre hatte es gedauert, bis ein Entwurf vorgelegt werden konnte, der dem Frieden zwischen beiden Völkern den Weg ebnen soll. Die immer wieder genannten Anlagen X liegen nicht vor – sie sind die großen Unbekannten in der politischen Gleichung.

Entwurf eines Abkommens über den endgültigen Status

Präambel

Der Staat Israel (nachfolgend als „Israel" bezeichnet) und die Palästinensische Befreiungsorganisation (nachfolgend als „PLO" bezeichnet) als Repräsentant des palästinensischen Volkes (nachfolgend als die „Parteien" bezeichnet):

In erneuter Bekräftigung ihrer Entschlossenheit, Jahrzehnte der Konfrontation und des Konflikts zu beenden und auf der Basis eines gerechten, dauerhaften und umfassenden Friedens in friedlicher Koexistenz, gegenseitiger Würde und Sicherheit zu leben und eine historische Versöhnung zu erreichen;

In Anerkennung der Tatsache, dass Frieden den Übergang von der Logik des Krieges und der Konfrontation zur Logik des Friedens und der Kooperation erfordert und dass Handlungen und Worte, die für den Kriegszustand charakteristisch sind, in einer Epoche des Friedens weder angebracht noch akzeptabel sind;

In Bekräftigung ihrer tiefen Überzeugung, dass die Logik des Friedens Kompromisse erfordert und dass die einzige lebensfähige Lösung eine Zwei-Staaten-Lösung auf der Basis der Resolutionen 242 und 338 des Sicherheitsrats der Vereinten Nationen (UNSC) ist;

In Bekräftigung der Tatsache, dass dieses Abkommen die Anerkennung des Rechts des jüdischen Volkes auf Eigenstaatlichkeit und die Anerkennung des Rechts des palästinensischen Volkes auf Eigenstaatlichkeit markiert, unbeschadet der gleichen Rechte der Staatsangehörigen beider Parteien;

In Anerkennung der Tatsache, dass nach jahrelangem Leben in beiderseitiger Angst und Unsicherheit beide Völker eine Epoche des Friedens, der Sicherheit und Stabilität brauchen und die Parteien folglich alle erforderlichen Handlungen unternehmen müssen, um die Verwirklichung dieser Epoche zu gewährleisten;

Entwurf eines Abkommens über den endgültigen Status 121

In gegenseitiger Anerkennung des Rechts auf friedliche und sichere Existenz in sicheren und anerkannten Grenzen, frei von Bedrohungen oder Gewaltakten;

Entschlossen, Beziehungen aufzunehmen auf der Basis von Kooperation und der Verpflichtung, Seite an Seite in guter Nachbarschaft zu leben mit dem Ziel, sowohl jeder für sich als auch gemeinsam zum Wohlergehen ihrer Völker beizutragen;

In erneuter Bekräftigung ihrer Verpflichtung, sich in Einklang mit den Normen des Völkerrechts und der Charta der Vereinten Nationen zu verhalten;

In Bestätigung der Tatsache, dass dieses Abkommen im Rahmen des im Oktober 1991 in Madrid eingeleiteten Nahost-Friedensprozesses, der Grundsatzerklärung vom 13. September 1993, der nachfolgenden Abkommen einschließlich des Interimsabkommens vom September 1995, des Wye River-Memorandums vom Oktober 1998 und des Sharm el-Sheikh-Memorandums vom 4. September 1999 sowie der Verhandlungen über einen endgültigen Status einschließlich des Camp David-Gipfels vom Juli 2000, der Ideen Clintons vom Dezember 2000 sowie der Verhandlungen in Taba vom Januar 2001 geschlossen wurde;

In abermaliger Betonung ihrer Verpflichtung gegenüber den Resolutionen 242, 338 sowie 1397 des Sicherheitsrates der Vereinten Nationen und in Bestätigung ihres Einvernehmens, dass dieses Abkommen auf der vollständigen Implementierung dieser Resolutionen basiert bzw. dazu führen wird und – durch seine Erfüllung – diese Implementierung darstellen wird und zur Beilegung des israelisch-palästinensischen Konflikts in allen seinen Aspekten führen wird;

In der Feststellung, dass dieses Abkommen die Verwirklichung der Friedenskomponente hinsichtlich des endgültigen Status darstellt, wie sie in der Rede von Präsident Bush am 24. Juni 2002 sowie im Prozess des Quartett-Friedensplans vorgesehen ist;

In der Feststellung, dass in diesem Abkommen die historische Versöhnung zwischen Palästinensern und Israelis zu sehen ist und dass es den Weg bereitet für eine Versöhnung zwischen der arabischen Welt und Israel sowie für die Aufnahme normaler und friedlicher Beziehungen zwischen den arabischen Staaten und Israel in Übereinstimmung mit den entsprechenden Klauseln der Resolution der Arabischen Liga von Beirut vom 28. März 2002; und

Entschlossen, das Ziel eines umfassenden Friedens in der Region zu erreichen und dadurch zu Stabilität, Sicherheit, Entwicklung und Wohlstand in der gesamten Region beizutragen;

sind [die Parteien] wie folgt übereingekommen:

Artikel 1 – Zweck des Abkommens über den endgültigen Status

1. Das Abkommen über den endgültigen Status (nachfolgend als „dieses Abkommen" bezeichnet) beendet die Epoche des Konflikts und leitet eine neue Epoche ein, die auf Frieden, Kooperation und gutnachbarlichen Beziehungen zwischen den Parteien basiert.

2. Die Implementierung dieses Abkommens wird alle Ansprüche der Parteien befriedigen, die aus Ereignissen vor seiner Unterzeichnung entstanden sind. Weitere Ansprüche in Bezug auf Ereignisse vor diesem Abkommen dürfen von keiner der Parteien erhoben werden.

Artikel 2 – Beziehungen zwischen den Parteien

1. Der Staat Israel erkennt den Staat Palästina (nachfolgend „Palästina" genannt) ab dessen Gründung an. Der Staat Palästina erkennt unverzüglich den Staat Israel an.

2. Der Staat Palästina ist der Nachfolger der PLO mit allen ihren Rechten und Pflichten.

3. Israel und Palästina nehmen unverzüglich volle diplomatische und konsularische Beziehungen miteinander auf und tauschen ständige Botschafter aus, und zwar innerhalb eines Monats nach ihrer gegenseitigen Anerkennung.

4. Die Parteien anerkennen Palästina und Israel als die Heimatländer ihrer jeweiligen Völker. Die Parteien verpflichten sich zur Nichteinmischung in die inneren Angelegenheiten der jeweils anderen Partei.

5. Dieses Abkommen ersetzt alle bisherigen Abkommen zwischen den Parteien.

6. Unbeschadet der von ihnen in diesem Abkommen übernommenen Verpflichtungen basieren die Beziehungen zwischen Israel und Palästina auf den Bestimmungen der Charta der Vereinten Nationen.

7. Im Hinblick auf die Förderung der Beziehungen zwischen den beiden Staaten und Völkern kooperieren Palästina und Israel in gemeinsamen Interessensbereichen. Diese umfassen unter anderen den Dialog zwischen ihren gesetzgebenden Körperschaften und staatlichen Institutionen, die Kooperation zwischen ihren jeweiligen lokalen Behörden, Förderung der Zusammenarbeit der Zivilgesellschaft auf Nicht-Regierungsebene sowie gemeinsame Programme und Austausch in den Bereichen Kultur, Medien, Jugend, Wissenschaft, Erziehung, Umwelt, Gesundheit, Landwirtschaft, Tourismus und Verbrechensverhütung. Der Ausschuss

Entwurf eines Abkommens über den endgültigen Status 123

für Israelisch-Palästinensische Kooperation wird diese Zusammenarbeit gemäß Artikel 8 überwachen.

8. Die Parteien kooperieren in gemeinsamen wirtschaftlichen Interessensbereichen, um das menschliche Potential ihrer jeweiligen Völker bestmöglich zu verwirklichen. In dieser Hinsicht werden sie bilateral, regional sowie auch mit der internationalen Gemeinschaft tätig sein, um den maximalen Nutzen des Friedens für den größtmöglichen Querschnitt ihrer jeweiligen Bevölkerungen zu erzielen. Zu diesem Zweck werden von den Parteien entsprechende ständige Gremien eingerichtet.

9. Die Parteien begründen robuste Modalitäten für die Zusammenarbeit im Sicherheitsbereich und unternehmen umfassende und fortlaufende Bemühungen zur Beendigung von Terrorismus und Gewalt, die gegen Personen, Eigentum, Institutionen oder Territorium der jeweils anderen Partei gerichtet sind. Diese Bemühungen sind kontinuierlich fortzusetzen und von allen potentiellen Krisen und anderen Aspekten der Beziehungen zwischen den Parteien zu trennen.

10. Israel und Palästina arbeiten sowohl gemeinsam als auch jeder für sich mit anderen Parteien in der Region zusammen, um die regionale Kooperation und Koordination in gemeinsamen Interessensbereichen zu stärken und zu fördern.

11. Die Parteien gründen einen Palästinensisch-Israelischen Hohen Lenkungsausschuss *(Palestinian-Israeli High Steering Committee)* auf Ministerialebene, um den Implementierungsprozess dieses Abkommens zu lenken, zu überwachen und zu erleichtern, sowohl bilateral als auch in Übereinstimmung mit den in Artikel 3 dieses Abkommens ausgeführten Mechanismen.

Artikel 3 – Implementierungs- und Verifizierungsgruppe

1. Einrichtung und Zusammensetzung

i. Hiermit wird eine Implementierungs- und Verifizierungsgruppe *(Implementation and Verification Group / IVG)* eingerichtet mit dem Zweck der Förderung, Unterstützung, Gewährleistung und Überwachung der Implementierung des Abkommens und der Lösung von Streitfällen im Zusammenhang mit seiner Implementierung.

ii. Die IVG umfasst die Vereinigten Staaten, die Russische Föderation, die EU, die Vereinten Nationen sowie andere von den Vertragsparteien zu vereinbarende regionale und internationale Parteien.

iii. Die Tätigkeit der IVG erfolgt in Koordination mit dem im vorstehenden Artikel 2 Ziff. 11 begründeten Palästinensisch-Israelischen Hohen Lenkungsausschuss sowie nachfolgend mit dem in Artikel 8 dieses Abkommens begründeten Israelisch-Palästinensischen Kooperationsausschuss *(Israeli-Palestinian Cooperation Committee / IPCC)*.

iv. Struktur, Verfahren sowie Modalitäten der IVG sind nachfolgend ausgeführt und in Anhang X im Detail aufgelistet.

2. Struktur

i. Eine Kontaktgruppe auf hoher politischer Ebene, die aus allen Mitgliedern der IVG besteht, ist das oberste Gremium innerhalb der IVG.

ii. Nach Rücksprache mit den Parteien ernennt die Kontaktgruppe einen Sonderbeauftragten, der der Sonderbeauftragte („Principal Executive") der IVG vor Ort sein wird. Der Sonderbeauftragte leitet die Arbeit der IVG und hält laufend Kontakt mit den Parteien, dem Palästinensisch-Israelischen Hohen Lenkungsausschuss sowie der Kontaktgruppe.

iii. Der ständige Sitz sowie das Sekretariat der IVG befinden sich an einem noch zu vereinbarenden Standort in Jerusalem.

iv. Die IVG gründet ihre in diesem Abkommen genannten Gremien sowie nach ihrem Gutdünken auch weitere Gremien. Diese Gremien sind ein Bestandteil der IVG, deren Autorität sie unterstehen.

v. Die in Artikel 5 gegründete Multinationale Truppe *(Multinational Force / MF)* ist ein Bestandteil der IVG. Vorbehaltlich der Zustimmung der Parteien ernennt der Sonderbeauftragte den Kommandanten der MF, der für das laufende Kommando der MF verantwortlich ist. Genaue Angaben in bezug auf den Sonderbeauftragten und den Kommandanten der Multinationalen Truppe sind in Anhang X ausgeführt.

vi. Die IVG richtet gemäß Artikel 16 einen Mechanismus zur Streitbeilegung ein.

3. Koordination mit den Parteien

Es wird ein Trilateraler Ausschuss eingerichtet, bestehend aus dem Sonderbeauftragten und dem Palästinensisch-Israelischen Hohen Lenkungsausschuss, der sich mindestens einmal monatlich treffen wird, um die Implementierung dieses

Abkommens zu überprüfen. Der Trilaterale Ausschuss tritt auf Antrag jeder der drei vertretenen Parteien innerhalb von 48 Stunden zusammen.

4. Funktionen

Zusätzlich zu den Funktionen, die an anderer Stelle in diesem Abkommen festgelegt werden, hat die IVG folgende Aufgaben:

i. Setzung entsprechender Maßnahmen auf Grundlage der von der MF vorgelegten Berichte,

ii. Unterstützung der Parteien bei der Implementierung des Abkommens und prompte Vermittlung an Ort und Stelle im Falle von Streitigkeiten.

5. Beendigung

Je nach Fortschritt bei der Implementierung dieses Abkommens und der Erfüllung der spezifischen Mandatsfunktionen beendet die IVG ihre Aktivitäten in den genannten Bereichen. Sofern von den Parteien nicht anders vereinbart, besteht die IVG weiter.

Artikel 4 – Territorium

1. Die internationalen Grenzen zwischen den Staaten Palästina und Israel

i. Gemäß den UNSC-Resolutionen 242 und 338 basiert die Grenze zwischen den Staaten Palästina und Israel auf dem Grenzverlauf vom 4. Juni 1967 mit gegenseitigen Modifikationen auf einer Basis von 1:1, wie in der beigefügten Karte 1 dargelegt.

ii. Die Parteien anerkennen die in der beigefügten Karte 1 dargestellte Grenze als die dauernde, sichere und anerkannte internationale Grenzlinie zwischen ihnen.

2. Souveränität und Unverletzlichkeit

i. Die Parteien anerkennen und respektieren ihre gegenseitige Souveränität, territoriale Integrität und politische Unabhängigkeit, ebenso wie die Unverletzlichkeit ihrer gegenseitigen Territorien, einschließlich der Hoheitsgewässer und des Luftraums. Sie respektieren diese Unverletzlichkeit gemäß diesem Abkommen, der UN-Charta sowie anderen Vorschriften des Völkerrechts.

ii. Die Parteien anerkennen die Rechte des jeweils anderen in ihren exklusiven Wirtschaftszonen gemäß dem Völkerrecht.

3. Rückzug Israels

i. Israel zieht sich gemäß Artikel 5 zurück.

ii. Palästina übernimmt die Verantwortung für die Gebiete, aus denen Israel sich zurückzieht.

iii. Der Transfer der Autorität von Israel auf Palästina erfolgt in Übereinstimmung mit Anhang X.

iv. Die IVG überwacht, überprüft und fördert die Implementierung dieses Artikels.

4. Grenzfestlegung

i. Es wird eine Gemeinsame Technische Grenzkommission eingerichtet („Kommission"), der beide Parteien angehören, um die technische Demarkation der Grenze gemäß diesem Artikel durchzuführen. Die für die Arbeit dieser Kommission maßgeblichen Verfahren sind in Anhang X ausgeführt.

ii. Alle Meinungsverschiedenheiten in der Kommission werden in Übereinstimmung mit Anhang X an die IVG verwiesen.

iii. Die physische Demarkation der internationalen Grenzen wird von der Kommission spätestens neun Monate ab dem Inkrafttreten dieses Abkommens abgeschlossen.

5. Siedlungen

i. Der Staat Israel ist verantwortlich dafür, die auf palästinensischem Hoheitsgebiet lebenden Israelis außerhalb dieses Gebiets umzusiedeln.

ii. Die Umsiedlung erfolgt gemäß dem in Artikel 5 festgesetzten Zeitplan.

iii. Bestehende Regelungen im Westjordanland und dem Gazastreifen in Bezug auf israelische Siedler und Siedlungen, einschließlich Sicherheitsregelungen, behalten in allen Siedlungen bis zu dem im Zeitplan für den Abschluss der Evakuierung der jeweiligen Siedlung vorgesehenen Datum ihre Gültigkeit.

Entwurf eines Abkommens über den endgültigen Status 127

iv. Die Modalitäten für die Übernahme von Autorität über Siedlungen durch Palästina sind in Anhang X ausgeführt. Die IVG legt alle während ihrer Implementierung eventuell entstehenden Streitigkeiten bei.

v. Israel sorgt für die Unverletztheit des unbeweglichen Vermögens, der Infrastruktur und Einrichtungen in israelischen Siedlungen, die an die palästinensische Souveränität zu übertragen sind. Zusammen mit der IVG erstellen die Parteien vor der Durchführung der Evakuierung und gemäß Anhang X ein abgestimmtes Bestandsverzeichnis.

vi. Der Staat Palästina hat das ausschließliche Eigentumsrecht an allen Ländereien und Gebäuden, Einrichtungen, an Infrastruktur oder anderem Eigentum, das in jeder der Siedlungen zu dem im Zeitplan für die Durchführung der Evakuierung dieser Siedlung festgesetzten Datum verblieben ist.

6. Korridor

i. Die Staaten Palästina und Israel errichten einen Korridor, der das Westjordanland mit dem Gazastreifen verbindet. Dieser Korridor

a. Untersteht israelischer Souveränität.

b. Ist ständig offen.

c. Befindet sich gemäß Anhang X zu diesem Abkommen unter palästinensischer Verwaltung. Personen, die diesen Korridor benutzen, sowie diesen Korridor betreffende Verfahren unterliegen palästinensischem Recht.

d. Verursacht keine Störung des israelischen Verkehrs oder anderer Infrastrukturnetze und stellt keine Gefährdung der Umwelt, öffentlichen Sicherheit oder öffentlichen Gesundheit dar. Wo dies erforderlich ist, wird nach technischen Lösungen gesucht, um solche Störungen zu vermeiden.

e. Erlaubt die Einrichtung der notwendigen Infrastruktureinrichtungen für die Verbindung zwischen dem Westjordanland und dem Gazastreifen. Als Infrastruktureinrichtungen gelten unter anderem Rohrleitungen, Kabel für Stromversorgung und Kommunikation sowie zugehörige Ausrüstungsteile, wie in Anhang X ausgeführt.

f. Darf nicht in Verletzung dieses Abkommens verwendet werden.

ii. Entlang dem Korridor werden Verteidigungssperren errichtet, und Palästinenser dürfen von diesem Korridor aus Israel nicht betreten, noch dürfen Israelis Palästina von dem Korridor aus betreten.

iii. Die Parteien bemühen sich um die Unterstützung der internationalen Gemeinschaft für die Sicherung der Finanzierung des Korridors.

iv. Die IVG garantiert die Implementierung dieses Artikels in Übereinstimmung mit Anhang X.

v. Alle zwischen den Parteien auftretenden Streitigkeiten infolge des Betriebs des Korridors werden gemäß Artikel 16 beigelegt.

vi. Die in diesem Punkt festgelegten Regelungen können nur mittels Vereinbarung beider Parteien beendet oder abgeändert werden.

Artikel 5 – Sicherheit

1. Allgemeine Sicherheitsbestimmungen

i. Die Parteien anerkennen, dass gegenseitiges Verständnis und Zusammenarbeit in Sicherheitsfragen einen wichtigen Teil ihrer bilateralen Beziehungen bilden und die Sicherheit in der Region weiter verbessern werden. Palästina und Israel stellen ihre Sicherheitsbeziehungen auf die Basis von Zusammenarbeit, gegenseitigem Vertrauen, gutnachbarlichen Beziehungen und dem Schutz ihrer gemeinsamen Interessen.

ii. Palästina und Israel

a. Anerkennen das Recht der jeweils anderen Partei auf ein Leben in Frieden innerhalb sicherer und anerkannter Grenzen, frei von der Bedrohung oder Kriegshandlungen, von Terrorismus und Gewalt;

b. Unterlassen Drohungen oder die Anwendung von Gewalt gegen die territoriale Integrität oder politische Unabhängigkeit der jeweils anderen Partei und legen alle Streitigkeiten untereinander mit friedlichen Mitteln bei;

c. Unterlassen den Beitritt zu, die Unterstützung bzw. Förderung von oder Kooperation mit jeglicher Koalition, Organisation oder jeglichem Bündnis mit militärischem oder Sicherheitscharakter, zu deren Zielen oder Aktivitäten die Durchführung aggressiver oder anderer feindlicher Handlungen gegen die jeweils andere Partei gehören;

d. Unterlassen es, die Aufstellung irregulärer Streitkräfte oder bewaffneter Gruppen, einschließlich Söldner und Milizen, in ihren jeweiligen Territorien zu organisieren, zu unterstützen oder zu gestatten, und verhindern deren Gründung. In diesem Zusammenhang werden alle existierenden irregulären Streitkräfte oder bewaffneten Gruppen aufgelöst und daran gehindert, sich zu irgendeinem späteren Zeitpunkt neu zu bilden;

e. Unterlassen es, Gewalttaten im Gebiet der oder gegen die jeweils andere Partei zu organisieren, zu unterstützen, zuzulassen oder daran teilzunehmen oder Aktivitäten hinzunehmen, die auf die Begehung solcher Handlungen ausgerichtet sind.

iii. Zur Förderung der Zusammenarbeit im Sicherheitsbereich setzen die Parteien einen Gemeinsamen Sicherheitsausschuss auf hoher Ebene ein, der zumindest einmal monatlich zusammenkommt. Der Gemeinsame Sicherheitsausschuss hat ein ständiges gemeinsames Büro und kann nach Gutdünken Unterausschüsse einsetzen, einschließlich Unterausschüsse zur unverzüglichen Beilegung lokaler Spannungen.

2. Regionale Sicherheit

i. Israel und Palästina kooperieren mit ihren Nachbarn und der internationalen Gemeinschaft beim Aufbau eines sicheren und stabilen Nahen Ostens, der frei ist von konventionellen wie auch nichtkonventionellen Massenvernichtungswaffen, im Rahmen eines umfassenden, dauerhaften und stabilen Friedens, der von Versöhnung, gutem Willen und dem Verzicht auf Gewaltanwendung gekennzeichnet ist.

ii. Zu diesem Zweck arbeiten die Parteien zusammen an der Errichtung eines regionalen Sicherheitsregimes.

3. Eigenschaften der Verteidigung des palästinensischen Staates

i. Abgesehen von den in diesem Abkommen festgelegten Streitkräften werden in Palästina keine Streitkräfte eingesetzt oder stationiert.

ii. Palästina ist ein nichtmilitärischer Staat mit starken Sicherheitskräften. Dementsprechend werden die Einschränkungen hinsichtlich der Waffen, welche die Palästinensischen Sicherheitskräfte *(Palestinian Security Force / PSF)* erwerben, besitzen oder verwenden oder die in Palästina hergestellt werden dürfen, in Anhang X festgelegt. Alle Änderungsvorschläge in Bezug auf Anhang X werden von einem trilateralen Ausschuss erörtert, der sich aus den beiden Parteien sowie der MF zusammensetzt. Falls in dem trilateralen Ausschuss keine Einigung erzielt wird, kann die IVG ihre eigenen Empfehlungen vorlegen.

iii. Vorbehaltlich gesetzlicher Bestimmungen dürfen in Palästina keine Personen oder Organisationen Waffen kaufen, besitzen, tragen oder verwenden, außer der PSF und den Organen der IVG, einschließlich der MF.

(c) Der PSF obliegen folgende Aufgaben:

i. Durchführung der Grenzüberwachung;

ii. Aufrechterhaltung der öffentlichen Ordnung und Erfüllung polizeilicher Funktionen;

iii. Erfüllung von Nachrichtendienst- und Sicherheitsfunktionen;

iv. Verhinderung von Terrorismus;

v. Durchführung von Rettungs- und Notfalleinsätzen und

vi. Ergänzung wichtiger gemeinnütziger Dienstleistungen im Bedarfsfall.

(d) Die MF überwacht und überprüft die Einhaltung dieses Punkts.

4. Terrorismus

i. Die Parteien erklären ihre Ablehnung und Verurteilung von Terrorismus und Gewalt in jeglicher Form und verfolgen eine entsprechende öffentliche Politik. Zusätzlich unterlassen die Parteien jegliche Handlungen und Vorgehensweisen, die Extremismus begünstigen und Bedingungen schaffen könnten, die den Terrorismus auf irgendeiner Seite fördern.

ii. Die Parteien unternehmen gemeinsame sowie, in ihren jeweiligen Staatsgebieten, unilaterale umfassende und kontinuierliche Anstrengungen gegen alle Arten der Gewalt und des Terrorismus. Diese Anstrengungen umfassen auch die Prävention und Vorbeugung gegen solche Handlungen sowie die Strafverfolgung der Täter.

iii. Zu diesem Zweck pflegen die Parteien fortlaufend Beratung sowie Kooperation und Informationsaustausch zwischen ihren jeweiligen Sicherheitskräften.

iv. Ein Trilateraler Sicherheitsausschuss, bestehend aus den beiden Parteien und den Vereinigten Staaten, wird gebildet, um die Implementierung dieses Artikels zu gewährleisten. Der Trilaterale Sicherheitsausschuss erarbeitet umfassende Methoden und Richtlinien zur Bekämpfung von Terrorismus und Gewalt.

5. Aufhetzung

i. Unbeschadet der freien Meinungsäußerung und anderer international anerkannter Menschenrechte veröffentlichen Israel und Palästina Gesetze zur Verhinderung der Aufhetzung zu Irredentismus, Rassismus, Terrorismus und Gewalt und sorgen für ihre wirksame Vollstreckung.

Entwurf eines Abkommens über den endgültigen Status 131

ii. Die IVG unterstützt die Parteien bei der Erstellung von Richtlinien für die Implementierung dieses Punktes und überwacht ihre Einhaltung durch die Parteien.

6. Multinationale Truppe

i. Eine Multinationale Truppe *(Multinational Force/MF)* wird aufgestellt, um Sicherheitsgarantien für die Parteien zu schaffen, als Abschreckungsmittel zu fungieren und die Implementierung der einschlägigen Bestimmungen dieses Abkommens zu überwachen.

ii. Zusammensetzung, Struktur und Größe der MF sind in Anhang X festgesetzt.

iii. Zum Zweck der Erfüllung der in diesem Abkommen festgelegten Funktionen wird die MF im Staat Palästina stationiert. Die MF schließt mit dem Staat Palästina das entsprechende Truppenstatus-Abkommen *(Status of Forces Agreement /SOFA)* ab.

iv. Entsprechend diesem Abkommen und wie in Anhang X ausgeführt, wird die MF

a. angesichts der nichtmilitärischen Beschaffenheit des palästinensischen Staates die territoriale Integrität des Staates Palästina schützen,

b. als Abschreckung gegen Angriffe von außen fungieren, die irgendeine der Parteien bedrohen könnten,

c. Beobachter in den an die israelischen Rückzugslinien angrenzenden Gebieten stationieren, während der Phasen dieses Rückzugs gemäß Anhang X,

d. Beobachter stationieren, um die Territorial- und Seegrenzen des Staates Palästina zu überwachen, wie in Artikel 5 Ziff. 13 festgelegt,

e. die in Artikel 5 Ziff. 12 festgelegten Aufgaben an den palästinensischen internationalen Grenzübergängen ausführen,

f. die in Artikel 5 Ziff. 8 festgelegten Aufgaben hinsichtlich der Frühwarnstationen ausführen,

g. die in Artikel 5 Ziff. 3 festgelegten Aufgaben ausführen,

h. die in Artikel 5 Ziff. 7 festgelegten Aufgaben ausführen,

i. die in Artikel 10 festgelegten Aufgaben ausführen,

j. bei der Durchsetzung von Anti-Terrorismus-Maßnahmen helfen,

k. bei der Schulung der PSF helfen.

v. Im Zusammenhang mit obigen Bestimmungen erstattet die MF gemäß Anhang X Bericht an die IVG und hält sie auf dem Laufenden.

vi. Ein Rückzug der MF oder eine Änderung ihres Mandats erfolgt nur im Einvernehmen der Parteien.

7. Evakuierung

i. Israel zieht, sofern nicht in Anhang X anders vorgesehen, phasenweise sein gesamtes Militär- und Sicherheitspersonal und seine Ausrüstung, einschließlich Landminen, sowie alle zu seiner Unterstützung eingesetzten Personen und alle Militärinstallationen aus dem Territorium des Staates Palästina ab.

ii. Der phasenweise Abzug beginnt unverzüglich nach dem Inkrafttreten dieses Abkommens und erfolgt entsprechend dem Zeitplan und den Modalitäten, wie in Anhang X festgelegt.

iii. Die Phasen sind nach den folgenden Grundsätzen zu gestalten:

a. die Notwendigkeit, mit sofortiger Wirkung klare Kontinuität zu schaffen und die frühzeitige Implementierung palästinensischer Entwicklungspläne zu fördern;

b. Israels Kapazität, für Umsiedlung, Wohnraumbeschaffung und Unterbringung der Siedler zu sorgen. Wenn ein solcher Vorgang auch Kosten und Schwierigkeiten mit sich bringt, dürfen diese doch nicht über Gebühr störend sein;

c. die Notwendigkeit, die Grenze zwischen den beiden Staaten zu errichten und funktionsfähig zu machen;

d. die Einführung und das effektive Funktionieren der MF, insbesondere an der Ostgrenze des Staates Palästina.

iv. Demgemäß ist der Abzug in folgenden Phasen durchzuführen:

a. Die erste Phase umfasst die Gebiete des Staates Palästina, wie in Karte X definiert, und ist innerhalb von neun Monaten abzuschließen.

b. Die zweite und dritte Phase umfassen den Rest des Territoriums des Staates Palästina und sind innerhalb von 21 Monaten ab dem Ende der ersten Phase abzuschließen.

v. Israel schließt seinen Rückzug aus dem Territorium des Staates Palästina innerhalb von 30 Monaten ab dem Inkrafttreten dieses Abkommens und in Übereinstimmung mit diesem Abkommen ab.

vi. Israel unterhält für weitere 36 Monate eine militärische Präsenz geringen Ausmaßes im Jordantal unter der Autorität der MF und entsprechend der MF-SOFA, wie in Anhang X festgelegt. Die festgesetzte Periode kann im Falle entsprechender regionaler Entwicklungen durch die Parteien überprüft werden und kann mit Zustimmung der Parteien geändert werden.

vii. Gemäß Anhang X überwacht die MF die Einhaltung dieses Punktes.

8. Frühwarnstationen

(a) Israel kann zwei Frühwarnstationen im nördlichen und zentralen Westjordanland an den in Anhang X genannten Standorten unterhalten.

(b) Die Frühwarnstationen werden mit der erforderlichen Mindestanzahl israelischen Personals besetzt und nehmen die Mindestmenge des für ihren Betrieb erforderlichen Landes in Anspruch, wie in Anhang X festgesetzt.

(c) Der Zugang zu den Frühwarnstationen erfolgt unter der Garantie und dem Geleitschutz der MF.

(d) Für die interne Sicherheit der Frühwarnstationen ist Israel verantwortlich. Für die Sicherheit des Umfeldes der Frühwarnstationen ist die MF verantwortlich.

(e) Die MF und die PSF unterhalten eine Verbindungspräsenz in den Frühwarnstationen. Die MF überwacht und überprüft, dass die Frühwarnstation für Zwecke verwendet wird, die von diesem Abkommen anerkannt werden wird, wie in Anhang X ausgeführt.

(f) Die in diesem Artikel festgelegten Regelungen sind nach zehn Jahren zu überprüfen, wobei etwaige Änderungen im gegenseitigen Einvernehmen erfolgen müssen. Danach finden alle fünf Jahre Überprüfungen statt, wobei die in diesem Artikel festgelegten Regelungen im gegenseitigen Einvernehmen verlängert werden können.

(g) Falls zu irgendeinem Zeitpunkt während des oben genannten Zeitraums ein regionales Sicherheitsregime eingerichtet wird, kann die IVG eine Überprüfung durch die Parteien beantragen, ob angesichts dieser Entwicklungen die betriebliche Nutzung für die Frühwarnstationen fortzusetzen oder abzuändern ist. Alle derartigen Änderungen erfordern das gegenseitige Einverständnis der Parteien.

9. Luftraum

(a) Zivile Luftfahrt

i. Die Parteien anerkennen, dass die Rechte, Privilegien und Verpflichtungen aus den multilateralen Luftfahrtabkommen, deren Vertragspartner sie sind, für jede der beiden Parteien gelten, insbesondere hinsichtlich der Konvention über die Internationale Zivilluftfahrt von 1944 (Chicagoer Konvention) sowie der Vereinbarung von 1944 über den Transit auf internationalen Luftverkehrslinien.

ii. Zusätzlich setzen die Parteien nach Inkrafttreten dieses Abkommens einen trilateralen Ausschuss ein, bestehend aus beiden Parteien und der IVG, um das leistungsfähigste Verwaltungssystem für die Zivilluftfahrt zu planen, einschließlich der entsprechenden relevanten Aspekte der Flugverkehrskontrolle. Falls kein Einvernehmen erreicht wird, kann die IVG ihre eigenen Empfehlungen vorlegen.

(b) Training

i. Die Israelische Luftwaffe *(Israeli Air Force / IAF)* ist berechtigt, den palästinensischen Luftraum gemäß Anhang X für Übungszwecke zu verwenden, auf der Grundlage der Vorschriften für die Nutzung des israelischen Luftraums durch die IAF.

ii. Die IVG überwacht und überprüft die Einhaltung dieses Punkts. Jede Partei kann bei der IVG Beschwerde führen, wobei deren Entscheidung endgültig ist.

iii. Die in diesem Punkt festgelegten Regelungen sind alle zehn Jahre zu überprüfen und können über Vereinbarung beider Parteien geändert oder beendet werden.

10. Elektromagnetische Sphäre

(a) Keine Partei darf die elektromagnetische Sphäre so verwenden, dass dadurch ihre Nutzung durch die andere Partei beeinträchtigt wird.

(b) Detaillierte Regelungen hinsichtlich der Nutzung der elektromagnetischen Sphäre werden in Anhang X getroffen.

(c) Die IVG überwacht und überprüft die Implementierung dieses Punkts sowie von Anhang X.

(d) Jede Partei kann Beschwerde bei der IVG führen, wobei deren Entscheidung endgültig ist.

Entwurf eines Abkommens über den endgültigen Status 135

11. Exekutivorgane

Die israelischen und palästinensischen Exekutivorgane kooperieren bei der Bekämpfung von unerlaubtem Drogenhandel, illegalem Handel mit archäologischen Artefakten oder Kunstgegenständen, grenzüberschreitender Kriminalität einschließlich Diebstahl und Betrug, organisiertem Verbrechen, Handel mit Frauen und Minderjährigen, Fälschung, Piratenfernseh- und -radiostationen sowie anderen illegalen Aktivitäten.

12. Internationale Grenzübergänge

(a) Die folgenden Regelungen gelten für Grenzübergänge zwischen dem Staat Palästina und Jordanien, dem Staat Palästina und Ägypten sowie für Flug- und Seehäfen als Einreisestellen in den Staat Palästina.

(b) Alle Grenzübergänge werden von gemeinsamen Teams überwacht, denen Mitglieder der PSF und der MF angehören. Diese Teams verhindern die Einfuhr nach Palästina von jeglichen Waffen, Materialien oder Ausrüstungsgegenständen, welche die Bestimmungen dieses Abkommens verletzen.

(c) Die Vertreter der MF und die PSF sind befugt, sowohl gemeinsam als auch jeder für sich die Einfuhr aller derartigen Gegenstände nach Palästina zu verhindern. Falls es zu irgendeinem Zeitpunkt hinsichtlich der Einführung von Waren oder Materialien zu einer Meinungsverschiedenheit zwischen der PSF und den Vertretern der MF kommt, kann die PSF die Angelegenheit vor die IVG bringen, die binnen 24 Stunden eine bindende Entscheidung zu treffen hat.

(d) Diese Regelung ist von der IVG nach fünf Jahren zu überprüfen, um ihre Fortsetzung, Änderung oder Beendung zu beschließen. Danach kann die palästinensische Partei die jährliche Durchführung einer solchen Überprüfung beantragen.

(e) In Passagierterminals kann Israel dreißig Monate lang unter Verwendung geeigneter Technologie eine unsichtbare Präsenz in einer bestimmten Einrichtung vor Ort unterhalten, deren Personal aus Mitgliedern der MF und Israelis besteht. Die israelische Seite kann verlangen, dass die MF-PSF weitere Inspektionen durchführen und entsprechende Handlungen vornehmen.

(f) Während der darauf folgenden zwei Jahre werden diese Vorkehrungen unter Verwendung geeigneter Technologie in einer speziell dafür vorgesehenen Einrichtung in Israel fortgesetzt. Dies darf keine Verzögerungen verursachen, die über die in diesem Punkt beschriebenen Verfahren hinausgehen.

(g) In Frachtterminals kann Israel dreißig Monate lang unter Verwendung geeigneter Technologie eine unsichtbare Präsenz in einer bestimmten Einrichtung vor Ort unterhalten, deren Personal aus Mitgliedern der MF und Israelis besteht. Die israelische Seite kann verlangen, dass die MF-PSF weitere Inspektionen durchführen und entsprechende Handlungen vornehmen. Falls die israelische Seite mit dem Vorgehen der MF-PSF nicht zufrieden ist, kann sie verlangen, dass die Fracht bis zur Entscheidung durch einen Inspektor der MF zurückgehalten wird. Die Entscheidung des MF-Inspektors ist bindend und endgültig und hat binnen zwölf Stunden ab dem Zeitpunkt der israelischen Beschwerde zu erfolgen.

(h) Während der darauf folgenden drei Jahre werden diese Vorkehrungen unter Verwendung geeigneter Technologie von einer speziell vorgesehenen Einrichtung in Israel fortgesetzt. Dies darf keine Verzögerungen verursachen, die über die in diesem Punkt angegebenen zeitlichen Richtlinien hinausgehen.

(i) Ein trilateraler Ausschuss auf hoher Ebene, bestehend aus Vertretern Palästinas, Israels und der IVG, tagt in regelmäßigen Abständen, um die Anwendung dieser Verfahren zu überwachen und etwaige Unregelmäßigkeiten zu korrigieren, und kann auch auf Antrag zusammentreten.

(j) Die Einzelheiten obiger Bestimmungen sind in Anhang X ausgeführt.

13. Grenzkontrolle

(a) Die PSF führt die Grenzkontrolle, wie in Anhang X angegeben, durch.

(b) Die MF überwacht und überprüft die Durchführung der Grenzkontrolle durch die PSF.

Artikel 6 – Jerusalem

1. Religiöse und kulturelle Bedeutung

(a) Die Parteien erkennen die universelle historische, religiöse, spirituelle und kulturelle Bedeutung von Jerusalem und seiner Heiligkeit für das Judentum, das Christentum und den Islam an. In Anerkennung dieses Status bekräftigen die Parteien erneut ihre Verpflichtung, Charakter, Heiligkeit und Freiheit der Religionsausübung in der Stadt zu gewährleisten und die existierende Aufteilung der Verwaltungsaufgaben und der traditionellen Praktiken unter den verschiedenen Konfessionen zu respektieren.

(b) Die Parteien errichten ein interkonfessionelles Gremium aus Vertretern der drei monotheistischen Religionen, um als Beratungsgremium für die Parteien in

Entwurf eines Abkommens über den endgültigen Status 137

Angelegenheiten zu fungieren, die in Verbindung mit der religiösen Bedeutung der Stadt stehen, und um das Verständnis und den Dialog zwischen den Religionen zu fördern. Zusammensetzung, Verfahren und Modalitäten für dieses Gremium sind in Anhang X beschrieben.

2. Hauptstadt zweier Staaten

Die Parteien haben ihre gegenseitig anerkannten Hauptstädte in den Gebieten von Jerusalem unter ihrer jeweiligen Souveränität.

3. Souveränität

Die Souveränität in Jerusalem entspricht der beigefügten Karte 2. Dies beeinträchtigt die unten genannten Regelungen nicht und wird auch nicht von ihnen beeinträchtigt.

4. Grenzregime

Das Grenzregime wird entsprechend den Bestimmungen des Artikels 11 eingerichtet und berücksichtigt die besonderen Bedürfnisse Jerusalems (zum Beispiel Touristenbewegung und Intensität der Nutzung von Grenzübergängen, einschließlich der Bestimmungen für Jerusalemer) sowie die Bestimmungen dieses Artikels.

5. al-Haram al-Sharif / Tempelberg (Komplex)

(a) **Internationale Gruppe:**

i. Eine Internationale Gruppe, bestehend aus der IVG und anderen von den Parteien zu vereinbarenden Parteien, einschließlich Mitglieder der Organisation der Islamischen Konferenz *(Organization of the Islamic Conference / OIC)* wird hiermit zwecks Überwachung, Überprüfung und Unterstützung der Implementierung dieses Punktes eingesetzt.

ii. Zu diesem Zweck errichtet die Internationale Gruppe eine multinationale Präsenz in dem Komplex, deren Zusammensetzung, Aufbau, Mandat und Funktionen in Anhang X ausgeführt sind.

iii. Die multinationale Präsenz hat spezialisierte Abteilungen, die sich mit Sicherheit und Erhaltung befassen. Die multinationale Präsenz erstattet der Internationalen Gruppe periodische Erhaltungs- und Sicherheitsberichte. Diese Berichte sind zu veröffentlichen.

iv. Die multinationale Präsenz ist bemüht, alle auftretenden Probleme unverzüglich zu lösen, und kann alle ungelösten Streitigkeiten an die Internationale Gruppe weiterleiten, die gemäß Artikel 16 vorgehen wird.

v. Die Parteien können jederzeit Klarstellungen fordern oder bei der Internationalen Gruppe Beschwerde führen, die unverzüglich eine Untersuchung durchführen und Handlungen vorsehen wird.

vi. Die Internationale Gruppe erarbeitet Vorschriften und Verordnungen, um für die Sicherheit im Komplex und die Erhaltung des Komplexes zu sorgen. Diese beinhalten Listen von Waffen und Ausrüstung, die auf dem Gelände erlaubt sind.

(b) Verordnungen für den Komplex:

i. Angesichts der Heiligkeit des Komplexes und in Anbetracht der einzigartigen religiösen und kulturellen Bedeutung der Stätte für das jüdische Volk werden in dem Komplex keine Grabungen, Ausschachtungen oder baulichen Aktivitäten durchgeführt, sofern dies nicht von beiden Parteien genehmigt wurden. Verfahren für regelmäßige Instandhaltung und Notfallreparaturen im Komplex werden von der IG nach Rücksprache mit den Parteien eingerichtet.

ii. Der Staat Palästina ist verantwortlich dafür, die Sicherheit des Komplexes aufrechtzuerhalten und zu gewährleisten, dass er nicht für feindliche Handlungen gegen Israelis oder israelische Gebiete verwendet wird. Die einzigen Waffen, die im Komplex erlaubt sind, sind die des palästinensischen Sicherheitspersonals und der Sicherheitsabteilung der multinationalen Präsenz.

iii. In Anbetracht der universellen Bedeutung des Komplexes und vorbehaltlich der Sicherheitserwägungen und der Notwendigkeit, die Religionsausübung nicht zu stören oder die vom Waqf[1] für die Stätte festgelegten Anstandsregeln nicht zu verletzen, wird Besuchern der Zutritt zu der Stätte gestattet. Dies erfolgt ohne jegliche Diskriminierung und entspricht im Allgemeinen der bisherigen Vorgangsweise.

(c) Transfer der Autorität:

i. Am Ende der in Artikel 5 Ziff. 7 festgelegten Abzugsperiode übernimmt der Staat Palästina die Souveränität über den Bezirk.

ii. Sofern von den beiden Parteien nicht anders vereinbart, bestehen die Internationale Gruppe und ihre Hilfsorgane weiter und erfüllen weiter alle in diesem Artikel festgelegten Funktionen.

6. Die Klagemauer

Die Klagemauer steht unter israelischer Souveränität.

7. Die Altstadt

(a) Bedeutung der Altstadt:

i. Die Parteien betrachten die Altstadt als ein Ganzes mit einzigartigem Charakter. Die Parteien vereinbaren, dass die Erhaltung dieses einzigartigen Charakters zusammen mit der Sicherung und Förderung des Wohlergehens der Bewohner für die Verwaltung der Altstadt bestimmend sein muss.

ii. Die Parteien handeln gemäß den Vorschriften der Weltkulturerbe-Liste der UNESCO, in welche die Altstadt aufgenommen wurde.

(b) Rolle der IVG in der Altstadt

i. Kulturelles Erbe:

1. Die IVG überwacht und überprüft die Erhaltung des kulturellen Erbes in der Altstadt gemäß den Vorschriften der UNESCO-Weltkulturerbe-Liste. Zu diesem Zweck hat die IVG freien und ungehinderten Zugang zu Bereichen, Dokumenten und Informationen, die mit der Erfüllung dieser Aufgabe in Zusammenhang stehen.

2. Die IVG arbeitet in enger Koordination mit dem Altstadtausschuss des Koordinations- und Entwicklungsausschusses für Jerusalem *(Old City Committee of the Jerusalem Coordination and Development Committee / JCDC)* zusammen, unter anderem bei der Erstellung eines Restaurierungs- und Erhaltungsplans für die Altstadt.

ii. Polizei:

1. Die IVG setzt eine Polizeieinheit für die Altstadt ein *(Old City Policing Unit / PU)* zwecks Verbindung mit, Koordination zwischen und Unterstützung der palästinensischen und israelischen Polizei in der Altstadt, Entschärfung lokaler Spannungen und Hilfe bei der Beilegung von Streitigkeiten sowie für die Durchführung polizeilicher Aufgaben an den in Anhang X spezifizierten Orten und gemäß den in Anhang X ausgeführten Einsatzverfahren.

2. Die PU erstattet der IVG periodisch Bericht.

c. Jede Partei kann im Zusammenhang mit diesem Punkt bei der IVG Beschwerde führen, die unverzüglich gemäß Artikel 16 zu handeln hat.

(c) **Freie Fortbewegung innerhalb der Altstadt:**

Die Fortbewegung innerhalb der Altstadt ist frei und ungehindert, vorbehaltlich der Bestimmungen dieses Artikels und der Vorschriften und Verordnungen betreffend die verschiedenen heiligen Stätten.

(d) **Zutritt zur bzw. Verlassen der Altstadt:**

i. Eingangs- und Ausgangsstellen der Altstadt werden von den Behörden desjenigen Staates mit Personal besetzt, unter dessen Souveränität sich die Stelle befindet, wobei auch Mitglieder der PU anwesend sind, sofern nicht anders festgelegt.

ii. Um den Zugang innerhalb der Altstadt zu erleichtern, unternimmt jede Partei an den Eingangsstellen in ihr Staatsgebiet die zur Erhaltung der Sicherheit in der Altstadt erforderlichen Maßnahmen. Die PU überwacht den Betrieb der Eingangsstellen.

iii. Staatsangehörige beider Parteien dürfen von der Altstadt aus nicht das Staatsgebiet der anderen Partei betreten, sofern sie nicht im Besitz der entsprechenden Dokumente sind, die sie dazu berechtigen. Touristen dürfen von der Altstadt aus nur das Staatsgebiet jener Partei betreten, für das sie eine gültige Einreisegenehmigung besitzen.

(e) **Aussetzung, Beendigung, Erweiterung:**

i. Jede Partei kann die in Artikel 6 Ziff. 7/iii festgelegten Regelungen in Notfällen für eine Woche aussetzen. Die Verlängerung einer solchen Aussetzung über eine Woche hinaus erfolgt nach Rücksprache mit der anderen Partei und der IVG in dem laut Artikel 3 Ziff. 3 gegründeten Trilateralen Ausschuss.

ii. Dieser Punkt ist nicht auf die in Artikel 6 Ziff. 7/vi festgelegten Regelungen anwendbar.

iii. Drei Jahre nach dem Transfer der Autorität über die Altstadt überprüfen die Parteien diese Regelungen. Diese Regelungen können nur über Vereinbarung der Parteien beendet werden.

iv. Die Parteien prüfen die Möglichkeit, diese Regelungen über die Altstadt hinaus zu erweitern, und können einer solchen Erweiterung zustimmen.

(f) **Sonderregelungen:**

i. Entlang dem in Karte X eingezeichneten Weg (vom Jaffator zum Zionstor) gibt es ständige und garantierte Regelungen für Israelis hinsichtlich Zugang, Bewegungsfreiheit und Sicherheit, wie in Anhang X festgelegt.

Entwurf eines Abkommens über den endgültigen Status

1. Die IVG ist für die Implementierung dieser Regelungen verantwortlich.

ii. Unbeschadet der palästinensischen Souveränität entspricht die israelische Verwaltung der Zitadelle der Beschreibung in Anhang X.

(g) Farbkodierung der Altstadt:

In der Altstadt wird ein sichtbares Farbkodierungsschema verwendet, um die souveränen Gebiete der jeweiligen Parteien zu kennzeichnen.

(h) Polizei:

i. Eine vereinbarte Zahl israelischer Polizisten bildet das israelische Polizeiaufgebot für die Altstadt und ist verantwortlich für die Aufrechterhaltung der Ordnung und die täglichen Polizeiaufgaben in dem Gebiet unter israelischer Souveränität.

ii. Eine vereinbarte Zahl palästinensischer Polizisten bildet das palästinensische Polizeiaufgebot für die Altstadt und ist verantwortlich für die Aufrechterhaltung der Ordnung und die täglichen Polizeiaufgaben in dem Gebiet unter palästinensischer Souveränität.

iii. Spezielle Schulungen aller Mitglieder der israelischen und palästinensischen Polizeiaufgebote für die Altstadt, einschließlich gemeinsamer Trainingsübungen, sind von der PU durchzuführen.

iv. Ein spezieller Raum *(Joint Situation Room)*, unter der Leitung der PU und unter Einbeziehung von Mitgliedern der israelischen und palästinensischen Polizeiaufgebote für die Altstadt, fördert die Verbindung in allen relevanten Polizei- und Sicherheitsangelegenheiten in der Altstadt.

(i) Waffen:

In der Altstadt darf niemand Waffen tragen oder besitzen, mit Ausnahme der in diesem Abkommen vorgesehenen Polizeikräfte. Zusätzlich kann jede Partei schriftliche Sondergenehmigungen für das Tragen oder den Besitz von Waffen in Gebieten erteilen, die unter ihre Souveränität fallen.

(j) Nachrichtendienst und Sicherheit:

i. Die Parteien begründen eine intensive Zusammenarbeit in Bezug auf den Nachrichtendienst in der Altstadt, einschließlich der unverzüglichen gegenseitigen Benachrichtigung über etwaige Bedrohungen.

ii. Zur Förderung dieser Kooperation wird ein trilateraler Ausschuss eingesetzt, der aus den beiden Parteien sowie Vertretern der Vereinigten Staaten besteht.

8. Friedhof auf dem Ölberg

(a) Das in Karte X eingezeichnete Gebiet (der jüdische Friedhof auf dem Ölberg) befindet sich unter israelischer Verwaltung; israelisches Recht gilt für Personen, die dieses Gebiet benutzen, und Verfahren, die sich auf dieses Gebiet beziehen, in Übereinstimmung mit Anhang X.

i. Eine festgelegte Straße gewährleistet freien, unbeschränkten und ungehinderten Zugang zu dem Friedhof.

ii. Die IVG überwacht die Implementierung dieses Punkts.

iii. Diese Regelung kann nur über Vereinbarung beider Parteien beendet werden.

9. Besondere Regelungen für Friedhöfe

In den beiden in Karte X bezeichneten Friedhöfen (Zionsberg-Friedhof und Friedhof der Deutschen Kolonie) sind Regelungen zu treffen, um die Weiterführung der derzeitigen Bräuche im Zusammenhang mit Begräbnissen und Friedhofsbesuchen zu erleichtern und zu gewährleisten, einschließlich Erleichterung des Zugangs.

10. Der Westmauer-Tunnel

(a) Der in Karte X bezeichnete Westmauer-Tunnel befindet sich unter israelischer Verwaltung, einschließlich folgender Punkte:

i. Unbeschränkter israelischer Zugang sowie Recht auf Religionsausübung und Durchführung religiöser Bräuche.

ii. Verantwortlichkeit für die Erhaltung und Instandhaltung der Stätte gemäß diesem Abkommen und ohne Beschädigung der oben genannten Bauten, unter Aufsicht der IVG.

iii. Überwachung durch die israelische Polizei.

iv. Kontrolle durch die IVG.

v. Der nördliche Ausgang des Tunnels ist nur für dessen Verlassen zu verwenden und darf nur im Notfall geschlossen werden, wie in Artikel 6 Ziff. 7 festgelegt.

(b) Diese Regelung kann nur mittels Vereinbarung beider Parteien beendet werden.

Entwurf eines Abkommens über den endgültigen Status 143

11. Kommunale Koordination

(a) Die beiden Stadtgemeinden Jerusalems bilden einen Koordinations- und Entwicklungsausschuss für Jerusalem *(Jerusalem Coordination and Development Committee / JCDC)*, um die Zusammenarbeit und Koordination zwischen dem palästinensischen Stadtrat Jerusalems und dem israelischen Stadtrat Jerusalems zu beaufsichtigen. Der JCDC und seine Unterausschüsse bestehen aus je der gleichen Anzahl von Repräsentanten aus Palästina und Israel. Jede Seite ernennt Mitglieder für den JCDC und seine Unterausschüsse entsprechend ihren eigenen Modalitäten.

(b) Der JCDC sorgt dafür, dass die Koordination der Infrastruktur und der Dienstleistungen die Einwohner Jerusalems bestmöglich versorgt und die wirtschaftliche Entwicklung der Stadt zum allgemeinen Nutzen fördert. Der JCDC unterstützt den Dialog und die Versöhnung zwischen den Gemeinschaften.

(c) Der JCDC hat die folgenden Unterausschüsse:

i. einen Planungs- und Bebauungsausschuss, um die vereinbarten Planungs- und Bebauungsverordnungen in den in Anhang X bezeichneten Gebieten zu gewährleisten;

ii. einen Wasser-Infrastrukturausschuss für Angelegenheiten betreffend Trinkwasserversorgung, Kanalisation und Abwassersammlung und -aufbereitung;

iii. einen Verkehrsausschuss, um wesentliche Verbindungen zwischen den beiden Straßensystemen, deren Kompatibilität und andere verkehrsbezogene Probleme zu koordinieren;

iv. einen Umweltausschuss zur Behandlung von Umweltfragen, welche die Lebensqualität in der Stadt beeinflussen, einschließlich Abfallbehandlung;

v. einen Wirtschafts- und Entwicklungsausschuss, um Pläne für die wirtschaftliche Entwicklung in gemeinsamen Interessensbereichen auszuformulieren, einschließlich der Bereiche Verkehr, kommerzielle Zusammenarbeit an den Nahtlinien sowie Fremdenverkehr;

vi. einen Ausschuss für Polizei und Notfallsdienste, um die Maßnahmen zur Aufrechterhaltung der öffentlichen Ordnung und Verbrechensverhütung sowie die Versorgung mit Notfallsdiensten zu koordinieren;

vii. einen Altstadtausschuss, um die gemeinsame Versorgung mit den relevanten kommunalen Dienstleistungen und anderen in Artikel 6 Ziff. 7 festgelegten Funktionen zu planen und zu koordinieren;

viii. andere Ausschüsse, wie im JCDC vereinbart.

12. Israelischer Wohnsitz palästinensischer Jerusalemer

Palästinensische Jerusalemer, die gegenwärtig ihren ständigen Wohnsitz in Israel haben, verlieren diesen Wohnsitz-Status, sobald die Autorität über die Gebiete, in denen sie ansässig sind, auf Palästina übergeht.

13. Transfer der Autorität

In bestimmten sozioökonomischen Bereichen wenden die Parteien Zwischenmaßnahmen an, um den vereinbarten raschen und geordneten Transfer von Befugnissen und Verpflichtungen von Israel auf Palästina zu gewährleisten. Dies erfolgt so, dass die erworbenen sozioökonomischen Rechte der Bewohner von Ost-Jerusalem erhalten bleiben.

Artikel 7 – Flüchtlinge

1. Bedeutung des Flüchtlingsproblems

(a) Die Parteien anerkennen, dass im Kontext von zwei unabhängigen Staaten, Palästina und Israel, die nebeneinander in Frieden leben, eine abgestimmte Lösung des Flüchtlingsproblems erforderlich ist, um einen gerechten, umfassenden und dauerhaften Frieden zwischen ihnen zu erzielen.

(b) Eine derartige Lösung wird auch zentral für den Aufbau der Stabilität und die Entwicklung in der Region sein.

2. UNGAR[2] 194, UNSC-Resolution 242 sowie die arabische Friedensinitiative

(a) Die Parteien anerkennen, dass UNGAR 194, die UNSC-Resolution 242 und die arabische Friedensinitiative (Artikel 2.ii) betreffend die Rechte der palästinensischen Flüchtlinge die Grundlage für die Lösung der Flüchtlingsfrage darstellen, und vereinbaren, dass diese Rechte gemäß Artikel 7 dieses Abkommens erfüllt werden.

3. Kompensation

(a) Die Flüchtlinge haben ein Anrecht auf eine Kompensation für ihr Flüchtlingsdasein und für den Verlust von Eigentum. Dies gilt freibleibend und unabhängig vom ständigen Wohnort des Flüchtlings.

(b) Die Parteien anerkennen das Recht der Staaten, welche palästinensische Flüchtlinge aufgenommen haben, auf Vergütung.

4. Wahl des ständigen Wohnortes *(Permanent Place of Residence / PPR)*

Die Lösung des PPR-Aspektes des Flüchtlingsproblems erfolgt mittels eines auf Information gründenden Entscheidungsakts des Flüchtlings, die entsprechend den in diesem Abkommen dargelegten Optionen und Modalitäten zu erfolgen hat. Die Flüchtlinge können unter folgenden PPR-Optionen wählen:

(a) der Staat Palästina in Übereinstimmung mit nachstehendem Punkt i;

(b) Gebiete in Israel, die im Landtausch nach der Übernahme der palästinensischen Souveränität an Palästina transferiert werden, in Übereinstimmung mit nachstehendem Punkt i;

(c) Drittländer in Übereinstimmung mit nachstehendem Punkt ii;

(d) der Staat Israel in Übereinstimmung mit nachstehendem Punkt iii;

(e) gegenwärtige Gastländer in Übereinstimmung mit nachstehendem Punkt iv.

i. PPR-Optionen i. und ii. stellen ein Recht aller palästinensischen Flüchtlinge dar und gelten entsprechend den Gesetzen des Staates Palästina.

ii. Option iii. unterliegt dem souveränen Ermessen von Drittländern und gilt entsprechend der Anzahl, welche jedes Drittland der Internationalen Kommission vorlegt. Diese Zahlen stellen die Gesamtzahl an palästinensischen Flüchtlingen dar, welche das jeweilige Drittland akzeptiert.

iii. Option iv. unterliegt dem souveränen Ermessen von Israel und gilt entsprechend einer Anzahl, welche Israel der Internationalen Kommission vorlegt. Als Grundlage zieht Israel den Durchschnitt der Gesamtzahlen heran, die von den verschiedenen Drittländern der Internationalen Kommission vorgelegt werden.

iv. Option e) gilt entsprechend dem souveränen Ermessen der gegenwärtigen Gastländer. Wird diese Option in Anspruch genommen, so erfolgt dies im Kontext von sofortigen und umfassenden Entwicklungs- und Rehabilitierungsprogrammen für die Flüchtlingsgemeinden. Bei allen vorstehenden Punkten wird der palästinensischen Flüchtlingsbevölkerung in Libanon Priorität eingeräumt.

5. Freie und informierte Wahl des PPR

Die Vorgangsweise, mittels derer die palästinensischen Flüchtlinge ihre Wahl hinsichtlich ihrem PPR zum Ausdruck bringen, gründet sich auf einer freien und informierten Entscheidung. Die Parteien selbst verpflichten sich und ermutigen Drittparteien, die freie Wahlmöglichkeit der Flüchtlinge bei der Klärung ihrer

Präferenzen zu fördern und jeglichen Versuchen eines Eingreifens oder eines organisierten Drucks auf den Wahlprozess zu begegnen. Dies präjudiziert nicht die Anerkennung Palästinas als Realisierung der palästinensischen Selbstbestimmung und Staatlichkeit.

6. Ende des Flüchtlingsstatus

Der Status als palästinensischer Flüchtling wird beendet mit der Realisierung eines ständigen Wohnortes (PPR) des einzelnen Flüchtlings, wie er von der Internationalen Kommission bestimmt wird.

7. Ende der Ansprüche

Dieses Abkommen sorgt für die dauerhafte und vollständige Lösung des palästinensischen Flüchtlingsproblems. Es dürfen keine anderen Ansprüche erhoben werden als jene, die im Zusammenhang mit der Durchführung dieses Abkommens stehen.

8. Internationale Rolle

Die Parteien fordern die internationale Gemeinschaft auf, sich voll an der umfassenden Lösung des Flüchtlingsproblems entsprechend diesem Abkommen zu beteiligen, darunter unter anderem durch die Einrichtung einer Internationalen Kommission und eines Internationalen Fonds.

9. Kompensation für Eigentum

(a) Die Flüchtlinge werden für den sich aus ihrer Entwurzlung ergebenden Verlust von Eigentum entschädigt.

(b) Die Gesamtsumme der Kompensation für Eigentum wird wie folgt berechnet:

i. Die Parteien fordern die Internationale Kommission auf, einen Expertenrat zwecks Schätzung des Wertes des palästinensischen Eigentums zum Zeitpunkt der Entwurzlung zu bestellen.

ii. Der Expertenrat gründet seine Bewertung auf die UNCCP[3]-Aufzeichnungen, die Aufzeichnungen des „Custodian for Absentee Property"[4] und alle anderen Aufzeichnungen, die er für relevant befindet. Die Parteien gewähren dem Rat Zugang zu diesen Aufzeichnungen.

iii. Die Parteien ernennen Experten zur Beratung und Unterstützung des Rates bei seiner Tätigkeit.

iv. Innerhalb von sechs Monaten unterbreitet der Rat seine Schätzungen den Parteien.

v. Die Parteien einigen sich auf einen wirtschaftlichen Multiplikator, der an die Schätzungen angelegt wird, um einen fairen Gesamtwert des Eigentums zu erhalten.

(c) Der von den Parteien vereinbarte Gesamtwert stellt den israelischen „Pauschal"-Beitrag zum Internationalen Fonds dar. Es dürfen keine weiteren, aus dem palästinensischen Flüchtlingsproblem erwachsenden Finanzansprüche gegen Israel gestellt werden.

(d) Der israelische Beitrag erfolgt in Raten entsprechend Anlage X.

(e) Der Wert von israelischem Anlagevermögen, das in früheren Siedlungen intakt bleibt und an den Staat Palästina transferiert wird, wird vom israelischen Beitrag zum Internationalen Fonds abgezogen. Eine Schätzung dieses Wertes wird vom Internationalen Fonds durchgeführt, unter Berücksichtigung der Bewertung des von den Siedlungen verursachten Schadens.

10. Kompensation für die Entschädigung des Flüchtlingsdaseins

(a) Ein „Fonds für die Entschädigung des Flüchtlingsdaseins" wird in Anerkennung jedes individuellen Flüchtlingsdaseins eingerichtet. Der Fonds, zu dem Israel beiträgt, wird von der Internationalen Kommission beaufsichtigt. Die Struktur und Finanzierung des Fonds sind in Anhang X festgelegt.

(b) Gelder werden an Flüchtlingsgemeinden in den früheren Gebieten der UNRWA-Tätigkeit verteilt und stehen ihnen für die kommunale Entwicklung und Erinnerung an die Erfahrung als Flüchtlinge zur Verfügung. Die Internationale Kommission arbeitet geeignete Mechanismen aus, wodurch die nutznießenden Flüchtlingsgemeinden ermächtigt werden, die Verwendung dieses Fonds zu bestimmen und zu verwalten.

11. Die Internationale Kommission (Kommission)

(a) Mandat und Zusammensetzung:

i. Es wird eine Internationale Kommission eingerichtet, welche voll und ausschließlich verantwortlich ist für die Implementierung aller Aspekte dieses Abkommens in Bezug auf Flüchtlinge.

ii. Zusätzlich zu ihnen[5] fordern die Parteien die Vereinten Nationen, die Vereinigten Staaten, UNRWA, die arabischen Aufnahmeländer, die EU, die Schweiz,

Kanada, Norwegen, Japan, die Weltbank, die Russische Föderation und andere auf, Mitglieder der Kommission zu werden.

iii. Die Kommission hat folgende Aufgaben:

1. Beaufsichtigung und Leitung des Prozesses, wonach der Status und der PPR der palästinensischen Flüchtlinge festgelegt und realisiert werden;
2. Beaufsichtigung und Leitung der Rehabilitierungs- und Entwicklungsprogramme in enger Zusammenarbeit mit den Aufnahmestaaten;
3. Aufbringung und Verteilung von Geldern nach entsprechender Eignung.

iv. Die Parteien stellen der Kommission alle relevanten dokumentarischen Aufzeichnungen und Archivmaterialien in ihrem Besitz zur Verfügung, welche die Kommission für das Funktionieren der Kommission und ihrer Organe für notwendig erachtet. Die Kommission kann derartige Materialien von allen anderen relevanten Parteien und Stellen, wie zum Beispiel UNCCP und UNRWA, anfordern.

(b) Struktur:

i. Die Kommission steht unter der Leitung eines Executive Board (Board), das sich aus Vertretern ihrer Mitglieder zusammensetzt.

ii. Das Board stellt die höchste Ebene in der Kommission dar und fällt die relevanten politischen Entscheidungen im Einklang mit diesem Abkommen.

iii. Das Board legt die Verfahren fest, welche die Arbeit der Kommission im Einklang mit diesem Abkommen bestimmen.

iv. Das Board beaufsichtigt das Verhalten der diversen Ausschüsse der Kommission. Die besagten Ausschüsse erstatten dem Board entsprechend den festgelegten Verfahren periodisch Bericht.

v. Das Board richtet ein Sekretariat ein und ernennt einen Vorsitzenden dafür. Der Vorsitzende und das Sekretariat führen die laufenden Geschäfte der Kommission.

(c) Spezielle Ausschüsse:

i. Die Kommission richtet die nachfolgend spezifizierten Fachausschüsse ein.

ii. Sofern in diesem Abkommen nicht anders festgelegt, bestimmt das Board die Struktur und die Verfahren der Ausschüsse.

iii. Die Parteien können den Ausschüssen Vorlagen unterbreiten, wenn sie dies für nötig erachten.

iv. Die Ausschüsse richten Mechanismen für die Lösung von Streitigkeiten aus der Auslegung oder Implementierung der Bestimmungen dieses Abkommens in Bezug auf Flüchtlinge ein.

v. Die Ausschüsse funktionieren im Einklang mit diesem Abkommen und fällen entsprechend bindende Entscheidungen.

vi. Die Flüchtlinge sind berechtigt, gegen Entscheidungen, die sie betreffen, entsprechend den in diesem Abkommen eingerichteten und in Anhang X ausführlich dargelegten Mechanismen Einspruch zu erheben.

(d) Ausschuss zur Statusbestimmung:

i. Der Ausschuss zur Statusbestimmung ist für die Verifizierung des Flüchtlingsstatus zuständig.

ii. Eine UNRWA-Registrierung gilt als widerlegbare Rechtsvermutung (widerlegbarer Beweis des ersten Anscheins) des Flüchtlingsstatus.

(e) Kompensationsausschuss:

i. Der Kompensationsausschuss ist für die Verwaltung der Implementierung der Kompensationsbestimmungen zuständig.

ii. Der Ausschuss zahlt eine Kompensation für Einzeleigentum entsprechend den folgenden Modalitäten:

1. entweder eine fixe Pro-Kopf-Zuteilung pro Eigentumsanspruch unterhalb eines spezifizierten Wertes. Dies verlangt vom Anspruchsteller lediglich den Nachweis eines Rechtstitels und wird im Schnellverfahren abgehandelt, oder

2. eine auf Ansprüchen basierende Zuteilung für Eigentumsansprüche über einen spezifizierten Wert für unbewegliches Vermögen und andere Aktiva. Dies verlangt vom Antragsteller den Nachweis sowohl eines Rechtstitels als auch des Wertes der Verluste.

iii. In Anhang X sind die Details für das Vorstehende ausgeführt, einschließlich Fragen der Beweisführung und der Verwendung der Aufzeichnungen der UNCCP, des „Custodian for Absentee Property", sowie der UNRWA zusammen mit allen weiteren relevanten Aufzeichnungen.

(f) Ausschuss für die Vergütung der Aufnahmestaaten:

Es erfolgt eine Vergütung der Aufnahmestaaten.

(g) Ausschuss für den ständigen Wohnort (PPR-Ausschuss):

Der PPR-Ausschuss

i. entwickelt mit allen relevanten Parteien detaillierte Programme bezüglich der Implementierung der PPR-Optionen gemäß vorstehendem Artikel 7 Ziff. 4;

ii. unterstützt die Antragsteller dabei, eine informierte Wahl betreffend der PPR-Optionen zu treffen;

iii. nimmt Anträge von Flüchtlingen betreffend den PPR entgegen. Die Antragsteller müssen einige Präferenzen entsprechend vorstehendem Artikel 7 Ziff. 4 angeben. Die Anträge müssen spätestens zwei Jahre nach Aufnahme der Tätigkeit der Internationalen Kommission eingehen. Flüchtlinge, die derartige Anträge nicht innerhalb der Zweijahresfrist abgeben, verlieren ihren Flüchtlingsstatus;

iv. bestimmt entsprechend vorstehendem Unterpunkt i. den ständigen Aufenthaltsort der Antragsteller unter Berücksichtigung der jeweiligen Präferenzen und der Aufrechterhaltung der Familieneinheit. Antragsteller, welche die Bestimmung des ständigen Aufenthaltsortes durch den Ausschuss nicht übernehmen, verlieren ihren Flüchtlingsstatus;

v. bietet den Antragstellern geeignete fachliche und rechtliche Unterstützung.

vi. Der ständige Wohnort von palästinensischen Flüchtlingen wird innerhalb von fünf Jahren nach Aufnahme der Tätigkeit der Internationalen Kommission realisiert.

(h) Ausschuss für den Fonds des Flüchtlingsdaseins:

Der Ausschuss für den Fonds des Flüchtlingsdaseins implementiert Artikel 7 Ziff. 10, wie im einzelnen in Anhang X ausgeführt.

(i) Ausschuss für Rehabilitierung und Entwicklung:

Entsprechend den Zielen dieses Abkommens und unter Berücksichtigung der vorstehenden PPR-Programme arbeitet der Ausschuss für Rehabilitierung und Entwicklung eng mit Palästina, den Aufnahmeländern und anderen relevanten Drittländern und Parteien bei der Verfolgung des Zieles der Rehabilitierung der Flüchtlinge und der Gemeindeentwicklung zusammen. Dazu gehört die Erarbeitung von Programmen und Plänen, um den früheren Flüchtlingen Möglichkeiten für die persönliche und Gemeindeentwicklung, die Wohnsituation, die Erziehung, das Gesundheitswesen, die Umschulung und andere Bedürfnisse anzubieten. Dies wird in die allgemeinen Entwicklungsprogramme für die Region integriert.

12. Der Internationale Fonds

(a) Ein Internationaler Fonds (der Fonds) wird eingerichtet, um Beiträge, wie in diesem Artikel ausgeführt, sowie zusätzliche Beiträge von der internationalen Gemeinschaft zu erhalten. Der Fonds zahlt Gelder an die Kommission aus, mit denen sie ihre Aufgaben durchführen kann. Der Fonds prüft die Arbeit der Kommission.

(b) Die Struktur, Zusammensetzung und Tätigkeit des Fonds sind in Anhang X ausgeführt.

13. UNRWA

(a) Die Tätigkeit der UNRWA sollte in jedem der betroffenen Länder auslaufen, wenn der Flüchtlingsstatus endet.

(b) Die UNRWA sollte fünf Jahre nach Aufnahme der Tätigkeit der Kommission aufhören zu existieren. Die Kommission erstellt einen Plan für die phasenweise Auflösung der UNRWA und fördert die Übertragung von UNRWA-Aufgaben an die Aufnahmestaaten.

14. Versöhnungsprogramme

(a) Die Parteien ermutigen und fördern den Aufbau der Zusammenarbeit zwischen ihren relevanten Institutionen und Zivilgesellschaften für die Schaffung von Foren für den Austausch historischer Darstellungen und die Stärkung des gegenseitigen Verständnisses der Vergangenheit.

(b) Die Parteien ermutigen und erleichtern Austauschaktivitäten, um eine bessere Wertschätzung ihrer jeweiligen geschichtlichen Darstellungen im Bereich der formellen und informellen Erziehung zu verbreiten, indem sie die Bedingungen für direkte Kontakte zwischen Schulen, Bildungseinrichtungen und der Zivilgesellschaft bieten.

(c) Die Parteien können kulturelle Programme zwischen den Gemeinschaften in Betracht ziehen, um die Ziele der Versöhnung bezüglich ihrer jeweiligen Geschichte zu fördern.

(d) Zu diesen Programmen kann auch die Entwicklung passender Methoden des Gedenkens an jene Dörfer und Gemeinschaften gehören, die vor 1949 bestanden.

Artikel 8 – Israelisch-Palästinensischer Kooperationsausschuss (*Israeli-Palestinian Cooperation Committee / IPCC)*

1. Die Parteien richten unmittelbar nach Inkrafttreten dieses Abkommens einen Ausschuss zur Zusammenarbeit zwischen Israel und Palästina ein. Der IPCC besteht auf ministerieller Ebene mit gemeinsamen Vorsitzenden auf ministerieller Ebene.

2. Der IPCC entwickelt und unterstützt die Implementierung von politischen Maßnahmen der Kooperation in Bereichen von gemeinsamem Interesse, wie zum Beispiel infrastrukturelle Bedürfnisse, nachhaltige Entwicklung und Umweltfragen, grenzüberschreitende Zusammenarbeit auf Gemeindeebene, Industrieparks im Grenzbereich, Austauschprogramme, Entwicklung von Humanressourcen, Sport und Jugend, Wissenschaft, Landwirtschaft und Kultur.

3. Der IPCC ist bemüht, die Bereiche und das Ausmaß der Zusammenarbeit zwischen den Parteien zu erweitern.

Artikel 9 – Regelungen über die Benutzung von festgelegten Straßen

1. Die folgenden Regelungen für die zivile israelische Benutzung werden für die in der Karte X festgelegten Straßen in Palästina gelten (Straße 443, Jerusalem nach Tiberias über das Jordantal und Jerusalem–Ein Gedi).

2. Diese Regelungen gelten unbeschadet der palästinensischen Gerichtsbarkeit über diese Straßen, einschließlich PSF-Patrouillen.

3. Die Vorgehensweise für die Regelungen betreffend die Benutzung von festgelegten Straßen wird in Anhang X ausführlich behandelt.

4. Israelis können Genehmigungen für die Benutzung von festgelegten Straßen erhalten. Der Nachweis der Bewilligung kann an Auffahrtsstellen der festgelegten Straßen vorgelegt werden. Die Parteien werden Optionen für die Festlegung eines Straßenbenutzungssystems auf der Grundlage der Smart-Card-Technologie überprüfen.

5. Die festgelegten Straßen werden von der MF jederzeit patrouilliert. Die MF wird mit den Staaten Israel und Palästina vereinbarte Regelungen für die Zusammenarbeit im Falle einer medizinischen Notfallevakuierung von Israelis festlegen.

6. Bei einem Zwischenfall, an dem israelische Staatsbürger beteiligt sind und der strafrechtliche oder juristische Schritte erfordert, wird es eine vollständige

Entwurf eines Abkommens über den endgültigen Status 153

Zusammenarbeit zwischen den israelischen und palästinensischen Behörden im Einklang mit Regelungen geben, die als Teil der rechtlichen Zusammenarbeit zwischen den beiden Staaten zu vereinbaren sind. Die Parteien können diesbezüglich die IVG um Hilfe ersuchen.

7. Israelis verwenden die festgelegten Straßen nicht als Behelf, um Palästina ohne relevante Dokumentation und Befugnis zu betreten.

8. Im Falle eines regionalen Friedens werden Regelungen für die zivile palästinensische Benutzung von festgelegten Straßen in Israel vereinbart und wirksam.

Artikel 10 – Stätten von religiöser Bedeutung

1. Die Parteien legen spezielle Regelungen fest, um den Zugang zu vereinbarten Stätten religiöser Bedeutung entsprechend den Einzelheiten in Anhang X zu garantieren. Diese Regelungen werden unter anderen für das Grab der Patriarchen in Hebron und Rachels Grab in Bethlehem sowie für Nabi Samuel[6] gelten.

2. Der Zugang zu den Stätten und deren Verlassen wird durch festgelegte Shuttle-Einrichtungen vom entsprechenden Grenzübergang zu den Stätten erfolgen.

3. Die Parteien legen Anforderungen und Verfahren für die Gewährung von Lizenzen an befugte private Unternehmer für Pendeltransporte fest.

4. Die Transportmittel und Passagiere unterliegen der Inspektion durch die MF.

5. Die Transportmittel werden auf ihrer Route zwischen dem Grenzübergang und den Stätten von der MF eskortiert.

6. Die Transportmittel unterliegen den Verkehrsregeln und der Gerichtsbarkeit der Partei, in deren Territorium sie sich bewegen.

7. Regelungen für den Zugang zu den Stätten an speziellen Tagen und Feiertagen sind in Anhang X im Detail ausgeführt.

8. Die palästinensische Touristenpolizei und die MF werden an diesen Stätten präsent sein.

9. Die Parteien errichten eine gemeinsame Stelle für die religiöse Verwaltung dieser Stätten.

10. Bei einem Zwischenfall, an dem israelische Staatsbürger beteiligt sind und der strafrechtliche oder juristische Schritte erfordert, wird es eine vollständige Zusammenarbeit zwischen den israelischen und palästinensischen Behörden

im Einklang mit zu vereinbarenden Regelungen geben. Die Parteien können diesbezüglich die IVG um Hilfe ersuchen.

11. Israelis verwenden die Transportmittel nicht als Behelf, um Palästina ohne relevante Dokumentation und Befugnis zu betreten.

12. Die Parteien schützen und erhalten die in Anhang X genannten Stätten von religiöser Bedeutung und erleichtern den Besuch der in Anhang X genannten Friedhöfe.

Artikel 11 – Grenzregime

1. Zwischen den beiden Staaten besteht ein Grenzregime, wobei der Übertritt den inländischen Rechtserfordernissen des jeweiligen Staates und den Bestimmungen dieses Abkommens, wie in Anhang X im Detail ausgeführt, unterliegt.

2. Der Grenzübertritt erfolgt lediglich an festgelegten Grenzübergangsstellen.

3. Es werden Verfahren für den Grenzübertritt festgelegt, um starke Handels- und Wirtschaftsverbindungen zu fördern, einschließlich des Verkehrs von Arbeitskräften zwischen den Parteien.

4. Jede Partei ergreift in ihrem jeweiligen Territorium die Maßnahmen, die sie für erforderlich hält, um sicherzustellen, dass kein illegaler Fluss von Personen, Fahrzeugen oder Waren in das Territorium der anderen Partei erfolgt.

5. Spezielle Grenzregelungen in Jerusalem entsprechen dem vorstehenden Artikel 6.

Artikel 12 – Wasser (muss noch ausgefüllt werden)

Artikel 13 – Wirtschaftsbeziehungen (muss noch ausgefüllt werden)

Artikel 14 – Rechtliche Zusammenarbeit (muss noch ausgefüllt werden)

Artikel 15 – Palästinensische Gefangene und Häftlinge

1. Im Kontext dieses Abkommens zwischen Israel und Palästina über den endgültigen Status, das Ende des Konfliktes, die Beendigung aller Gewalt und die dauerhaften Sicherheitsregelungen, wie sie in diesem Abkommen festgelegt sind, werden alle palästinensischen und arabischen Gefangenen, die im Rahmen des israelisch-palästinensischen Konfliktes vor dem Datum der Unterzeichnung

Entwurf eines Abkommens über den endgültigen Status

dieses Abkommens, dem ... , inhaftiert wurden, entsprechend den nachfolgend genannten und in Anhang X näher beschriebenen Kategorien freigelassen.

(a) Kategorie A: Alle Personen, die vor dem 4. Mai 1994, dem Beginn der Implementierung der Prinzipienerklärung, eingesperrt wurden, Verwaltungshäftlinge und Minderjährige sowie Frauen und Gefangene mit schlechtem Gesundheitszustand werden sofort nach dem Inkrafttreten dieses Abkommens freigelassen.

(b) Kategorie B: Alle Personen, die nach dem 4. Mai 1994 und vor der Unterzeichnung dieses Abkommens eingesperrt wurden, werden spätestens achtzehn Monate ab dem Inkrafttreten dieses Abkommens freigelassen, mit Ausnahme jener, die in Kategorie C bezeichnet sind.

(c) Kategorie C: Ausnahmefälle – Personen, deren Namen in Anhang X festgelegt sind – werden in dreißig Monaten am Ende der vollständigen Implementierung der territorialen Aspekte dieses Abkommens, wie in Artikel 5 Ziff. 7/v ausgeführt, freigelassen.

Artikel 16 – Streitbeilegungsverfahren

1. Streitigkeiten im Zusammenhang mit der Auslegung oder Anwendung dieses Abkommens werden durch Verhandlungen innerhalb eines bilateralen Rahmenwerks beigelegt, das vom Hohen Lenkungsausschuss eingesetzt wird.

2. Wird ein Streit dadurch nicht rasch beigelegt, kann jede Partei ihn zur Vermittlung und Schlichtung durch das IVG-Verfahren gemäß Artikel 3 vorlegen.

3. Streitigkeiten, die durch bilaterale Verhandlungen bzw. das IVG-Verfahren nicht beigelegt werden können, werden durch ein von den Parteien zu vereinbarendes Schlichtungsverfahren beigelegt.

4. Streitigkeiten, die nicht wie vorstehend beigelegt wurden, können von jeder Partei einem Schiedsgericht vorgelegt werden. Jede Partei bestellt ein Mitglied des aus drei Mitgliedern bestehenden Schiedsgerichts. Die Parteien wählen einen dritten Schiedsrichter aus einer vereinbarten Liste von Schiedsrichtern gemäß Anhang X, entweder durch Konsens oder, im Falle einer Meinungsverschiedenheit, durch Rotation.

Artikel 17 – Abschließende Bestimmungen

Schließt eine Schlussbestimmung ein, gemäß der das Abkommen durch eine Resolution der UNSCR/UNGAR bestätigt wird und die früheren UN-Resolutionen ersetzt werden.

Die englische Version dieses Textes wird als maßgeblich betrachtet.

Anmerkungen

1. Anm. zum Text: „waqf" = arab. „fromme Stiftung". In sie werden häufig Immobilien eingebracht, um nach dem Tod des Eigentümers Teilungen oder Veräußerungen zu verhindern.
2. UNGAR = „United Nations General Assembly Resolution".
3. „UN Conciliation Commission for Palestine". Sie wurde gemäß Resolution 194 Ziff. 2 c) vom 11.12.1948 eingerichtet.
4. Israelisches Amt zur Verwaltung ehemals arabischen (Grund-)Eigentums.
5. Gemeint sind die Verpflichtungen der vertragschließenden Parteien.
6. In der Nähe Jerichos.

Abkürzungen

IG = „International Group": Sie soll zur Überwachung, Überprüfung und Unterstützung der Umsetzung der Vereinbarungen über den „Haram al-Sharif" / Tempelberg eingesetzt werden

IPCC = „Israeli-Palestinian Cooperation Committee": Einrichtung beider Staaten auf ministerieller Ebene

IVG = „Implementation and Verification Group": international zusammengesetzte Gruppe zur Förderung, Unterstützung, Gewährleistung und Überwachung bei der Durchführung des Abkommens

JCDC = „Jerusalem Coordination and Development Committee": Ausschuss zwecks Koordination und Entwicklung für Jerusalem

MF = „Multinational Force": Bestandteil der IVG

OIC = „Organization of the Islamic Conference"

PPR = „Permanent Place of Residence": Wahl des ständigen Wohnortes der palästinensischen Flüchtlinge

PU = „Old City Policing Unit": unter internationaler Aufsicht (vgl. IVG) stehende Polizeieinheit aus Israelis und Palästinensern für die Jerusalemer Altstadt

PSF = „Palestinian Security Force": palästinensische Sicherheitskräfte

SOFA = „Status of Forces Agreement": Truppenstatus-Abkommen der MF mit dem Staat Palästina

UNSC = „United Nations Security Council": Sicherheitsrat der Vereinten Nationen

Literatur

(**Abbas, Machmud:**) Mahmoud Abbas' Call for a Halt to the Militarization of the Intifada, in „Journal of Palestine Studies" # 126, XXXII(Winter 2003)2, S. 74 ff.

(**Abbas, Machmud:**) Mahmoud Abbas' Speech to the PLC, April 29, 2003, ed. by the PLO-Negotiations Affairs Department, in *www.nad-plo.org/speeches/abumazen5.html*.

'Abd Al-Shafi, Haydar: The Oslo Agreement (Interview), „Journal of Palestine Studies" # 89, XXIII(Autumn 1993)1, S. 14 ff.

(**Abed Rabbo / Beilin:**) The International Institute for Strategic Studies: Presentation of the Geneva Accord by chief architects, London 2/2/2004, in *www.geneva-initiative.net/english/articles/art6.html*.

Abu-Amr, Ziad: Islamic Fundamentalism in the West Bank and Gaza. Muslim Brotherhood and Islamic Jihad. Bloomington and Indianapolis 1994.

Abu Sitta, Salman: Inalienable and Sacred, in „Palestine Media Center" 31.8.2003, in *http://weekly.ahram.org.eg/print/2003/651/op11.htm*.

Adalah: Adalah's Review 3(2002), Law and Violence.

Adams, Michael: What Went Wrong in Palestine?, in „Journal of Palestine Studies" # 69, XVIII(Autumn 1988)1, S. 71 ff.

Agha, Hussein, and Robert Malley: Camp David: The Tragedy of Errors, in „The New York Review of Books", August 9, 2001, in *www.nybooks.com/articles/14380*.

Agha, Hussein, and Robert Malley: The Last Negotiation. How to End the Middle East Peace Process, in „Foreign Affairs" May/June 2002.

Agha, Hussein, and Robert Malley: Camp David and After: An Exchange (A Reply to Ehud Barak), in „The New York Review of Books" June 13, 2002, in *www.nybooks.com/articles/15502*.

Akram, Susan M.: Palestinian Refugees and Their Legal. Status: Rights, Politics, and Implications for a Just Solution, in „Journal of Palestine Studies" # 123, XXXI(Spring 2002)3, S. 36 ff.

Alpher, Yossi: Barak was willing, and so were US Jews, in „bitterlemons" vom 15.7.2002.

„The Applicability of the Fourth Geneva Convention to the Territories Administered by Israel", Symposium an der Universität Tel Aviv 1.-4.7.1971, in „Israel Yearbook of Human Rights" 366, 366 (1971), S. 370 f. Mit Wortmeldungen von Netanel Lorch und Meir Shamgar.

Arafat, Yasser : A Jewish state? ›Definitely‹ (Interview), in „Haaretz"-online 18.6.2004.

Arieli, Shaul: Disengagement, the „Seam" Zone, and Alternative Conflict Management, in „Strategic Assessment" 7(August 2004)2, *www.tau.ac.il/jcss/sa/v7n2p3Ari.html*.

Arieli, Shaul: A city imprisoned together, in „bitterlemons" vom 13.6.2005.

Arieli, Shaul: Toward a Final Settlement in Jerusalem: Redifinition rather than Partition, in „Strategic Assessment" 8(June 2005)1, S. 19 ff.

Asfour, Gaber: Bet on Islam of the Rivers Over Islam of the Desert, in IHT-Internet 4.9.1998. Der Autor ist Generalsekretär des Obersten Kulturrates Ägyptens.

Aviad, Janet: From Protest to Return: Contemporary Teshuvah, in „Jerusalem Quarterly" 16/Summer 1980, S. 71 ff.

Aviad, Janet: Return to Jerusalem. Religious Renewal in Israel. Chicago and London 1983.

Avineri, Shlomo: Profile des Zionismus. Die geistigen Ursprünge des Staates Israel. 17 Porträts. Gütersloh 1998.

Avnery, Uri: Why I changed my mind, in „Haaretz"-online 24.9.2004.

BADIL (ed.): The 1948 Palestinian Refugees and the Individual Right of Return: An International Law Analysis. BADIL Resource Center for Palestinian Residency and Refugee Rights, January 2001.

Baker, James A. III, with Thomas M. Defrank: The Politics of Diplomacy. Revolution, War and Peace 1989 – 1992. New York 1995.

(Barak, Ehud:) Ehud Barak in Camp David: „I Did Not Give Away a Thing", in „Journal of Palestine Studies" # 129, XXXIII(Fall 2003)1, S. 84 ff.

(Barak, Ehud:) Benny Morris: Camp David and After: An Exchange (Interview), in „The New York Review of Books" June 13, 2002.

(Barak, Ehud:) Hussein Agha and Robert Malley: Camp David and After. A Reply to Ehud Barak, in „The New York Review of Books" June 13, 2002.

Beilin, Yossi: The Opportunity that was not Missed, in Rubin/Ginat/Ma'oz (eds.), S. 23 ff.

Beilin, Yossi: Israel – 40 Jahre plus. Ein politisches Profil der israelischen Gesellschaft. Tel Aviv 1994 (Hebr.).

Beilin, Yossi: Touching Peace. From the Oslo Accord to a Final Agreement. London 1999.

Beilin, Yossi: His Brother's Keeper. Israel and Diaspora Jewry in the Twenty-first Century. New York 2000.

Beilin, Yossi: „Sharon is a post-Zionist", in www.memri.org June 19, 2001.

(Beilin, Yossi:) An Interview with Yossi Beilin, in „Tikkun" November/December 2003, S. 70 ff.

Beilin, Yossi: Wir müssen Frieden schließen (Interview), in „Internationale Politik" 59(2004)2.

Beilin, Yossi: The Path to Geneva. The Quest for an Permanent Agreement, 1996–2004. New York 2004.

Beilin, Yossi: The Path to Geneva, in „Tikkun" May/June 2004, S. 19 ff.

Beilin, Yossi: The best decades of our lives, in „Haaretz"-online 5.6.2005.

The Beilin-Abu Mazen Document (of 1995), in www.palestinepeace.org/documents/beilinmazen.html.

Ben-Ami, Shlomo: Ein Platz für alle. Eli Bar-Ilan unterhält sich mit Shlomo Ben-Ami. Tel Aviv 1998 (Hebr.).

Ben-Ami, Shlomo: Der Tag, an dem der Frieden starb (Interview von Ari Shavit), in „Haaretz"-Wochenendmagazin 14.9.2001, S. 20 ff.

(Ben Ami, Shlomo:) Ari Shavit: End of a Journey (Gespräch mit Ben-Ami), in „Haaretz"-online 24.9.2001. Deutsche Fassung in „Kirche und Israel" 2.01, S. 171 ff.

(Ben Ami, Shlomo:) A preliminary summit should have been held, in „bitterlemons" vom 15.7.2002.

Ben-Ami, Shlomo: Eine Front ohne Rückfallposition. Eine Reise zu den Grenzen des Friedensprozesses. Tel Aviv 2004 (Hebr.).

Benn, Aluf: Drawing the line, in „Haaretz"-online 25.3.2005.

Benvenisti, Eyal: The Status of the Palestinian Authority, in Cotran and Mallat (eds.): The Arab-Israeli Accords, S. 47 ff.

Benvenisti, Meron: The binational option, in „Haaretz"-online 2.11.2002.

(Benvenisti, Meron:) Ari Shavit: Cry beloved two-state solution (Interview mit Meron Benvenisti und Chaim Hanegbi), in „Haaretz"-online 8.8.2003.

Benziman, Uzi: The hardest decision of all?, in „Haaretz" 23.2.2005.

Literaturverzeichnis

Benziman, Uzi: Porat, Druckman and Haetzni are back, in „Haaretz"-online 3.8.2005.
Bernstein, Reiner: Der verborgene Frieden. Politik und Religion im Nahen Osten. Berlin 2000.
Bernstein, Reiner: Die „Genfer Initiative": Mehr tot als lebendig?,
in www.reiner-bernstein.de/genfer-initiative_bernstein404.html.
Blum, Yehuda: The Missing Reversioner: Reflections on the Status of Judea and Samaria, in „Israel Law Review" 279 (1968).
Böhme, Jörn (Hrsg.): Friedenschancen nach Camp David. Legenden – Realität – Zukunftsperspektiven für Israel und Palästina. Schwalbach/Ts. 2005.
Boyle, Francis Anthony: The Future of International Law and American Foreign Polity. New York 1989.
Boyle, Francis A.: Palestine, Palestinians and International Law. Atlanta, GA, 2003.
Brom, Shlomo: The Security Fence: Solution or Stumbling Block?, in „Strategic Assessment" 6(February 2004)4, www.tau.ac.il/jcss/sa/v6n4p2Bro.html.
Brom, Shlomo: The Disengagement Plan: The Day After, in „Strategic Assessment" 8(June 2005)1, S. 1 ff.
Bronner, Stephen Eric: States of Despair: History, Politics and the Struggle for Palestine, in „Logos" 3.1 – Winter 2004, S. 6.
The Brookings Institution: Seizing the Momentum in Israeli-Palestinian Relations: How To Sustain the Cease-Fire and Revitalize the Road Map. Saban Center Middle East Memo # 6, March 2, 2005.
Burg, Avraham: End of an era, in „Haaretz"-online 5.8.2005.
Burston, Bradley: Israel's nightmare scenarios: How to keep score, in „Haaretz"-online 28.3.2005.
Caplan, Neil: A Tale of Two Cities: The Rhodos and Lausanne Conferences, 1949, in „Journal of Palestine Studies" # 83, XXI(Spring 1992)3, S. 5 ff.
The Charter of the Hamas, in www.jmcc.org/politics/hamas.htm. Eine leicht davon abweichende englische Übersetzung der „Hamas"-Charta vom 18.8.1988 ist außerdem verfügbar in http://elisenore.cis.yale.edu/lawweb/avalon/mideast/hamas.htm.
Choshen, Maya, and Yair Assaf-Shapira: Jerusalem: A City in Transition. Population and Spatial Relations, March 2005, ed. Jerusalem Institute for Israel Studies, in www.jiis.org.il.
Cohen, Asher, zitiert in Yoram Peris Rezension des von Avner Ben-Amos und Daniel Bar-Tal herausgegebenen Buches „Patriotismus: Heimatliebe", in „Haaretz"-online 23.3.2005.
Cohen, Erik, Moshe Lissak and Uri Almagor (eds.): Comparative Social Dynamics: Essays in Honor of S.N. Eisenstadt. Boulder, CO, 1985.
Cohen, Esther Rosalind: Human rights in the Israeli-occupied territories 1967–1982. Manchester 1985.
Cohen, Raymond, and Stuart Cohen: Peace Conferences: The Formal Aspects. The Hebrew University of Jerusalem, The Leonard Davis Institute for International Relations. Jerusalem, January 1974.
Cotran, Eugene: Some Legal Aspects of the Declaration of Principles: A Palestinian View, in Cotran and Mallat (eds.): The Arab-Israeli Accords, S. 67 ff.
Cotran, Eugene, and Chibli Mallat with assistance from David Stott (eds.): The Arab-Israeli Accords: Legal Perspectives. London–The Hague–Boston 1996.
Cristal, Moty: The Geneva Accords: A Step Forward in the Wrong Direction?, in „Strategic Assessment", ed. Jaffee Center for Strategic Studies, Tel Aviv University, 6(February 2004)4 in www.tau.ac.il/jcss/sa/v6n4p3Cri.html.

Cristal, Moty: Das Unvorhergesehene vorhersagen: Der künftige Weg des israelisch-palästinensischen Systems, in „Aus Politik und Zeitgeschichte" B 20/2004, 10. Mai 2004, S. 21 ff.

(Dachlan, Mohammed:) Mohammed Dahlan: Nothing tangible was on the table, in „bitterlemons" vom 15.7.2002.

Davidson, Lawrence: Orwell and Kafka in Israel-Palestine, in „Logos" 3.1 – Winter 2004.

Dayan, Daniel, und Gadi Wolfsfeld in: Bericht über die XIII. Jahreskonferenz des „Israel Democracy Institute" vom 28.-30.6.2005 in Caesarea in www.idi.org.

(Den Haag:) International Court of Justice Year 2004, 9 July 2004: Legal Consequences of the Construction of a Wall in the Occupied Palestinian Territories.

Dinstein, Yoram: Autonomy, in Yoram Dinstein (ed.): Models of Autonomy, S. 291 ff.

Dinstein, Yoram: The United Nations and the Arab-Israeli Conflict, in Moore (ed.), S. 566 ff.

Dinstein, Yoram (ed.): Models of Autonomy. New Brunswick and London 1981.

Disengagement Toward Re-engagement. A policy of unilateral disengagement and mutual responsibilities, in „bitterlemons" vom 2.11.2004.

Doumani, Beshara B.: Rediscovering Ottoman Palestine: Writing Palestinians into History, in „Journal of Palestine Studies" # 82, XXI(Winter 1992)2, S. 5 ff.

Drucker, Raviv: Harakiri Ehud Barak: Das Versagen. Tel Aviv 2002 (Hebr.).

Efron, Noah J.: Real Jews. Secular vs. Ultra-Orthodox and the Struggle for Jewish Identity in Israel. New York 2003.

Eid, Bassem: What Will Happen After the Disengagement?, in http://groups.yahoo.com/group/IPCRI-News-Service.htm.

Eldar, Akiva, und Idith Zertal: Herren des Landes. Die Siedler und der Staat Israel 1967 – 2004. Or Yehuda 2004 (Hebr.).

Elements of a Performance-Based Road Map to a Permanent Two-State Solution to the Israeli-Palestinian Conflict, ed. by the „Jerusalem Media & Communication Centre", October 15, 2002.

Enderlin, Charles: Shattered Dreams: The Failure of the Peace Process in the Middle East, 1995–2002. New York 2002.

Erakat, Saeb: Road map must show the way to real peace, March 16, 2003, ed. by the PLO Negotiations Affairs Department, in www.nad-plo.org/opeds25.html.

Euro-Mediterranean Human Rights Network (ed.): Refugees Have Also Rights! Palestinian Refugees in Lebanon and Jordan. EMHRN Mission 17-23 September 2000.

(Ezrachi, Yaron:) Yaron Ezrahi: Gewalt und Gewissen. Israels langer Weg in die Moderne. Berlin 1998.

Fishman, Alex, and Sima Kadmon: Wir sorgen uns ernsthaft über das Schicksal des Staates Israel, in „Yediot Achronot" 14.11.2003 (Hebr.).

Friedman, Menachem: The State as a Theological Dilemma, in Kimmerling (ed.): Israeli State and Society, S. 165 ff.

Friedman, Menachem: The Ultra-Orthodox and Israeli Society, in Kyle/Peters (eds.): Whither Israel?, S. 161 ff.

Friedrich-Ebert-Stiftung (Hg.): Die Genfer Initiative – Ein Tor zum Frieden im Nahen Osten? Internationale Konferenz. Berlin, 15. Januar 2004.

Gavison, Ruth: Legal Systems and Public Attitudes During Negotiations Toward Transition from Conflict to Reconciliation: The Middle East 1991–1994, in Cotran and Mallat (eds.): The Arab-Israeli Accords, S. 21 ff.

Gavrilis, George: Sharon's Endgame for the West Bank Barrier, in „The Washington Quarterly" Autumn 2004, S. 7 ff.

Geneva Initiative: The First Year. Tel Aviv 2004.

Gerson, Allan: Israel, The West Bank and International Law. London 1978.

Ginat, Joseph: From War to Peace, in Rubin/Ginat/Ma'oz (eds.), S. 3 ff.

Golan, Galia: Plans for Israeli-Palestinian Peace: From Beirut to Geneva, in „Middle East Policy" XI(Spring 2004)1, S. 38 ff.

Golan, Galia: The Israeli Disengagement Initiative, in „Middle East Policy" XI(Winter 2004)4, S. 65 ff.

Gordon, A.D.: Erlösung durch Arbeit. Ausgewählte Aufsätze. Berlin 1929.

Gorny, Josef: Vom Post-Zionismus zur Erneuerung des Zionismus, in „Kirche und Israel" 1.97, S. 19 ff.

Grossman, David: Something to mourn, in „Haaretz"-online 15.8.2005.

Halper, Jeff: The Three Jerusalems and Their Role in the Occupation, in „Jerusalem Quarterly File" # 15, 2002.

Halper, Jeff: Israel in a Middle East Union: A „Two-stage" Approach to the Conflict, in „Tikkun" January/February 2005, S. 15 ff. (Kap. IV)

Harkabi, Yehoshafat: The Position of the Palestinians in the Israeli-Arab Conflict and Their National Covenant (1968), in Moore (ed.), S. 88 ff.

Harkabi, Yehoshafat: Israel's Fateful Hour. New York 1988.

Harkabi, Yehoshafat: World Order and the Arab-Israeli Conflict, in Rubin/Ginat/Ma'oz (eds.), S. 227 ff.

Hazony, Yoram: The Zionist Idea and Its Enemies, in „Commentary" 101/May 1996, S. 30 ff.

Heilman, Samuel C.: Guides to the Faithful. Contemporary Religious Zionist Rabbis, in R. Scott Appleby (ed.): Spokesmen for the Despised. Fundamentalist Leaders of the Middle East. Chicago & London 1997, S. 328 ff.

Heinrich Böll Stiftung (Hg.): Genfer Initiative. Berlin (2004).

Herman, Tamar: Tactical Hawks, Strategic Doves: The Positions of Israeli Jewish Public on the Israeli-Palestinian Conflict, in „Strategic Assessment" 5(November 2002)2.

[Israeli] High Court ruling on the separation fence (30/06/04), in www.haaretz.com/hasite/images/iht_daily/D010704/hcfen0604.rtf.

Hoffmann, Stanley: A New Policy for Israel, in Moore (ed.), S. 828 ff.

Hollis, Rosemary: Secularism cannot offer identity, in „bitterlemons" vom 14.7.2005.

Hroub, Khaled: Hamas. Political Thought and Practice. Washington, DC: Institute for Palestine Studies 2000.

Hroub, Khaled: Hamas after Shaykh Yasin and Rantisi, in „Journal of Palestine Studies" # 132, XXXIII(Summer 2004)4, S. 21 ff.

Husain, Irfan: The struggle for Islam's soul, in „bitterlemons" vom 14.7.2005.

International Court of Justice: Legal Consequences of the Construction of a Wall in the Occupied Palestinian Territory, 9 July 2004, in www.icj-cij.org/icjwww/ipress2004/ipresscom2004-28_mwp_20040809.htm.

International Crisis Group: Palestinian Refugees and the Politics of Peacemaking, 5 February 2004. IGG Middle East Report No. 22 – 5 February 2004.

International Crisis Group: The Jerusalem Powder Keg. Middle East Report No. 44 – 2 August 2005.

(Israel:) High Court ruling on the separation fence, „Haaretz"-online 30.6.2004.

James A. Baker III Institute for Public Policy, Rice University: Creating a Roadmap Implementation Process Under United States Leadership. Israeli-Palestinian Working Group Policy Paper. February 2005.

al-Jubeh, Nazmi: Jerusalem ist älter als 3000 Jahre, in Uri Avnery und Azmi Bishara (Hrsg.): Die Jerusalem Frage. Israelis und Palästinenser im Gespräch. Heidelberg 1996.

Kaminer, Reuven: The Politics of Protest. The Israeli Peace Movement and the Palestinian Intifada. Brighton (U.K.) 1996.

Kardahji, Nick: The Geneva Accord: Plan or Pretense? PASSIA: Jerusalem 2004.

Katz, Jacob: Messianismus und Zionismus. Zur jüdischen Sozialgeschichte. Frankfurt am Main 1993.

Khalidi, Walid: Plan Dalet: Master Plan for the Conquest of Palestine, in „Journal of Palestine Studies" # 69, XVIII(Autumn 1988)1, S. 4 ff.

Khoury, Adel Theodor: Sterben für den Glauben. Motive und Gedankenwelt militanter Gotteskrieger, in Hans Waldenfels und Heinrich Oberreuter (Hg.): Der Islam – Religion und Politik. Paderborn 2004, S. 67 ff.

Kramer, Martin: Ivory Towers on Sand. The Failure of Middle Eastern Studies in America. The Washington Institute for Near East Policy 2002.

Kyle, Keith, and Joel Peters (eds.): Whither Israel? The Domestic Challenges. London, New York 1993.

Khatib, Ghassan: Camp David: An exit strategy for Barak, in „bitterlemons" vom 15.7.2002.

Kimmerling, Baruch: Between the Primordial and the Civic Definition of the Collective Identity: Eretz Israel or the State of Israel?, in Cohen/Lissak/Almagor (eds.): Comparative Social Dynamics, S. 262 ff.

Kimmerling, Baruch (ed.): The Israeli State and Society. Boundaries and Frontiers. New York 1989.

Klein, Menachem: Jerusalem. The Contested City. New York 2001.

Klein, Menachem: Ein Weg zum Frieden: Sharons Rückzugsplan oder die Genfer Initiative, in www.genfer-initiative.de/genfer_initiative_menachem-klein.html.

Klein, Menachem: A Response to the Critics of the Geneva Initiative, in „Strategic Assessment" 7(August 2004)2, via www.tau.ac.il/jcss/sa/v7n2p6Kle.html.

Klein, Menachem: The Logic of the Geneva Accord, Winter 2004, in www.logosjournal.com/klein.htm.

Klein, Menachem: The Jerusalem Problem. The Struggle for Permanent Status. Gainesville et al. 2004.

Klein, Menachem: The Day After Disengagement from Gaza: Ariel Sharon vs. Mahmoud Abbas. Foundation for Middle East Peace, Washington, 21 June 2005.

Klieman, Aharon: Compromising Palestine. A Guide to Final Status Negotiations. New York and Tel Aviv 2000.

Kretzmer, David: Domestic Politics, Law and the Peace Process: A View from Israel, in Cotran and Mallat (eds.): The Arab-Israeli Accords, S. 81 ff.

Kretzmer, David: The Occupation of Justice. The Supreme Court of Israel and the Occupied Territories. New York 2002.

Kriener, Jonathan: Bildung als Kontrolle? Wie Politik Lehrinhalte beeinflusst am Beispiel der israelischen und palästinensischen Schulbücher, in www.genfer-initiative.de/gi_kriener.htm.

Kriener, Jonathan: Introduction, in www.gei.de/english/projekte/israel.shtml.

Lapidoth, Ruth: Legal Aspects of the Palestinian Refugee Question, 1.9.2002, „Jerusalem Center for Public Affairs" in www.jcpa.org/jl/vp485.htm.

Lapidoth, Ruth: Unity does not require uniformity, in „bitterlemons" 22.8.2005.

Lavie, Aviv: Die Wahlfreiheit des Volkes, in „Haaretz" 14.7.2003 (Hebr.).

Levy, Daniel: After Gaza, more Gaza, in „Haaretz"-online 24.6.2005.

Levy, Gideon: Good morning to the Israeli left, in „Haaretz"-online 13.2.2005. Hebräische Wochenausgabe 16.2.2005, S. 6, unter dem Titel „Guten Morgen, Linke".

Lerner, Michael: The Geneva Accord and other Strategies for Healing the Israeli-Palestinian Conflict. Berkeley 2004.

Liebman, Charles S.: Secular Judaism and Its Prospects, in „Israel Affairs" 4(Spring/Summer 1998)3&4, S. 29 ff.

Lustick, Ian S.: Camp David II: The Best Failure and Its Lessons, in „Israel Studies Bulletin" 16 (Spring 2002)2.

Makovsky, David, and Eran Benedek: The 5 Percent Solution, in „Foreign Policy" September/October 2003, S. 26 f.

Marcus, Yoel: The end of a generation, in „Haaretz"-online 29.4.2005.

Meir, Ephraim: The Challenge of Religious Education in the Secular State of Israel, in Christoph Miething (Hg.): Politik und Religion im Judentum. Tübingen 1999, S. 173 ff.

Middle East Institute (ed.): Lessons of Arab-Israeli Negotiating: Four Negotiators Look Back and Ahead (with Martin Indyk, Robert Malley, Aaron David Miller, Dennis Ross; Moderator: Edward S. Walker. Jr.), 2005, in www.mideasti.org.

Milton-Edwards, Beverley, and Alastair Crooke: Elusive Ingredients: Hamas and the Peace Process, in „Journal of Palestine Studies" # 132, XXXIII(Summer 2004)4, S. 39 ff.

Ministry of Foreign Affairs (eds. o.J.): Disputed Territories. Forgotten Facts About the West Bank and Gaza Strip, in www.mfa.org.il.

Ministry of Foreign Affairs: International Court of Justice. Request for an Advisory Opinion from the 10th Emergency Special Session of the United Nations General Assembly on „the legal consequences arising from the construction of the wall being built by Israel." Written Statement of the Government of Israel an Jurisdiction and Propriety, 30 January 2004.

Moore, John Norton (ed.): The Arab-Israeli Conflict. Readings and Documents. Princeton, N.J., 1977.

The Moratinos „Non-Paper", ed. „Palestine Peace Coalition"
in www.palestinepeace.org/documents/moratinos.html.

Morris, Benny: Righteous Victims. New York 1999.

Morris, Benny: Camp David and After: An Exchange (An Interview with Ehud Barak), in „The New York Review of Books", June 13, 2002, in www.nybooks.com/articles/15501.

Neff, Donald: Settlements in U.S. Policy, in „Journal of Palestine Studies" # 91, XXIII(Spring 1994)3, S. 53 ff.

Netanyahu, Ben-Zion: Is our nation sick?, in „Haaretz"-online 10.9.2004.

Nimni, Ephraim (ed.): The Challenge of Post-Zionism. Alternatives to Israeli Fundamentalist Politics. London & New York 2003.

(Nusseibeh, Sari:) Linda Benedikt: „Der israelisch-palästinensische Konflikt hat nichts mit Recht oder Gerechtigkeit zu tun (Interview mit Nusseibeh), in www.heise.de/tp/r4/artikel/16/16357/1.html.

The Nusseibeh-Ayalon Agreement, in www.fmep.org/analysis/nusseibeh-ayalon-agreement.html. Das Papier wurde im September 2002 von dem Präsidenten der Al-Quds-Universität Sari Nusseibeh und dem ehemaligen Chef des israelischen Geheimdienstes Ami Ayalon vorgelegt.

Or, Theodor: A Year to the State Investigative Commission on the October 2000 Events. Tel Aviv University & Konrad Adenauer Foundation 2004.

Pacific Council on International Policy (ed.): Israel & Palestine: Rethinking U.S. Stakes and Roles. May 25, 2005.

Palestinian refugees, January 2001, Taba, in www.monde-diplomatique.fr/cahier/proche-orient/refugeespal-en.

Peres, Schimon: Die Versöhnung. Der neue Nahe Osten. Berlin 1994.

Peres, Schimon: „Das Siedlungsprojekt ist ein Fehler" (Interview), in SZ 26.7.2005, S. 8.

Peretz, Don: Palestinians, Refugees, and the Middle East Peace Process. Washington, D.C, 1993.

Peri, Yoram: Telepopulism. Media and Politics in Israel. Stanford, California, 2004.

Pressman, Jeremy: Vision in Collision. What Happened at Camp David and Taba?, in „International Security" 28(Spring 2003)2, S. 5 ff.

Preuß, Ulrich K.: Krieg, Verbrechen, Blasphemie. Zum Wandel bewaffneter Gewalt. Berlin o.J. [2002].

Pundak, Ron: From Oslo to Taba: What Went Wrong?, June 2002, in www.gush-shalom.org.

Pundak, Ron, and Shaul Arieli: The Territorial Aspect of the Israeli-Palestinian Final Status Negotiation, ed. by the „Peres Center for Peace", Tel Aviv 2004 (Hebr.).

Quandt, William: Peace Process. American Diplomacy and the Arab-Israeli Conflict Since 1957. Washington, D.C. 2001.

(Qureia, Achmed:) Qurei, Ahmad: A Palestinian State Is a Historical Necessity (Interview), in „Palestine-Israel Journal" VIII(2001)3, S. 16 ff.

Rachlevsky, Seffi: Der Esel des Messias. Tel Aviv 1998 (Hebr.).

Ravitzky, Aviezer: Religiöse und Säkulare in Israel: Ein Kulturkampf?, in Michael Brenner und Yfaat Weiss (Hrsg.): Zionistische Utopie – israelische Realität. München 1999, S. 148 ff.

Ravitzky, Aviezer: Ist ein halachischer Staat möglich? Das Paradox jüdischer Theokratie. Israel Democracy Institute, Jerusalem 2005, zit. bei Meron C. Izakson: Temple and Knesset, in „Haaretz"-online 11.3.2005.

Rett, Anabel: The new Palestinian History Textbooks for grades 6 to 8, in www.gei.de/english/projekte/israel.shtml.

(Riedel, Bruce:) Former National Security Council Adviser on the Middle East Bruce Riedel, „Camp David: The U.S.-Israel Bargain," 15 July 2002, in „Journal of Palestine Studies" # 125, XXXII(Autumn 2002)1, S. 168 ff.

Rosenne, Shabtai: Directions for a Middle East Settlement–Some Underlying Legal Problems, in Moore (ed.), S. 665 ff.

Ross, Dennis B.: Think Again: Yasir Arafat, in „Foreign Policy" July/August 2000, in www.foreignpolicy.com/story/files/story179.php.

Ross, Dennis: The Missing Peace. The Inside Story of the Fight for Middle East Peace. New York 2004.

Ross, Dennis: The Middle East Predicament, in „Foreign Affairs" January/February 2005, S. 61 ff.

Ross, Dennis and Gidi Grinstein: Camp David: An Exchange + Reply by Hussein Agha and Robert Malley, in www.nybooks.com/articles/14320.

Literaturverzeichnis

Rubin, Barry, Joseph Ginat and Moshe Ma'oz (eds.): From War to Peace: Arab-Israeli Relations 1973–1993. New York 1994.

Rubinstein, Amnon: War and the Rule of Law: The Israeli Experience, in „Israel Year Book on Human Rights" 1(1971), S. 322 ff.

Sabri, Ikrama: Part of a worldwide trend (Interview), in „bitterlemons" vom 14.7.2005.

Said, Edward: The only alternative, in „Al-Ahram Weekly On-line" 1.-7.3.2001.

Savir, Uri: The Process. 1,100 Days that changed the Middle East. New York 1998.

Sayigh, Rosemary: Palestinians: From Peasants to Revolutionaries. London 1979.

Scham, Paul, Walid Salem and Benjamin Pogrund (eds.): Shared Histories. A Palestinian-Israeli Dialogue. Jerusalem 2005. Mit Wortmeldungen von Meron Benvenisti, Moshe Amirav und Adel Yahya.

Schiff, Ze'ev: The two faces of disengagement, in „Haaretz"-online 19.8.2005.

Schweid, Eliezer: The Land of Israel. National Home or Land of Destiny. Rutherford–Madison–Teaneck 1985.

Shaath, Nabil: The Oslo Agreement (Interview), in „Journal of Palestine Studies" # 89, XXIII(Autumn 1993)1, S. 5 ff.

(Sharon, Ariel:) Ari Shavit: PM: ›Iraq war created an opportunity with the Palestinians we can't miss‹ (Interview), in „Haaretz"-online 11.4.2003.

Shavit, Ari: Das Nationalprojekt der Zukunft, in „Haaretz"-Wochenendmagazin 24.6.2005, S. 30 ff. (Hebr.) Das auf dem Beitrag beruhende Buch des Autors „Die Teilung des Landes" stand mir noch nicht zur Verfügung.

Shavit, Ari: Israel must sit shiva, in „Haaretz"-online 18.8.2005.

Sheehan, R.F. Edward: The Disintegration of Palestine, in „New York Review of Books" 29.4.2004, in www.nybooks.com/articles/17056.

Shehadeh, Raja: The Weight of Legal History: Constraints and Hopes in the Search for a Sovereign Legal Language, in Cotran and Mallat (eds.): The Arab-Israeli Accords, S. 3 ff.

Sher, Gilad: Jenseits des Erreichbaren. Die Friedensverhandlungen 1999 – 2001: Ein Zeugnis. Tel Aviv 2001 (Hebr.).

Shikaki, Khalil: Palestinians Divided, in „Foreign Affairs" January/February 2002, S. 89 ff.

Shikaki, Khalil: The Future of Palestine, in „Foreign Affairs" November/December 2004, S. 45 ff.

Shlaim, Avi: The Oslo Accords, in „Journal of Palestine Studies" # 91, XXIII(Spring 1994)3, S. 24 ff.

(Shlaim, Avi:) Meron Rapoport: No peaceful solution (Interview), in „Haaretz"-online 11.8.2005.

Shlaim, Avi: The Iron Wall. Israel and the Arab World. London 2000.

Shamgar, Meir: The Observance of International Law in the Administered Territories, in Moore (ed.), S. 489 ff.

Simon, Ernst A.: Sechzig Jahre gegen den Strom. Briefe von 1917 – 1984. Tübingen 1998.

Singer, Saul: Who's Fault Was the Failure of Camp David?, in „Jerusalem Viewpoints" 15 March 2002.

Spoerri, Philip: Die Fortgeltung völkerrechtlicher Besatzungsrechte während der Interimsphase palästinensischer Selbstverwaltung in der West Bank und Gaza. Frankfurt am Main et al. 2000.

Steinberg, Matti: „You Can't Clap with Only One Hand:" The Dialectic Between the PLO „Inside" and „Outside", in Rubin/Ginat/Ma'oz (eds.), S. 112 ff.

Straschnov, Amnon: Israel's Commitment to Domestic and International Law in Times of War, in „Jerusalem Center for Public Affairs" 10 October 2004, in www.jcpa.org/brief/brief4-5.htm.

Strauss Feuerlicht, Roberta: The Fate of the Jews. A People Torn Between Israeli Power and Jewish Ethics. New York 1983.

(Sussman, Gary:) Is the Two-State Solution Viable?, PASSIA Meetings & Workshops, March 25, 2004, in www.passia.org/meetings/2004/Mar-25-Two-State.htm.

Swisher, Clayton E.: The Truth About Camp David. The Untold Story About the Collapse of the Middle East Peace Process. New York 2004.

Tamir, Abraham: Israel's Security Policy and the Peace Process, in Rubin/Ginat/Ma'oz (eds.), S. 107 ff.

The Taba Negotiations (January 2001), in „Journal of Palestine Studies" # 123, XXXI(Spring 2002)3, S. 79 ff.

The Washington Institute for Near East Policy (ed.): Security Reform and Peace. The Three Pillars of U.S. Strategy in the Middle East. Report of the Presidential Study Group, 2005. Die Gruppe stand unter der Leitung von Dennis Ross und Robert Satloff.

Verter, Yossi: Viva Geneva, in „Haaretz"-online 31.7.2005.

Watson, Geoffrey R.: The Oslo Accords. International Law and the Israeli-Palestinian Agreement. Oxford University Press: Oxford 2000.

(Weissglas, Dov:) Ari Shavit: The Big Freeze (Interview), in „Haaretz"-online 8.10.2004.

Weissbrod, Lilly: Gush Emunim and the Israeli-Palestinian Peace Process: Modern Religious Fundamentalism in Crisis, in „Israel Affairs" 3(Autumn 1996)1, S. 86 ff.

Welch, C. David: Statement by Assistant Secretary of State for Near Eastern Affairs C. David Welch, Senate Foreign Relations Committee, June 30, 2005.

Wielandt, Rotraud: Islam und Gewalt, in Hans Waldenfels und Heinrich Oberreuter (Hg.): Der Islam – Religion und Politik. Paderborn 2004, S. 37 ff.

Wolfsfeld, Gadi: The Politics of Provocation Revisited: Participation and Protest in Israel, in Ehud Sprinzak and Larry Diamond (eds.): Israeli Democracy Under Stress. Boulder and London 1993, S. 199 ff.

Zunes, Stephen: Implications of the U.S. Reaction to the World Court Ruling Against Israel's Separation Barrier, in „Middle East Policy" XI(Winter 2004)4, S. 72 ff.

Internet-Seiten *167*

Internet-Seiten:

Genfer Initiative:
Deutsche Internetseite: *www.genfer-initiative.de*
Israelische Internetseite (Englisch): *www.geneva-accord.org.*
Palästinensische Internetseite (Englisch): *www.ppc.org.ps.*
Israelische Internetseite (Hebräisch): *www.heskem.org.il*
Israelische Internetseite (Hebräisch): *www.hafgana.co.il.*

Weitere wichtige Websites:
„Foundation for Middle East Peace": *www.fmep.org.*
„Georg Eckert Institute für Internationale Schulbuchforschung": *www.gei.de.*
„Gush Shalom": *www.gush-shalom.org.*
„Foreign Policy": *www.foreignpolicy.org.*
„Haaretz" (Englisch): *www.haaretz.com.*
„Haaretz" (Hebräisch): *www.haaretz.co.il.*
„International Court of Justice" (Den Haag): *www.icj-cij.org.*
„International Crisis Group": *www.crisisgroup.org.*
„Israel Central Bureau of Statistics": *www.cbs.org.*
„Israel Democracy Institute": *www.idi.org.*
„The Israeli Information Center for Human Rights in the Occupied Territories": *www.btselem.org.*
„Jerusalem Center for Public Affairs": *www.jcpa.org.*
„Jerusalem Media and Communication Center": *www.jmcc.org.*
„Keshev – The Center for Protection of Democracy in Israel": *www.keshev.org.il.*
„Logos Journal": *www.logosjournal.com.*
„Middle East Institute": *www.mideasti.org.*
„The Middle East Media Research Institute": *www.memri.org.*
„Ministry of Foreign Affairs, Israel": *www.mfa.gov.il.*
„Neve Shalom / Wahat al-Salam": *www.nswas.com*
„The New York Review of Books": *www.nybooks.com.*
„Palestine Peace Coalition": *www.palestinepeace.org.*
„Palestinian Central Bureau of Statistics": *www.pcbs.org.*
(Palestinian) „International Press Service": *www.ips.gov.ps.*
„Palestinian-Israeli Crossfire": *www.bitterlemons.org.*
„Palestinian Academic Society for the Study of International Affaire" (PASSIA): *www.passia.org.*
„PLO Negotiations Affairs Department": *www.nad-plo.org.*
„Strategic Assessment", Tel Aviv: *www.tau.ac.il/jcss.html.*
„UN Office for the Coordination of Humanitarian Affairs": *http://domino.un.org/Unispal.NSF.*

Glossar

Ahl al-Dhimma: arab. „Schutzbefohlene". Gemeint sind die „Völker des Buches" (*„Ahl al-kitab"*): Christen und Juden mit geschütztem Sekundärstatus unter moslemischer Herrschaft.

al-Ansar: arab. „die Partisanen". Seit 1993 in London herausgegebene Wochenzeitung.

al-Awda: arab. die Rückkehr. – *A'idun*: Rückkehrer, Eigenbezeichnung statt „Flüchtlinge".

al-Azhar: arab. „die Leuchtende". Islamische Universität in Kairo.

al-Aqza-Moschee: Jerusalem kommt im Koran nicht vor, lediglich in Sure 17,1 wird geschildert, wie Gott den Propheten auf einer nächtlichen Reise von der heiligen Moschee [in Mekka] zu der fernsten Moschee gebracht habe; sie wird mit der Al-Akza-Moschee identifiziert, obwohl diese erst viele Jahrzehnte nach der muslimischen Eroberung Jerusalems errichtet wurde.

al-Dawa: arab. „Ruf, Aufruf (zum Islam)".

al-Haq: arab. „Gerechtigkeit", „Wahrheit". Name der palästinensischen Außenstelle der 1979 gegründeten „International Commission of Jurists" (Genf) mit Sitz in Ramallah.

Amal: arab. „Hoffnung" bzw. Akronym für „Bataillone des libanesischen Widerstandes". Militärischer Flügel der 1959 von dem aus Iran stammenden Imam Musa Sadr gegründeten „Bewegung der Entrechteten" (*„harakat al-mahrumin"*).

Avodah: hebr. „Arbeit". Gemeint ist die aus der zionistischen Arbeiterbewegung hervorgegangene säkulare Arbeitspartei.

Ayatollah: arab. „Zeichen des Islam"

Baath: arab. „Erneuerung", „Renaissance". Ideologie und Partei in Syrien und Irak (unter Saddam Hussein).

Chabad: hebr. Akronym für „Weisheit, Verstehen und Wissen". Im System der Kabbalah sind sie die bedeutendste Triade der zehn Emanationen (*„Sefirot"*) Gottes als Schöpfer.

Charedismus: *Charedi* = gottesfürchtig (Gen. 66,2). Mit Charedim sind die ultraorthodoxen Juden gemeint, die im Gegensatz zur modernen Orthodoxie, die bis in die 70er Jahre des 20. Jh. vor allem in der Nationalreligiösen Partei

Glossar

(Akronym *Mafdal*, NRP) ihre politische Heimat fand, darauf achten, dass striktere Standards der religiösen Observanz eingehalten werden.

Dauwa: arab. „Predigt", „Mission", „Bekehrung" im Sinne der Verbreitung des moslemischen Glaubens und der Unterweisung. Der Begriff bezieht sich auf Sure 16: „Rufe auf zum Wege des Herrn mit Weisheit und sich geziemender Ermahnung und diskutiere mit ihnen in jener Weise, welche die beste ist." Aus der Sure werden drei Arten der Bekehrung abgeleitet: 1) die rationale Beweisführung: Nicht-Muslimen solle man die Notwendigkeit eines Glaubens an den „majestätisch hoch erhabenen Schöpfer" beweisen, indem man den Koran zitiert; 2) die an die Muslime gerichtete Predigt, damit ein vollkommenes starkes Volk entsteht; 3) die Diskussion mit dem Ziel der Überzeugung des Gegners ohne Ereiferung. Eine weitere, für die Mission zentrale Stelle findet man in Sure 3: „Ihr seid die beste Gemeinschaft, die für die Menschen gestiftet wurde." Juden und Christen sind die bevorzugten Objekte einer globalen „*Dauwa*".

Dhimmi (Plural „*Dhimma*"): arab. Bezeichnung für Juden, Christen und Zoroastrer. Der „*Dhimmi*" hatte wohlbegründete, aber keine politischen Rechte. Mitte des 19. Jh.s wurde die Dhimmi-Gesetzgebung im Osmanischen Reich abgeschafft, und Muslime wie Nichtmuslime wurden als Bürger gleichgestellt. Das *Millet*-System (s. unten) wurde jedoch aufrechterhalten. Danach blieben den Religionsgemeinschaften wichtige rechtliche und soziale Funktionen vorbehalten, die Rechtsprechung in Personenstandsfragen (mithin Erschwerung von „Mischehen"), die den Einfluss des Klerus auch in Zeiten der forcierten Säkularisierung und Verwestlichung wahrte.

Djahiliya: arab. für die vorislamische Zeit, Zeitalter der „religiösen Unwissenheit", des „Heidentums".

Djamaat a-islamiyya: arab. „islamische Gemeinschaft" in Ägypten.

Djihad: arab. „Anstrengung", „Kampf": „O ihr, die ihr glaubt, kämpft gegen die Ungläubigen in eurer Nähe" (Koran 9,125). Traditionell wurde zwischen dem „kleinen *Djihad*" (Krieg) und dem „großen *Djihad*" (ethisches Prinzip der Selbstläuterung) unterschieden.

Djihad al-islamiya: arab. „Islamischer Heiliger Krieg". Kleine militante Gruppe vor allem im Gazastreifen.

Dunam: Arabische Flächenmaß von 1 *Dunam* entspricht 1000 Quadratmeter.

Fatah: arab. „Öffnung" bzw. rückwärts gelesenes Akronym für „Bewegung zur Befreiung Palästinas". Mehrheitsfraktion in der PLO.

Fatwa (Plural *Fatawa*): arab. „islamisches Rechtsgutachten".

Fitna: arab. „Bürgerkrieg".

Galut: hebr. „Exil", „Verbannung", die das Leben außerhalb des Landes Israel bezeichnet. Der Begriff wird gewöhnlich unscharf mit dem griechischen Begriff „Diaspora" übertragen.

Gush Emunim: hebr. „Block der Glaubenstreuen". Er wurde Ende Februar 1974 von jungen Mitgliedern der Nationalreligiösen Partei gegründet als Protest gegen die vermeintlich in Siedlungsfragen nicht entschieden genug auftretende Parteiführung. Drei der wichtigsten Gründer, die Rabbiner Moshe Levinger, Chaim Druckman und Eliezer Waldman, waren Absolventen der Jerusalemer Zentralen Rabbiner-Yeshiva. 1976 gründete *Gush* seine Siedlerorganisation *Amana* („Charta", „Konvention") und löste sich damit von seiner bisherigen Rolle als informelle Bewegung des politischen Protestes und Widerstandes.

Gharb: arab. „Westen". Es steht in etymologischer Verwandtschaft zu „Sonnenuntergang", „Dunkelheit".

Hadith: arab. „Gespräch", „Überlieferung" von Worten und Taten des Propheten Mohammed.

Hakimiyyat Allah: arab. „göttliche Weltordnung", „Souveränität".

Halacha: hebr. „(der Weg) des Gehens". Technischer Begriff für den Korpus des jüdischen Rechts auf talmudischer Grundlage.

Hamas: arab. „Eifer" bzw. als Akronym „Bewegung des islamischen Widerstandes" *(„Harakat al-muqawama al-islamiyya")*. Die Gruppe wurde in den 80er Jahren des 20. Jh.s im Gazastreifen gegründet.

Haram al-Sharif: arab. „Ehrwürdiges Heiligtum". Gemeint ist jener Ort in der Jerusalemer Altstadt, der in der jüdischen Tradition als Tempelberg bezeichnet wird.

Haskalah: hebr. säkulare jüdische Aufklärungsbewegung des 19. Jh.s in Ost- und Westeuropa.

Hesder: hebr. „Arrangement". System, das über den Verlauf von fünf Jahren ein zweijähriges religiöses Studium mit einem dreijährigen Militärdienst verbindet.

Hizb: arab. „(politische) Partei". Das Wort steht in etymologischer Verwandtschaft zu „spalten".

Hisbollah: arab. „Partei Gottes" im Libanon.

Glossar

Hudna: arab. „zeitwilliger Waffenstillstand". Der Begriff kommt im Koran nicht vor, wird aber von islamischen Gelehrten mit dem Marsch Mohammeds und seinen Gläubigen im Jahr 628 in Zusammenhang gebracht. Damals stellte sich ihnen auf dem Weg nach Mekka eine nicht-moslemische Armee in den Weg, die Mohammed gegen den Willen seiner Anhänger zum Waffenstillstand zwang. Zwei Jahre später annullierte Mohammed die Waffenruhe und eroberte Mekka.

al-Hurriyeh: arab. „die Gerechtigkeit".

Idjtihad: arab. „Vernunft" (bei der Interpretation des Koran).

Ikhwan: arab. „(Glaubens-)Brüder". *„al-Ikhwan al-Muslimun"*: islamische Glaubensbrüder.

Ilmaniyyah: arab. „Säkularismus".

Intifada: arab. „Abschütteln". Volksaufstand der Palästinenser von Ende 1987 bis 1991 und 2000 bis 2004.

Islam huwa al-hal: arab. „Der Islam ist die Lösung".

Istiklal: arab. „Unabhängigkeit".

Jahiliyya: arab. „Gottlosigkeit", kulturelle „Barbarei".

Jewish Agency" (hebräische Kurzform „Sochnut" = Agentur): Exekutive und Repräsentanz der Zionistischen Weltorganisation zur Förderung der Entwicklung und des Aufbaus des Landes Israel. Sie war gemäß dem 1922 ratifizierten Völkerbundmandat Ansprechpartnerin der Briten. 1929 wurde sie um nichtzionistische Gruppen erweitert, um die Beziehungen zur Diaspora zu vertiefen. Nach 1948 gingen viele Aufgaben auf den Staat Israel über, doch blieb die „Jewish Agency" vor allem für die Einwanderung, die Besiedlung und die Jugendarbeit verantwortlich.

Kabbalah: hebr. „Rezeption", „Aufnahme". Allgemein verwendeter Begriff für die Tradition der esoterisch-theosophischen Lehren des Judentums und für den jüdischen Mystizismus, die sich seit dem 12. Jahrhundert entwickelten, deren Wurzeln aber in talmudische Zeit zurückreichen.

Kalif: arab. „Nachfolger". Nachdem bis 661 n.d.Z. die Führung der muslimischen Gemeinde bei engen Vertrauten des Propheten Mohammed gelegen hatte, setzte sich danach das dynastische Prinzip durch.

Kopten: alter Name für Ägypten. Bezeichnung für die ägyptischen Christen.

Kollel: hebr. Yeshiva für verheiratete Männer.

Koran: arab. „(das) Rezitierte". Besteht aus 114 Suren unterschiedlicher Länge. Er bietet eine Anzahl heilsgeschichtlicher Erzählungen, während längere narrative Passagen die Ausnahme bilden. Er enthält Gesetze und Regeln, aber keine systematische Sammlung. Über den Zeitpunkt der Redaktion herrscht keine Einigkeit. Die erste Sure, die „Eröffnende" *(„Faticha")*, hat einen stärker bekenntnishaften Charakter als die übrigen: „Im Namen Gottes, des barmherzigen Erbarmers, Dank sei Gott, dem Herrn der Welten, dem barmherzigen Erbarmer, der am Tage des Gerichts herrscht, Dir dienen wir und Dich bitten wir um Beistand, führe uns den geraden Weg, den Weg derer, denen Du Gnade erwiesen hast und nicht zürnst und die nicht in die Irre gehen."

Likud: hebr. „Einheit". Sammelbecken der politischen Rechten in Israel in der Tradition des zionistischen Revisionismus.

Mahdi: arab. „Erlöser".

Masjid: arab. „Moschee", wörtlich „Ort des Niederfallens (im Gebet)".

Meretz: hebr. „Energie". Die Partei ging 1992 aus der von Shulamit Aloni 1973 gegründeten Bürgerrechtsbewegung (Akronym Ratz), der Partei *Shinui* („Wandel") unter Amnon Rubinstein und der „Vereinigten Arbeitspartei" (Akronym Mapam) hervor und trat erstmals 1992 bei den Parlamentswahlen an. In den Jahren 1992 bis 1996 gehörte sie zu der von der Arbeitspartei geführten Koalition, zwischen 1999 und 2001 war sie in der Regierung Ehud Baraks erneut vertreten. 2003 ging sie eine Listenverbindung mit Yossi Beilins Gruppe *„Shachar"*(„Morgenröte") unter dem *„Yachad"*(Akronym für „Sozialdemokratie Israel" bzw. „Gemeinsam") ein.

Midrash: hebr. „Erforschung". Sammlung halachischer Entscheidungen sowie homiletischer Literatur oder von Textkommentaren.

Mishna: hebr. „Wiederholen", „Lernen". Systematische Sammlung aus der Zeit um 220 n.d.Z. Textbuch des damals bekannten mündlichen Gesetzes, das die entscheidende Quelle des jüdischen Gesetzes geblieben ist.

Mitchell-Plan: Bezeichnung für die im Oktober 2001 beim Gipfeltreffen in Sharm el-Sheikh unter Vorsitz des früheren US-Senators George Mitchell eingesetzte internationale Kommission. Sie legte im Mai 2002 Empfehlungen zur Beendigung der Gewalt, zur Verbesserung des Vertrauens sowie zur Wiederaufnahme von Verhandlungen zwischen Israel und der Palästinensischen Autonomiebehörde vor.

Mizrachi: hebr. Zusammensetzung aus den Wörtern für „spirituelles Zentrum" *(„Merkaz Ruchani")*. Die religiöse Bewegung entstand 1902 und organisierte

Glossar

sich 1918 als Partei; 1922 spaltete sich der „*Hapoel Hamizrachi*" („Der ›orientalische‹ Arbeiter") auf der Suche nach einer Formel ab, die soziale Verantwortung und religiöse Bedürfnisse vereinbaren wollte. Die Delegierten aus den Kreisen der deutschen und osteuropäischen Orthodoxie verständigten sich auf die Mitwirkung in der zionistischen Organisation unter Betonung des theologischen und spirituellen Erbes des Judentums. Nach der Gründung des Staates Israel ging die Bewegung in der neuen Nationalreligiösen Partei (NRP) auf.

Mitzva (Plural „*Mitzvot*"): hebr. „religiöses Gebot".

Muqawimun: arab. „Widerstandskämpfer".

Murtad: arab. „Abtrünniger", „Apostat".

Nahdat: arab. „Renaissance".

Nakba: arab. „Katastrophe". Bezeichnung für den palästinensischen Exodus 1947/48.

Nakhsa: arab. „Untergang", „Niederlage". Palästinensische Bezeichnung für die arabische Niederlage im Junikrieg 1967.

Nitzim: hebr. „Falken". Bezeichnung für politisch rechtsstehende Personen/Parteien in Israel.

PLO: „Palestinian Liberation Organisation". Palästinensische Dachorganisation verschiedener Gruppen, Verbände und Einzelpersonen. Offiziell gegründet 1965 in (Ost-)Jerusalem. Proklamierte auf der Tagung seines Nationalkongresses (PNC) im November 1988 in Algier einen palästinensischen Staat in der Westbank und im Gazastreifen.

Qaida: arab. „Basis", „Grundpfeiler". Organisation des aus Saudi-Arabien gebürtigen Islamisten Osama Bin-Laden.

Qawmiya: arab. Bezeichnung für den panarabischen Nationalismus.

Raïs: arab. „Führer". Gemeint ist in diesem Zusammenhang Yasser Arafat.

Ridda: arab. „Abfall vom Islam".

Shabak: hebr. Akronym für den israelischen „General Security Service".

Shahada: arab. „Glaubensbekenntnis": „Es gibt keinen Gott außer Gott, und Mohammed ist der Prophet Gottes."

Shahid: arab „Märtyrer", Plural „*Shuhuda*"; „*Istishhadi*" = „Märtyrertum".

Sharia: arab. „breiter bzw. klarer Weg" (ursprünglich zur Wasserstelle). Kanonisches Recht des Islam. „Wir haben dich auf einen klaren Weg unseres Gebots gebracht. Folge ihm und folge nicht den Launen jener, die nicht wissen" (Koran 45,18). Die „*Sharia*" schöpft aus drei Quellen: dem *Koran*, der Sunna (beispielhafte Praxis Mohammeds) und dem *Hadith* (konsensuale Deutung der Gemeinde).

Sharm el-Sheikh-Memorandum: Es wurde am 4.9.1999 zwischen der israelischen Regierung und der PLO in Anwesenheit von Präsident Mubarak, König Hussein und Präsident Bill Clinton unterschrieben. Es sollte acht Bereiche regeln: 1. Endstatus-Verhandlungen, 2. Erste und zweite Phase weiterer israelischer Rückzüge („redeployments"), 3. Freilassung palästinensischer Gefangener, 4. Arbeit von Ausschüssen, 5. Einrichtung von Transitstrecken, 6. Bau des Hafens von Gaza, 7. Hebron-Regelungen, 8. Sicherheitsangelegenheiten.

Shas: hebr. Akronym für „Sefardischen Torah-Wächter", 1983 gegründete israelische Partei.

Shura: arab. „Beratung".

Sunna: arab. „Tradition", „Gewohnheit". Religiöse Regeln, basierend auf Überlieferungen von Worten und Taten des Propheten Mohammed.

Taliban: (Singular „*Talib*"): paschtu. „Koranschüler".

Talmud: hebr. „Belehrung". Der „*Talmud*" ist die mündliche Überlieferung neben dem schriftlich vorliegenden Kanon der Bibel, ihre Ergänzung, Deutung und Weiterführung. In ihm sind die religionsgesetzlichen („halachischen") Regeln zusammengefasst. Von den zwei Kompilationen, dem Palästinischen (Jerusalemer) Talmud (abgeschlossen um 400 n.d.Z.) und dem Babylonischen Talmud (abgeschlossen um 500 n.d.Z.), hat nur letzterer autoritative Geltung gewonnen.

Tanzim: arab. „Organisation". Militante Abspaltung von „*Fatah*" zu Beginn der zweiten „Intifada" im Herbst 2000. Ihr Führer war bis zu seiner Verhaftung durch Israel im April 2002 Marwan Barghouti. Seither hat sie an Bedeutung verloren.

Tenet-Plan: Nach dem CIA-Direktor George Tenet genannter Arbeitsplan zur Implementierung der palästinensisch-israelischen Waffenruhe vom Juni 2001. Er galt als Voraussetzung für die Chancen des Mitchell-Plans (s. oben).

Ulama (Singular „*alim*"): arab. „Gelehrte(r)" der islamischen Rechtsschulen.

Usuliyya: arab. „Fundamentalismus".

Waqf (Plural. „*Awqaf*"): arab. „fromme Stiftung". In sie werden häufig Immobilien eingebracht, um nach dem Tod des Eigentümers Teilungen oder Veräußerungen zu verhindern.

Glossar

Wataniya: arab. für den einzelstaatlichen Nationalismus.

Wye-Memorandum: Es wurde am 23.10.1998 von Benjamin Netanyahu (für den Staat Israel) und Yasser Arafat (für die PLO) im Beisein von Präsident Bill Clinton in Washington unterzeichnet. Nach mehr als anderthalbjährigem Stillstand im Verhandlungsprozess sollte es vor allem die Umsetzung von „Oslo II" erleichtern.

Yeshiva (Plural „*Yeshivot*"): hebr. „Sitzen". Talmud-Torah-Hochschule(n).

YESHA: hebr. Anfangsbuchstaben für „Judäa, Samaria und Gaza". Irrtümlicherweise wird „YESHA" häufig mit „Rat der Siedlungen in Judäa, Samaria und Gaza" übersetzt. Der Rat ist das politische Leitungsgremium der ideologisch motivierten Siedler.

Yishuv: hebr. „Niederlassung". Gemeint ist vor allem die jüdische Ansiedlung in der Zeit des britischen Mandats.

Yonim: hebr. „Tauben". Bezeichnung für politisch liberale oder linksstehende Personen/Parteien in Israel.

Zahal: hebr. Akronym für israelische Verteidigungsstreitkräfte.

Reiner Bernstein

From Gaza to Geneva
The Peace Initiative of Israelis and Palestinians

In the summer of 2005, Israelis evacuated the Gaza Strip and four settlements in the northern parts of the West Bank. This recent development provides new options for a peaceful solution to the Israeli-Palestinian conflict. The status that the Israeli policy wanted to create after 1967 in both territories is no longer irreversible.

Reiner Bernstein is engaged in past and present Middle East affairs, especially in the relations between Israel and the Palestinians. His main interest is the evaluation of Israeli-Jewish and Arab-Islamic narratives on political decisions in both societies. In his new book he defends the notion that the hundred-year-old conflict is based on an absolute struggle about history, geography, and religious symbols. Social justice and willingness to work for political peace with the neighbouring people have only recently become understood as more worthy than messianic passions.

At the beginning of the book, the author analyses the failures of the Oslo agreements of 1993/95 and the collapse of the Camp David summit talks in July 2000. Afterwards he discusses the inherent indecisiveness of the "Road Map." Against this backdrop he addresses in detail the Geneva peace initiative that Israelis und Palestinians presented to the international public in December 2003 under the leadership of Yossi Beilin und Yasser Abed Rabbo. It attracted much international attention all around the world, because this was the first time that members of parliament and of security services, scholars, business people and authors from both sides had drafted a comprehensive peace plan. The Geneva peace initiative refrains from lengthy interpretations and compromises. Instead it proffers specific regulations for the central problems of the conflict: the two-states solution alongside the "Green Line" of 1967, the removal of the Jewish settlements, the establishment of Jerusalem as capital of both states, the Palestinian refugee problem as well as answers to bilateral security questions.

Despite initial opposition to it, the Geneva Initiative is on its way to being largely accepted by the Israeli and the Palestinian societies as a starting-point for official negotiations to come. Both peoples are beginning to understand that further interim agreements are only useful if carried out on the level of national equality.

Abstract

Today the Israeli government still seems to insist on the viewpoint of "Gaza first–Gaza last." Indeed, when negotiations about political and territorial follow-ups start in autumn of 2005, the relevance of the Jewish religious narrative concerning "Judea and Samaria" as the cradle of Jewish history and of "Palestine" as part of the Islamic endowment will appear on the agenda. The drafters of the Geneva Initiative must therefore see to it that new democratic majorities prevail in both societies. Only then can their particular ideas for conflict resolution gain outstanding significance for the political future.

The book is rounded off by the text of the Geneva Initiative, the names of all Israeli and Palestinian partners, a bibliography and a glossary. The foreword was written by the chairman of the "Heinrich Böll Stiftung", Ralf Fücks, and epilogues by Yasser Abed Rabbo and Yossi Beilin.

Namensregister

Abbas, Machmud („Abu Mazen") 10, 13, 22, 23, 26, 29, 36, 37, 39, 41, 49, 68-70, 77, 90, 92, 99, 106, 108
Abdel-Hadi, Fiha 116
Abdel Rachman, Wafa 116
Abdel Razeq, Hisham 99, 116
Abd el-Shafi, Haydr ['Abd Al-Shafi, Haydar] 62, 99
Abd el-Shafi, Salach ['Abd Al-Shafi, Salach] 99, 117
Abdullah I., König von Jordanien 58, 74
Abdullah, Samir 117
Abed Rabbo, Yasser 9, 14, 26, 78, 80, 82, 91, 95, 99, 109, 117
Abu-Ein, Ziad 117
Abu-Ghazaleh, Rawfiq 117
Abu-Shushe, Maha Awad 117
Abu Sitta, Salman 72
Abushi, Reem 117
Achad Ha'am 51
Agha, Zakaria 99
Ahtisaari, Martti 77, 95
Almagor, Gila 10
Aloni, Shulamit 10, 36
Alpher, Yossi 106
Amr, Nabil 31
Arad, Moshe 10
Arafat, Yasser 11, 18-31, 33, 37, 39, 49, 50, 62, 63, 68, 70, 75, 78, 81, 108
Arieli, Shaul 86, 103, 114
Arnon, Arie 114
Aruri, Tayseer 117
Ashrawi, Hanan 36, 50, 99
Assad, Hafez 21
Aviad, Janet 10, 57
Avineri, Shlomo 18, 55
Avital, Colette 10
Avnery, Uri 71, 80
Awdallah, Haydr 117
Ayalon, Ami 68, 70, 71

Bader, Liana 117
Baker, James A. 34
Baltiansky, Gadi 23
Barak, Aharon 66
Barak, Ehud 13, 19-27, 29-33, 80, 82, 102
Baram, Uzi 10, 114
Barghouti, Marwan 28
Baskin, Gershon 10
Begin, Menachem 53, 102
Beilin, Yossi 9, 13, 14, 18, 23, 26, 36, 43, 56, 69-72, 77, 80-82, 87, 88, 91, 93, 95, 97, 98, 104, 105, 107, 112, 114
Ben-Ami, Shlomo 14, 19, 22, 23, 29-31, 34, 46, 55
Ben-Shachar, Chaim 114
Benvenisti, Meron 55, 77, 92, 107
Benziman, Uzi 56
Bernadotte, Graf Folke 72
Bildt, Carl 95
Bishara, Azmi 94
Blum, Yehuda Z. 60
Böhme, Jörn 14
Boutros-Ghali, Boutros 95
Brom, Shlomo 44, 108, 114
Bronfman, Roman 10
Buergenthal, Thomas 64
Bullahtah, Terry 118
Burg, Avraham 57, 102, 115
Bush, George W. 34, 35, 39, 45, 110, 112

Carter, Jimmy 9, 95
Chalutz, Dan 68
Chazan, Naomi 10
Chomsky, Noam 80
Christopher, Warren 44
Clinton, Bill 14, 20-23, 25, 27, 30, 31, 33, 34, 43, 78, 106
Cohen, Asher 53
Cohen, Esther Rosalind 63
Cohen, Ran 10, 97
Cristal, Moty 96

Namensregister

Dachlan, Mohammed 20, 22, 28
Darwish, Machmud 71
Davidson, Lawrence 94
Dayan, Daniel 95
Dayan, Moshe 72
Dayan, Yael 10
Delors, Jacques 44, 95
de Villepin, Dominique 68
Dienstbier, Jiři 95
Dinstein, Yoram 60
Doumani, Beshara 72

Eban, Abba 72
Einstein, Albert 105
Eitam, Ephraim 53
El-Abed, Samich 117
El-Ashhab, Na'eem 117
Enderlin, Charles 14
Erakat, Saeb 22, 84
Faris, Qadura 99, 117
Faruk, König von Ägypten 47
Fedlallah, Said Mohammed Hussein 48
Ferrero-Waldner, Benita 42
Fischer, Joschka 25, 34, 35, 42, 44
Frankenthal, Yitzhak 10
Friedman, Menachem 53, 56

Gabbay, Yoram 115
Gafni, Willy 10
Gal-On, Zahava 10
Gavison, Ruth 66
Genscher, Hans-Dietrich 96
Giacaman, George 99
Ginat, Joseph 18
Gingrich, Newt 11
Golan, Galia 10
Gorbatschow, Michail 95
Gordon, Aharon David 52
Greenfeld, Zvia 115
Grossman, David 10, 68, 102, 115
Gur, Batya 68
Guri, Chaim 54

Halberthal, Moshe 10
Halper, Jeff 82, 86
Hanieh, Akram 26
Harkabi, Yehoshafat 18, 58, 76
Hass, Amira 71
Hassassian, Manuel 81

Hazony, Yoram 53, 55
Heilman, Samuel C. 51
Herzl, Theodor 85
Herzog, Yitzhak 104
Hirschfeld, Yair 10, 44
Hleileh, Samir 118
Hourani, Mohammed 118
Hoyer, Werner 36
Hroub, Khaled 48, 49
Hussein, König von Jordanien 62
Husseini, Abdul Qader 99, 118
Husseini, Faisal 86
Husseini, Kamal 118

Inbar, Giora 115
Indyk, Martin 20, 44

Jaber, Basil 118
Jadoun, Suheil 118
Jilani, Marwan 118
Jir'al, Radi 118
al-Jubeh, Nazmi 118

Kadmiel, Doron 115
Katz, Jacob 55
Katzav, Moshe 46
Katzir, Judith 10
Kelman, Herbert C. 95
Kenan, Amos 68
Keret, Etgar 10
Khalidi, Walid 76
Khalil, Samich 118
Khatib, Ghassan 99
Khomeini, Ajatolla 48
Khoury, Adel Theodor 46
Khoury, Sam'an 118
Khreishi, Ibrahim 118
Kimche, David 115
Kissinger, Henry 21, 39
Klein, Menachem 13, 14, 23, 38, 81, 88, 91-93, 106, 115
Kok, Wim 95
Kook, Abraham Isaac 52, 53
Kook, Zvi Yehuda 54, 58
Kramer, Martin 45
Kurtzer, Dan 37

Lahat, Shlomo 10
Lapid, Yosef („Tommy") 101

Lapidoth, Ruth 89, 105
Lautman, Dov 10, 115
Leibowitz, Ilya 58
Leibowitz, Yeshayahu 55, 57, 58
Levin, Shmaryahu 51
Levy, Daniel 101, 115
Levy, Gideon 96
Liebrecht, Savyon 10
Lipkin-Shachak, Amnon 43, 44, 82, 115
Lorch, Netanel 61

Magnes, Judah L. 51
Mallat, Chibli 47
Malley, Robert 20, 22, 44, 106
Manassreh, Zuhair 118
Ma'oz, Moshe 10, 18
Marcus, Yoel 103
Margalit, Avishai 10
Meir, Golda 72
Meron, Hannah 10
Michael, Sami 10
Miller, Aaron David 20, 21, 44, 106
Mitchell, George 30, 39
Mitzna, Amram 115
Mofaz, Shaul 29, 56, 101
Moratinos, Miguel 33, 37, 78
Mussa, Amr 47

Nashashibi, Nasir Adin 76
Nasser, Gamal Abdel 47
Ne'eman, Shlomo 55
Netanyahu, Ben Zion 85
Netanyahu, Benjamin 29, 53, 59, 70, 85
Nusseibeh, Sari 50, 68, 70, 71, 90, 108

Olmert, Ehud 12, 66, 68, 95
al-Omari, Ghaith 118
Oppenheimer, Yariv 10
Oron, Chaim 116
Oz, Amos 116

Peres, Shimon 13, 17, 19, 25, 51, 55, 62, 81, 83, 101, 106
Peri, Yoram 54, 94, 97
Pines, Ophir 10
Powell, Colin 42, 95
Preuß, Ulrich K. 44
Primor, Avi 10
Pundak, Ron 83, 116

Qassis, Nabil 99, 119
Qidwa, Naser 107
Quandt, William B. 27
Qureia, Achmed („Abu Ala") 22, 23, 28
Qutb, Sayyid 47

Rabin, Lea 28
Rabin, Yitzhak 18, 19, 27, 28, 36, 58, 70, 81
Rabin-Pelossof, Dalia 83, 116
Radjoub, Djibril 29, 44
Rantisi, Abdel Aziz 48
Ravitzky, Aviezer 50
Reines, Isaac Jacob 52
Reshef, Tzaly 10
Rett, Anabel 48
Robinson, Mary 96
Rocard, Michel 96
Rœd-Larsen, Terje 37
Ron, Alik 116
Ronen, Nechama 95, 116
Rosenne, Shabtai 60
Ross, Dennis 14, 17, 20, 22, 23, 31, 34, 43-45, 49, 106
Roy, Olivier 55
Rubin, Barry 18
Rubinstein, Elyakim 21

Sacks, Jonathan 51
Sadat, Anwar 17, 47
Salame, Saji 119
Sarid, Yossi 10, 21, 97
Sarraj, Eyad 50, 80, 119
Satloff, Robert 43-45
Savir, Uri 18, 81
Sayigh, Rosemary 76
Schiff, Ze'ev 103
Schweid, Eliezer 54, 58
Seniora, Hanna 99
Sha'ath, Nabil 78
Shaker, Avi 116
Shaked, Gershon 53
Shalom, Silvan 12
Shalvi, Alice 10
Shamgar, Meir 60, 105
Shapira, Chaim Moshe 60
Sharansky, Natan 21, 54
Sharon, Ariel 11, 12, 29, 33, 39-41, 50, 53, 57, 68, 80-83, 90, 95, 97, 101-104, 106, 109, 110, 112

Namensregister

Shavit, Ari 90, 94, 102
Sheffer, Gideon 116
Shehadeh, Raja 63
Shemtov, Victor 10
Sher, Gilad 22
Shikaki, Khalil 30, 44
Shlaim, Avi 18, 105
Simon, Ernst Akiva 54
Smilansky, Moshe 52
Smooha, Sami 10
Sobol, Joshua 10
Solana, Javier 29, 42
Sprinzak, Ehud 55
Sternhell, Ze'ev 10
Sternschuss, Dror 116
Sussman, Gary 107

Taha, Ra'eda 119
Tamari, Salim 99, 119
Tamir, Yael (Yuli) 10
Tenet, George 39
Traish, Muneef 119

Vranitzky, Franz 96

Walden, Zvia 116
Weissglas, Dov 42, 81, 109
Wielandt, Waltraud 46
Wolfsfeld, Gadi 21, 94

Ya'ari, Ehud 44
Yassin, Achmed 48
Yavin, Chaim 96
Yehoshua, A.B. 68, 116
Yosef, Ovadia 54
Yousef, Hassan 50

Zach, Nathan 68
Za'im, Husni 74
Zakut, Djamal 99, 119
Zananiri, Elias 67
Ze'evi, Rehavam 59

Thema: Naher Osten

Jörn Böhme / Tobias Kriener / Christian Sterzing

Kleine Geschichte des israelisch- palästinensischen Konfliktes

Der israelisch-palästinensische Konflikt zieht die Aufmerksamkeit der Weltöffentlichkeit und die Bemühungen der Weltpolitik auf sich wie kaum ein anderer. Nach Jahren einer blutigen Gewaltspirale aus israelischen Militärschlägen und palästinensischen Terroranschlägen, die über 3200 Palästinenser und über 1000 Israelis das Leben kosteten, scheint sich nach der Wahl von Mahmoud Abbas zum Nachfolger von Palästinenserpräsident Arafat eine neue Chance für Friedensverhandlungen aufzutun. Doch zentrale Streitpunkte – wie die israelischen Siedlungen, die Verwaltung der Heiligen Stätten oder die Flüchtlingsfrage – sind von einer einvernehmlichen Lösung noch weit entfernt.

Dieses Buch bietet einen kurzen und gut lesbaren Überblick über die Geschichte des Konflikts, die Kernpunkte der Auseinandersetzung, wichtige Wendepunkte und Bemühungen um eine Lösung. Karten, eine Chronologie und Hinweise auf weiterführende Li-

ISBN 3-89974207-9, 128 S., € 9,80

teratur und Internetadressen runden die Darstellung ab. Der Band ist damit besonders zur ersten Orientierung auf diesem sehr komplexen Konfliktfeld geeignet.

Die Autoren sind ausgewiesene Kenner der Region und der unterschiedlichen politischen Kräfte. So wird die Lektüre zu einer gewinnbringenden Einführung ins Thema.

www.wochenschau-verlag.de

WOCHEN SCHAU VERLAG
... ein Begriff für politische Bildung

Thema: Naher Osten

Jörn Böhme (Hrsg.)

Friedenschancen nach Camp David

Legenden – Realität – Zukunftsperspektiven für Israel und Palästina

Was kann man aus den Verhandlungen von Camp David lernen? Dieses Buch analysiert die zentralen Knotenpunkte, von denen Gelingen und Misslingen der Verhandlungen im israelisch-palästinensischen Konflikt abhängen.

Welche Änderungen haben sich nach dem Tod Jassir Arafats im Nahen Osten ergeben? Die Annahme, der israelisch-palästinensische Konflikt werde sich unter den richtigen Bedingungen gleichsam automatisch regeln, gab es schon einmal: 1993 bei der Unterzeichnung der Osloer Prinzipienerklärung. Doch es kam anders. Der Oslo-Prozess war neben den Fortschritten auch durch Verzögerungen und zunehmendes gegenseitiges Misstrauen geprägt. Zwei Monate nach den erfolglosen Verhandlungen in Camp David eskalierte der Konflikt im September 2000 in massiver Weise. Seither hat sich überwiegend die Erklärung durchgesetzt, Arafat bzw. die palästinensische Seite trage die Schuld an dieser Entwicklung. Es heißt, sie hätten das großzügige Angebot des damaligen israelischen Ministerpräsidenten Barak zurückgewiesen und sich für den Terror entschieden. In diesem Band kommen vor allem Stimmen zu Wort, die begründen, warum diese Darstellung oberflächlich und ge-

ISBN 3-89974169-2, 224 S., € 22,80

fährlich ist: Sie verstellt den Blick auf die zentralen Aspekte des Konflikts ebenso wie auf die Fortschritte, die es in den Verhandlungen durchaus gab. Auch alle weiteren Verhandlungen werden letztlich vor den gleichen Problemen stehen wie Camp David.

Das Buch zeigt anhand historischer Quellen und der Kernpunkte des Verhandlungsablauf, wie wichtig die Erfahrungen des Clinton-Plans und die Verhandlungen von Taba sind, damit zukünftige Friedensgespräche Aussicht auf Erfolg haben.

www.wochenschau-verlag.de

Adolf-Damaschke-Str. 10, 65 824 Schwalbach/Ts., Tel.: 06196 / 8 60 65, Fax: 06196 / 8 60 60, e-mail: info@wochenschau-verlag.de